教育及心理統計學

朱經明　著

五南圖書出版公司 印行

自　序

　　本書因簡明清晰頗受讀者歡迎，已出版十餘刷。撰寫期間，筆者無時不以讀者之角度思考，務期使所有解說、舉例、運算等更具親和性、可讀性。讀者只需有基本之數學知識，即能掌握本書，了解統計學之奧妙。每章之後並附有習題供讀者練習之用，書末則附有習題解答。為配合目前電腦化之趨勢，本書對如何應用 SPSS、AMOS 結構方程模式和 Excel 進行統計分析，有簡要之說明。讀者只需按步驟輸入資料，即可獲得結果，進行分析。

　　統計學已成為各種實證研究的一種核心方法，科學研究的主體可能只是「機率分配」。因此現代教育及心理文獻中，常有許多統計術語及統計分析方法，若不懂統計學，幾乎等於是「半文盲」。所以學習統計學有助於我們閱讀國內外有關教育及心理學文獻。同時我們撰寫研究論文，也需有統計學的知識，才能做有效的設計和正確的分析。

　　本次增修更以「掌握基本統計、應用高等統計」為目標，可讓讀者自大學使用至研究所。在教育及心理研究中，有時會使用單一受試研究法。故於趨勢分析一章中，增加單一受試研究與中斷性時間序列設計一節。另許多研究需自行編製問卷或量表，本書於最後一節介紹信度與效度。對前版有過時及需更詳明解釋之處，亦加以更新與清晰說明。相信此次增修能使讀者更了解及欣賞統計之美。

朱經明　謹識

2022 年春

目 錄

第一章

緒　論

1-1　統計學的意義與分類

　　統計學（statistics）為蒐集、整理、分析、及推論數字資料（numerical data）的科學方法。我們蒐集得到的原始資料通常雜亂無章，必須加以整理使其系統化，然後加以分析以了解其特性。並可由已知的樣本資料推論到未知的全體，例如由本市一百位國小六年級學童樣本近視百分比，推論全市國小六年級全體學童近視的百分比，並計算其誤差。統計學根據其是否作統計推論，可區分為敘述統計學（descriptive statistics）及推論統計學（inferential statistics）兩部分：

㈠敘述統計學

　　敘述統計學僅在整理及分析資料本身，並不由已知的資料推論到未知的部分。我們蒐集得到資料通常毫無組織，敘述統計學告訴我們如何加以整理、計算、排列及敘述以使原始資料變得簡明扼要並有意義，使人容易了解。例如某校為了解該校一年級新生的智力水準，可以實施智力測驗後，根據測驗分數予以整理歸納，以表或圖加以表達；並可求出智力的平均數以了解一般的智力水準，或者算出智力變異的情形，以了解學生個別差異的大小。由於僅是就某校一年級新生的資料加以統計分析，並不推論到其他學校的新生，所以是敘述統計學。敘述統計學有時也翻譯為描述統計學。

㈡推論統計學

　　一般科學研究，由於受到時間、金錢、人力、物力的限制，通常無法將研究對象全部加以測量或調查，只能由其中抽取部分樣本加以研究。例如我們要研究全市六年級學生的數學能力，全市國小六年級學生就是我們研究的對象，在統計學上稱為母群體（population）。通常研究者採用抽

樣方式（sampling method），由母群體中抽取樣本（sample），例如抽出三百位國小六年級學生，實施數學能力測驗後，計算其平均數學成績等統計量，並據以推論全市國小六年級學生的數學能力，計算其可能的推論誤差。在推論統計裡，研究者真正的目的是推論母群體的性質，而不是敘述樣本的性質。

除了敘述與推論統計之外，有些學者將實驗設計及分析（experimental design and analysis）特別提出。在教育及心理的研究上，我們常需做各種實驗，而實驗必須經過仔細的設計，並選用適當的統計分析方法。統計分析與實驗設計關係密切，不但實驗的結果必須經過統計分析；而且透過統計分析，我們可以事先選用最經濟有效的實驗方式。如此統計學就可區分為 (1) 敘述統計學、(2) 推論統計學、及 (3) 實驗設計與分析。

統計學所處理的資料是數字資料，因此與數學關係密切，是數學的一種主要分支。同時統計學是一種科學方法，因此被普遍應用到各種社會科學與自然科學中。所以統計學又可區分為數理統計學（mathematical statistics）及應用統計學（applied statistics）；前者在探討各種統計方法的數學原理以及各種統計公式的來源，後者則著重如何將各種統計方法應用到社會及自然科學上。教育及心理統計學為應用統計學的一種，其目的在探討如何應用有關的統計方法以研究各種教育及心理問題與現象。

1-2　變數及其類別

變數（variable）又稱為變項，是指可以不同數值或狀態出現的屬性（property）。例如性別是一種變數，因為有人是男性，有人是女性。身高是一種變數，有人是 170 公分，有人是 165 公分，有人是 150 公分等等。其他如血型、體重、智力、年齡、教育程度、職業、收入、價值、態度、性格、學業成績等都會因人而異，都是變數。燈光的亮度、品種、顏色及教學方法等可以有不同的變化或種類，也是變數。與變數相反的是常

數（constant），常數是恆爲定值，可視爲變數的一種特殊型態。變數通常以 X，Y，Z 表示；常數則以 a，b，c 表示。

變數的分類，常見之方法如下：

(一)自變數與依變數

兩個變數 X 與 Y，當 Y 之值隨 X 之值而變時，在數學上便稱 Y 爲 X 的函數，以 Y=f(X) 表示。此時，X 稱爲自變數（independent variable），Y 稱爲依變數（dependent variable）或應變數。在教育與心理研究中，我們所研究的變數有時可分爲自變數與依變數。例如研究不同教學方法對學生學業成績的影響，此時教學方法爲自變數而學業成績爲依變數。又如研究燈光亮度對讀書效率的影響，則燈光亮度爲自變數而讀書效率爲依變數。

(二)連續變數與間斷變數

連續變數（continuous variable）可以有無數個不同之值，任何兩個值之間都可以加以無限制的細分。時間、年齡、身高、體重、智商等都是連續變數。我們測量連續變數所得到的數值會受到測量工具精密度的影響，越精密的測量工具可測得越細微的數值。用精密到 0.1 秒的馬錶測得某人百米賽跑成績爲 10.4 秒；若改用精密到 0.01 秒的馬錶，可能發現更精確的數值是 10.42 秒。只要我們有更精密的測量工具，理論上我們可繼續細分下去。事實上，我們測量連續變數所得到的數值應視爲一段距離而非一點。例如當我們測得某人爲 160 公分，精確至公分爲止，則其可能身高應是在 159.5 至 160.5 公分之間。也就是測量值的誤差等於其最末一位數值的半個單位，160 公分只是一個近似值而已。圖 1-1 表明測量連續變數所得的數值應視爲一段距離：

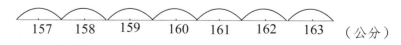

157　158　159　160　161　162　163　（公分）

圖 1-1　連續變數各數值所涵蓋之距離

　　間斷變數（discrete variable）一般是由點記（counting）所得，例如
競選班長，張三得 23 票，李四得 12 票，票數即為間斷變數。票數不是連
續的，我們不能加以無限制的細分，只能得到特殊的數值；我們不能說張
三得到 23.3 票或李四得到 12.4 票。間斷變數的每一個數值，係代表一個
點，而不是一段距離。班級人數、某縣市學校數、家庭人數、擲硬幣得到
正面的次數、擲骰子得到的點數等均屬間斷變數。

㈢名義變數、次序變數、等距變數和比率變數

　　變數根據其測量尺度（scale of measurement）精密的程度，由低而
高，區分為名義、次序、等距及比率變數，說明如下：

1. 名義變數（nominal variable）

　　又稱為類別變數（categorical variable），其目的僅在於分類，性別是
一種名義變數，可分為男性與女性，通常我們用 0 代表女性，用 1 代表
男性。由於性別僅能分為兩種，故為一種兩分類別變數。其他如血型、
國籍、顏色、郵遞區號、電話號碼、球衣背號、學生座號、身分證字號等
都是名義變數。名義變數所使用的數字只是作標誌（label）用，不適合於
加、減、乘、除等算術運算的規則；例如我們不能說 4 號加 2 號等於 6 號，
也不能說 20 號比 15 號大。嚴格地說，名義變數並未含有測量尺度的觀
念，因為名義變數所使用的數字只是標誌而已，並非測量的結果。

2. 次序變數（ordinal variable）

　　如其名稱所示，次序變數除了分類之外，尚能表明各類別的次序、大
小或優劣。例如比賽中的冠、亞、季軍不僅能區別比賽者的成績，且可顯
示其優劣。其他如名次、等第（A、B、C 或甲、乙、丙）、軍階等均是
次序變數。次序變數能用「＞」（大於）或「＜」（小於）表示，雖能分
別優劣、大小，但不能說各等級之間的差異是相等的。例如第 1 名與第 2
名之間的差異不一定等於第 2 名與第 3 名之間的差異；也不能說第 3 名減

第 2 名等於第 2 名減第 1 名。

　　3. 等距變數（interval variable）

　　等距變數的測量尺度較次序變數精密，不但能比較大小，且能計算差別的分量，因爲它具有單位相等（equality of units）的特性。攝氏及華氏溫度是最常見的等距變數，溫度計上每度之間的距離都是相等的。12°與 24° 之間的差別等於 24° 和 36° 之間的差別。但是攝氏及華氏溫度的零點乃是人定的，並非絕對的零點，因此我們不能說 24° 是 12° 的兩倍熱，36° 是 12° 的三倍熱。不過我們可以說 36° 和 12° 之間的差別是 24° 和 12°之間差別的兩倍。智商常被視爲等距變數，然而智商 120 與 110 之間的差別是否等於智商 90 與 80 之間的差別並不一定，因此智商也許應是次序變數。不過爲了計算方便，我們常將智商視爲等距變數，以便作加減乘除的運算。

　　4. 比率變數（ratio variable）

　　比率變數除具有等距變數所有的特點外，更具有絕對零點（absolute zero），可以直接形成比率。例如長度就是比率變數，2 公尺是 1 公尺的兩倍。時間也是比率變數，某甲 10 分鐘走完 1 公里，某乙 20 分鐘走完 1公里，我們可以說某乙用的時間是某甲的兩倍。其他如身高、體重、年齡等均屬於比率變數。

　　表 1-1 把四種變數特性作一說明，可看出後面較精密的變數均具有前面變數的特性。在教育與心理統計學上，等距與比率變數的區別並不重要，兩者適用的統計方法並無不同，因此兩者可合而爲一。如此則有三種變數：⑴名義變數，⑵次序變數，及⑶等距及比率變數。三種變數各有其適用之統計方法，而以有關等距及比率變數之統計方法最多也最重要。有些學者把等距及比率變數合稱爲數量變數（quantitative variable），因其具有相等單位與一般數字之性質相同，而把名義及次序變數合稱爲質的變數（qualitative variable）。

表 1-1　四種變數特性表

變　　數	特　　性	舉　　例
名義	分類	性別
		身分證字號
次序	分類	名次
	表示大小或優劣	等第
等距	分類	
	表示大小或優劣	攝氏溫度
	單位相等	華氏溫度
比率	分類	長度
	表示大小或優劣	時間
	單位相等	身高
	具有絕對零點	體重

1-3　總和（以 Σ 表示，讀做 Sigma 或 Summation）的計算

　　變數可以各種數值出現，這些數值稱為變量（variate）。例如身高是一種變數，而各個人的身高就是變量。處理變量的方法，最常見的是求它們的總和。X 變數若有三個變量 X_1，X_2 和 X_3，則其總和用 $\sum\limits_{i=1}^{3} X_i$ 表示：

$$\sum\limits_{i=1}^{3} X_i = X_1 + X_2 + X_3$$

Σ 符號下面的 i = 1 及上面的 3，分別代表第一個及最後一個變量，即 X_1 與 X_3；求總和即依序由 X_1 連加至 X_3 為止。如 X 有 N 個變量 X_1，X_2，X_3，……，X_N，則其總和為：

$$\sum_{i=1}^{N} X_i = X_1 + X_2 + X_3 + \cdots\cdots + X_N$$

如果計算總和的起迄點已經很清楚，通常可將 Σ 上、下的小符號省略，只寫 ΣX_i；或者連 X_i 的 i 也省略，只寫 ΣX。

表 1-2 有兩個變數 X 及 Y，以及其各種總和的計算過程：

表 1-2　總和計算之說明

X	Y	X^2	Y^2	XY	X + Y
10	3	100	9	30	13
15	5	225	25	75	20
12	1	144	1	12	13
8	1	64	1	8	9
10	3	100	9	30	13
總和 55	13	633	45	155	68

$\Sigma X = 10+15+12+8+10 = 55$

$\Sigma Y = 3+5+1+1+3 = 13$

$\Sigma X^2 = 10^2 + 15^2 + 12^2 + 8^2 + 10^2$

$\qquad = 100 + 225 + 144 + 64 + 100 = 633$

$\Sigma Y^2 = 3^2 + 5^2 + 1^2 + 1^2 + 3^2$

$\qquad = 9 + 25 + 1 + 1 + 9 = 45$

$(\Sigma X)^2 = (55)^2 = 3025$

$(\Sigma Y)^2 = (13)^2 = 169$

$\Sigma XY = (10 \times 3) + (15 \times 5) + (12 \times 1) + (8 \times 1) + (10 \times 3)$

$\qquad = 30 + 75 + 12 + 8 + 30 = 155$

$\Sigma X \Sigma Y = 55 \times 13 = 715$

$\Sigma(X+Y) = (10+3) + (15+5) + (12+1) + (8+1) + (10+3)$

$\qquad = 13 + 20 + 13 + 9 + 13 = 68$

$\Sigma X + \Sigma Y = 55 + 13 = 68$

　　由表 1-2 中各種總和，可以看出：(1) $\Sigma X^2 \neq (\Sigma X)^2$，$\Sigma Y^2 \neq (\Sigma Y)^2$；
(2) $\Sigma XY \neq \Sigma X \Sigma Y$；但是 (3) $\Sigma(X+Y) = \Sigma X + \Sigma Y$。有關總和之運算規則，
主要有下列三個：

(1) $\displaystyle\sum_{i=1}^{N} C = NC$

(2) $\Sigma CX = C\Sigma X$

(3) $\Sigma(X+Y) = \Sigma X + \Sigma Y$

上面三個等式中，C 為常數，X 與 Y 為變數。將上面三個規則說明如下：

(1) $\displaystyle\sum_{i=1}^{N} C = \underbrace{C + C + \cdots\cdots + C}_{N} = NC$

(2) $\Sigma CX = CX_1 + CX_2 + \cdots\cdots + CX_N$

　　　　$= C(X_1 + X_2 + \cdots\cdots + X_N)$

　　　　$= C\Sigma X$

(3) $\Sigma(X+Y) = (X_1+Y_1) + (X_2+Y_2) + \cdots\cdots + (X_N+Y_N)$

　　　　　$= (X_1 + X_2 + \cdots\cdots + X_N) + (Y_1 + Y_2 + \cdots\cdots + Y_N)$

　　　　　$= \Sigma X + \Sigma Y$

由上面三個規則，我們可以看出：

$$\Sigma(X-C)^2 = \Sigma(X^2 - 2CX + C^2)$$
$$= \Sigma X^2 - \Sigma 2CX + \Sigma C^2$$
$$= \Sigma X^2 - 2C\Sigma X + NC^2$$

習題一

1. 試寫出三種連續變數及三種間斷變數。
2. 試分別寫出二種名義變數、次序變數、等距變數和比率變數。
3. 假設有 5 位小朋友體重分別為：

14，13，15，11，16（公斤）

試問：

(1) X_3，X_5 分別為多少？

(2) 計算 ΣX，$(\Sigma X)^2$ 和 ΣX^2。

(3) 計算 $\Sigma X/N$，N 為人數。

(4) $\Sigma X/N$ 一般稱為什麼？

第二章

次數分配及圖示法

　　研究者由實驗、調查或測驗所得到的資料，在未整理之前，稱爲原始資料（raw data）。原始資料通常雜亂無章，很難看出其意義，因此必須加以整理，使其有組織有系統，容易了解。整理資料最基本的方法就是將原始資料分類，計算每類出現的次數，以做成次數分配（frequency distribution）表。除了用次數分配表外，也可用圖示法（graphic methods）更能引起興趣與注意，使人一目了然。

2-1　名義變數及次序變數的次數分配及圖示法

　　名義變數及次序變數一般視爲間斷變數，其次數分配表的製作較爲簡單。首先將各類名稱列出，然後計算各類出現的次數（人數），填入表中即成。例如某大學教育系各組人數可製成一次數分配如表 2-1 所示。因爲組別爲一名義變數，各組並無優劣高低之分，因此各組排列並無一定次序，不過也可按照各組人數多寡依序排列，以利閱讀與比較。

表 2-1　某大學教育系各組學生人數的次數分配表

組　　別	人數（f）	百分比（%）
行政組	50	41.67
輔導組	40	33.33
特教組	15	12.50
其　　他	15	12.50
合　　計	120	100.00

　　表 2-2 爲某國小六年級學生書法成績的次數分配表，等第爲次序變數，因此要按照甲、乙、丙、丁的次序排列，不可隨意更改。

表 2-2　某國小六年級學生書法成績的次數分配表

等　第	人數（f）	百分比（%）
甲	25	16.67
乙	70	46.67
丙	35	23.33
丁	20	13.33
合　計	150	100.00

　　上面兩例，可用圖示法以條形圖（bar chart）表示，如圖 2-1、圖 2-2。由於是間斷變數，因此在繪製條形圖時，代表各類別次數的長條形之間，必須有間隔。一般縱軸（Y 軸）代表次數或人數，而橫軸（X 軸）代表各類別。Y 軸與 X 軸之比例，約為 3：5，以求美觀。

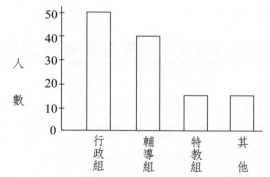

圖 2-1　某大學教育系各組學生人數之條形圖

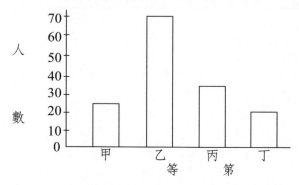

圖 2-2　某國小六年級學生書法成績之條形圖

除了條形圖外，另一種常用的圖示法是圓形圖（pie chart）。下為以 Excel 軟體製作之圓形圖：

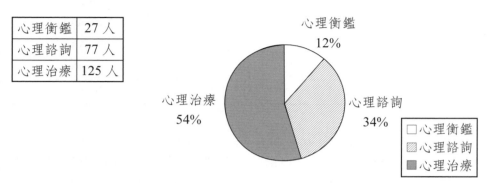

心理衡鑑	27 人
心理諮詢	77 人
心理治療	125 人

圖 2-3　在美華人接受私人心理診所服務類別

〔數字資料取自：心理治療實務，林家興、王麗文，2000，p.50〕

2-2　等距變數及比率變數的次數分配及圖示法

等距及比率變數，一般視爲連續變數。由於是連續變數，每個數值代表一段距離；所以分組就不像間斷變數那麼明確，其次數分配表的製作較間斷變數複雜。表 2-3 爲某班級 50 位同學之國語成績：

表 2-3　50 位學生國語成績之原始資料

68	70	72	62	78
72	85	72	73	91
71	61	85	82	82
82	81	74	79	90
66	88	82	86	83
89	94	86	76	75
81	79	93	76	80
68	81	64	87	80
95	75	84	90	92
88	97	86	68	67

像這樣一堆毫無組織的資料中，我們很難看出該班國語成績究竟如何，因此必須製作次數分配表使得原始資料變得有組織有系統。成績屬連續變數，所以 80 分代表 79.5 至 80.5 分。79.5 稱為下限，而 80.5 稱為上限。現根據表 2-3 之資料，說明連續變數次數分配表之製作步驟：

1. 決定全距

全距（range）就是資料中的最大值的上限與最小值的下限的差。可用下列公式表示：

$$全距 = X_H - X_L \qquad\qquad （公式 2\text{-}1）$$

式中　　X_H = 最大值上限

　　　　X_L = 最小值下限

表 2-3 中，最大值為 97，其上限為 97.5；最小值為 61，其下限為 60.5。所以全距 = 97.5 – 60.5 = 37。另外，我們將最大值減去最小值後再加 1，也可得到全距。即全距 = 97 – 61 + 1 = 37。

2. 估計組數與組距

在間斷變數資料中，各組的區分如男女、選修組別、等第等都很明顯，因此組數很容易看出。在連續變數資料中，組數的多寡並無一定，通常介於 8 ～ 20 組為宜。太少則無法看出資料分配的情形，太多則不易閱讀。由於全距是固定的，因此組數多時，各組之間的距離（即組距）就會變小；反之，當組數少時，組距就會變大。組距以 1，2，3，5，10 及 10 的倍數較為常用。以組數除全距即得組距。例如以組數 10 除全距 37，組距約等於 4（37÷10 = 3.7）。但通常很少用 4 作為組距，因此改以組數 8 除全距 37，組距約等於 5（37÷8 = 4.6）。因此，我們乃以 8 為組數，而以 5 為組距。

3. 決定每組的上下限

決定組數與組距後，接下來就是決定每一組的上下限。最高分的一組必須包括資料中的最高分，即 97 分，而最低分的一組必須包括資料中的最低分，即 61 分。為了方便起見，每一組的下限最好是組距的倍數。所以雖然最低分為 61 分，最低分組的下限，我們卻用 60 分而不用 61 分。因為以 60，65，70，75，……為下限，遠比以 61，66，71，76，……為下限方便。由於組距是 5，可以分為 60 ～ 64，65 ～ 69，70 ～ 74，……95 ～ 99 共 8 組。習慣上，我們把高分組放在上面，低分組放在下面，如表 2-4 所示。不過要注意的是國語成績是連續變數，故表中所列各組的上下限只是表面上下限（apparent limits），而不是真正上下限（real limits）。以 60 ～ 64 這組為例，真正下限（real lower limit）是 59.5，而真正上限（real upper limit）則是 64.5。

4. 計算組中點

組中點就是各組的中點，也就是各組的代表值。例如 60 ～ 64 這組，共有 5 個分數即 60，61，62，63，64，其組中點為 62。組中點的算法可利用下列公式：

$$組中點 = \frac{真正上限 + 真正下限}{2} \qquad （公式 2\text{-}2）$$

以 60 ～ 64 這組為例：

$$組中點 = \frac{59.5 + 64.5}{2} = 62$$

5. 畫記並計算各組次數（人數）

接下來將表 2-3 的原始資料一一歸入適當的組別。例如表 2-3 的第
一個資料 68 分，應歸入 65 ～ 69 這一組。故在表 2-4 中，65 ～ 69 這組
右邊，畫記欄下，畫下「正」字的第一劃。然後將第 2 個分數 70 分歸在
70 ～ 74 這一組內。如此繼續進行，直到 50 個分數均畫記完畢爲止。畫
記之目的在便於計算，每個「正」字代表 5 個次數。再根據畫記，在次數
（f）欄下，填下每組的次數。在國外，畫記常以「////」代表 5，「/」代
表 1，依此類推。

6. 計算累積次數及百分比

通常由低分組向上累積，將本組次數加上其下各組的累積次數，即得
該組之累積次數。例如 80 ～ 84 這組之次數爲 12，而其下各組之累積次
數爲 22，故 80 ～ 84 這組之累積次數爲 12 + 22 = 34。將各組累積次數除
以總人數 50 再乘以 100，即得各組之累積百分比。

表 2-4　50 位學生國語成績之次數分配表

分　　數	組中點	畫　　記	次數（f）	累積次數 （cf）	累積百分比 （cf%）
95～99	97	丁	2	50	100.00
90～94	92	正一	6	48	96.00
85～89	87	正下	8	42	84.00
80～84	82	正正丁	12	34	68.00
75～79	77	正丁	7	22	44.00
70～74	72	正丁	7	15	30.00
65～69	67	正	5	8	16.00
60～64	62	下	3	3	6.00

　　表 2-4 之次數分配表，可以用圖示法表示。常用之圖示法包括直方圖（histogram）、次數多邊圖（frequency polygon）及累積次數多邊圖（cumulative frequency polygon），莖葉圖（stem-and-leaf）亦有其優點。

㈠直方圖

　　直方圖和前面提到的條形圖非常相似；不同的是條形圖適用於名義及次序變數，而直方圖適用於等距及比率變數。由於等距及比率變數一般視為連續變數，因此直方圖中代表各組次數的條形必須連在一起；而條形圖中各條形之間通常有間隔。直方圖製作之步驟如下：

　　1. 參考圖 2-4，Y 軸與 X 軸之比例通常約為 3：5，Y 軸代表人數或次數，X 軸代表分數。

　　2. 在 X 軸及 Y 軸上標明單位：X 軸的數值由左至右依次漸大，由於最低分組是由 59.5 分開始，而不是由 0 分開始，因此 X 軸上須畫一缺口「－//－」表示一段距離被省略了。X 軸上單位，根據各組真正上下限以 59.5，64.5，69.5，……等畫分如圖 2-4(a) 所示。不過由於真正上下限不是整數，通常標出組中點如 62，67，72，……等較方便，圖 2-4(b) 即標出各組組中點。有時也用表面下限如 60，65，70，75，……等標示，不過此時直方圖實向右偏離了 0.5 個單位。Y 軸上的數值由下向上依次增加，因為表 2-4 中，人數最多的一組為 12，因此將 Y 軸分為 12 等分，但可在其上留下一小段距離。

3. 根據各組人數畫出直方圖。

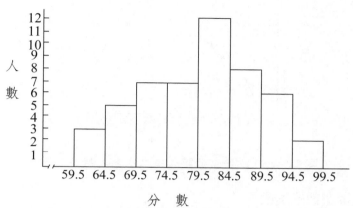

圖 2-4(a)　50 位學生國語成績的次數分配直方圖

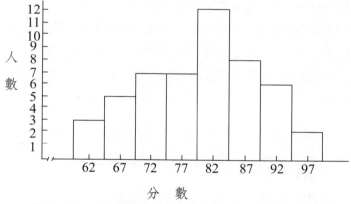

圖 2-4(b)　50 位學生國語成績的次數分配直方圖

(二)次數多邊圖

　　次數多邊圖的製作方法與直方圖類似，其不同之處有二：(1) 次數多邊形各組次數以各組組中點上方的小圓點表示；將小圓點連接起來即形成多邊圖，如圖 2-5 所示。(2) 通常在最低分組下增一組，在最高分組上增一組，其次數皆為零，如此次數多邊圖可與 X 軸連接構成完整之圖形。

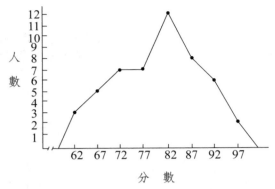

圖 2-5　50 位學生國語成績之次數分配多邊圖

㈢累積次數多邊圖

　　累積次數多邊圖的製作方法與次數多邊圖類似，其不同之處有二：
⑴累積次數多邊圖的小圓點對應於各組累積次數及累積百分比，而次數
多邊圖的小圓點則對應於各組次數。⑵累積次數多邊圖的小圓點位於各
組真正上限之上，而次數多邊圖小圓點則位於各組組中點之上。圖 2-6
係根據表 2-4 所製作之累積次數多邊圖。累積次數多邊圖又稱為肩形圖
（ogive）。

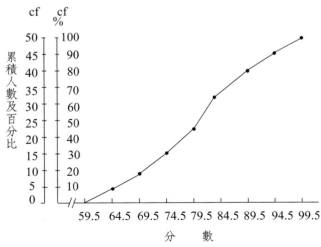

圖 2-6　50 位學生國語成績之累積次數多邊圖

㈣莖葉圖

以上各種圖示法的缺點爲無法看出原始資料，莖葉圖通常以 10 爲組距，十位數爲莖，個位數爲葉，可看出原始資料。圖 2-7 顯示最低分爲61，最高分爲 97，82 分有 4 位：

莖	葉
6	1　2　4　6　7　8　8　8
7	0　1　2　2　2　3　4　5　5　6　6　8　9　9
8	0　0　1　1　1　2　2　2　2　3　4　5　5　6　6　6　7　8　8　9
9	0　0　1　2　3　4　5　7

圖 2-7　50 位學生國語成績之莖葉圖

2-3　次數分配比較圖

我們也可使用圖示法來比較數種次數分配，更能使讀者了解數個分配差異的情形。圖 2-8 爲兩個條形圖的比較；而圖 2-9 則爲兩個次數多邊圖的比較。

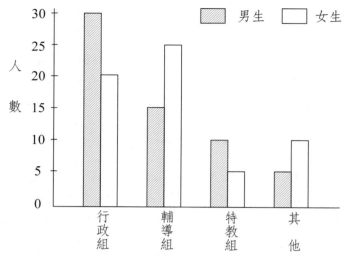

圖 2-8　某大學教育系各組男女生比較條形圖

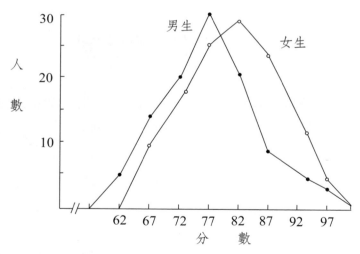

圖 2-9　105 位男生、118 位女生國語成績比較次數多邊圖

　　圖 2-10 為盒形圖（box plot），係以 SPSS 製作。圖中 Q_1 為第一個四分位數，Q_3 為第 3 個四分位數，Q_1 和 Q_3 之間有 50% 的分數。中數則將分數分為相等的兩半，上下各占 50%。本書會再介紹四分位數及中數。

盒狀圖頗適合比較之用，可看出兩個分配中數的差異，中間 50% 分數的範圍，及全距的不同。

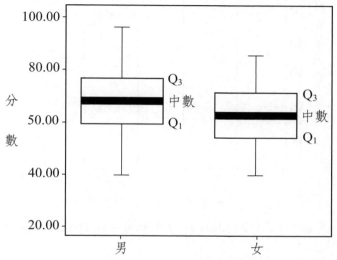

圖 2-10 122 位男生、114 位女生數學成績比較盒形圖

圖 2-11 中，Y 軸代表百分比，在各組人數不等時，可用百分比比較。本圖為社會心理學家的實驗，顯示人在有時間壓力時，比較不會幫助一位在門口呻吟的人。

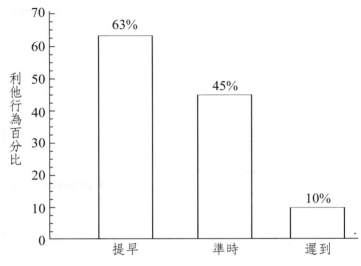

圖 2-11 時間壓力和利他行為百分比

〔資料來源：Social Psychology, R. Baron & D. Byrne, 1997, p.362〕

2-4 錯誤圖示法

　　錯誤圖示法會造成誤導，常見之情形有：⑴ 未能從原點畫起，又未標示缺口，如圖 2-12，男女只差 2 分，卻變成兩倍。⑵ 以面積影響，使人產生錯覺，以為男生身體攻擊行為比女生多很多，如圖 2-13。⑶Y 軸與 X 軸未成 3：5 黃金分割。⑷ 未標示刻度等。

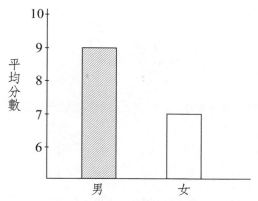

圖 2-12 男性和女性身體攻擊行為

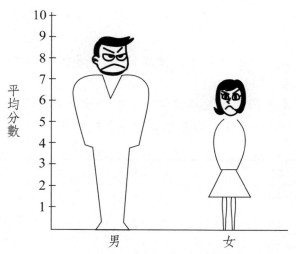

圖 2-13 男性與女性身體攻擊行為

習題二

1. 將下列原始分數（N＝40）製成組距 5 的次數分配表。

41	87	37	75	98	93	73	62
96	80	52	76	66	54	73	69
83	62	53	79	69	56	81	75
52	65	49	80	67	59	88	80
44	71	72	87	91	82	89	79

2. 試就上題所作之次數分配表，畫成(1)直方圖，(2)次數多邊圖，(3)累積次數多邊圖。

3. 下表為某班學生國語與數學成績的次數分配，請用同一座標製作兩個次數多邊形，以比較國語與數學成績的高低情形。

分　數	f（國語）	f（數學）
90 ～ 99	5	3
80 ～ 89	12	6
70 ～ 79	11	9
60 ～ 69	7	8
50 ～ 59	5	7
40 ～ 49	3	7
30 ～ 39	3	4
20 ～ 29	2	4
	48	48

集中量數

　　在前一章，我們已研究過如何製作次數分配表及次數分配圖以使原本雜亂的資料變得有意義。接下來，我們要計算集中趨勢量數（measures of central tendency），簡稱爲集中量數。所謂集中量數就是全部分數或數字的代表值，是全部分數中央位置的數值，故又稱爲中央位置量數（measures of central location）。我們可用集中量數來描述整個團體的情形。例如某校學生平均智商 110，某班學生期中考數學平均 60 分。平均數就是集中量數的一種，使用一個簡單的平均數，我們可以大致了解一個團體的一般情形。如果要比較兩個以上的團體，通常無法將團體中的分子一一比較，也可使用集中量數加以比較。例如甲校平均智商 105，乙校平均智商 100 等等。集中量數有下列五種：

　　1. 算術平均數（arithmetic mean）

　　2. 中數（median）

　　3. 眾數（mode）

　　4. 幾何平均數（geometric mean）

　　5. 調和平均數（harmonic mean）

　　這裡只討論前面三種集中量數，即算術平均數、中數及眾數，第 13 章則會討論調和平均數。

3-1　算術平均數

　　算術平均數常簡稱爲平均數（mean），是使用最多的集中量數。通常在變數符號之上加一橫線表示該變數的平均數；例如 X 變數的平均數爲 $\overline{X}$（讀做 X bar），Y 變數的平均數爲 $\overline{Y}$（讀做 Y bar）。有時也以大寫英文字母 M 代表平均數。計算平均數的方法，根據是否歸類成次數分配表，分爲(1)未歸類資料，及(2)已歸類資料。

㈠未歸類資料

║ 例 3-1 ║

有 8 位學生參加國語科抽考，成績分別為 72，77，80，68，83，89，58，73（分），試求這 8 位學生國語抽考之平均成績。

計算平均數方法，就是把這 8 位學生成績加起來得一總分（ΣX），然後再除以總人數（N）即可。其公式如下：

$$\overline{X} = \frac{X_1 + X_2 + X_3 + \cdots\cdots + X_N}{N} = \frac{\Sigma X}{N}$$
（公式 3-1）

因此本題之平均數為：

$$\overline{X} = \frac{72 + 77 + 80 + 68 + 83 + 89 + 58 + 73}{8} = 75$$

㈡已歸類資料

║ 例 3-2 ║

表 3-1 是 50 位學生國語成績的次數分配表，試求其平均數。

原始資料若已歸類成次數分配表，各組裡面的分數無論原來多少，均以該組組中點代表之。例如 65 ～ 69 這一組有 5 個人，我們假定這 5 個人分數均勻分布於 64.5 ～ 69.5 之間，而以 67 代表這 5 個人的分數，在次數分配表中，我們通常以 X 代表組中點。已歸類資料計算平均數可分為 ⑴ 普通法，及 ⑵ 簡捷法，分別說明如下：

1. 普通法

表 3-1　50位學生國語成績平均數之計算（普通法）

分　數	組中點（X）	次數（f）	fX
95～99	97	2	194
90～94	92	6	552
85～89	87	8	696
80～84	82	12	984
75～79	77	7	539
70～74	72	7	504
65～69	67	5	335
60～64	62	3	186
		N＝50	ΣfX＝3990

普通法計算平均數之公式為：

$$\overline{X} = \frac{\Sigma fX}{N}$$

（公式 3-2）

式中 X＝各組組中點

　　f＝各組次數

　　N＝總人數

因此表 3-1 資料的算術平均數為：

$$\overline{X} = \frac{3990}{50} = 79.8$$

2. 簡捷法

　　以普通法計算平均數，f X 項下的數字相當大，計算起來相當繁瑣且易產生錯誤。因此若無電子計算機時，通常以簡捷法計算，茲以前例說明如下：

表 3-2　50 位學生國語成績平均數之計算（簡捷法）

分　　數	X	f	d	f d
95～99	97	2	3	6
90～94	92	6	2	12
85～89	87	8	1	8
80～84	82	12	0	0
75～79	77	7	−1	−7
70～74	72	7	−2	−14
65～69	67	5	−3	−15
60～64	62	3	−4	−12
		N＝50		Σfd＝−22

$$\overline{X} = AM + \left(\frac{\Sigma fd}{N}\right) i \qquad \text{（公式 3-3）}$$

式中 AM＝假定算術平均數（本例 AM 為 82）

　　　f＝次數

　　　N＝總次數

　　　i＝組距（本例的組距為 5）

　　　$d = \dfrac{X - AM}{i}$（X 為組中點，AM 所在組之 d 為 0，以上各組依序為 1，2，3……，以下各組則為 –1，–2，–3……）

因此表 3-2 資料的算術平均數為：

$$\overline{X} = 82 + \left(\frac{-22}{50}\right) \times 5 = 79.8$$

與用普通法計算之結果完全相同；事實上，簡捷法之公式係導自普通法之公式，其證明如下：

$$\overline{X} = \frac{\Sigma fX}{N}$$
$$= AM + \frac{\Sigma fX}{N} - AM$$
$$= AM + \frac{\Sigma fX - \Sigma fAM}{N} \quad （因為 N = \Sigma f）$$
$$= AM + \frac{\Sigma f(X - AM)}{N}$$
$$= AM + \frac{\Sigma f(X - AM)}{N \cdot i} \quad i$$
$$= AM + \frac{\Sigma f \frac{(X - AM)}{i}}{N} \quad i$$
$$= AM + \left(\frac{\Sigma fd}{N}\right) \quad i \qquad （因為 d = \frac{X - AM}{i}）$$

現將簡捷法之計算步驟說明如下：

⑴首先在各組組中點中，選擇一個組中點作為假定平均數（assumed mean），通常以 AM 表示。任何組中點均可作為假定平均數，不過通常選擇中間或次數較多組之組中點，比較容易計算。例 3-2 中，我們選擇 82 為假定平均數，因 82 這一組在中間，且次數較多。

⑵填寫各組之 d 值，$d = \frac{X - AM}{i}$：因此 AM 所在組之 d 為 0，而其上各組依序為 1，2，3……，其下各組則依序為 -1，-2，-3，……。

⑶將各組次數（f）乘以各組 d 值，即得 fd 項下各數值；再將 fd 加在一起得到 Σfd。

⑷代入公式 3-3：$\overline{X} = AM + \left(\frac{\Sigma fd}{N}\right) i$ 中，計算 $\overline{X}$。

最後要說明的是：已歸類資料計算出來的平均數會和以原始資料計算

出來的平均數略有不同。這是因為已歸類資料計算平均數時，是以組中點代替該組所有分數，因此就不如用原始分數直接計算平均數準確了。

3-2　中　數

　　將團體中的分數按照大小順序排列後，最中間的分數就是中數或中位數。換言之，中數將所有分數分為相等的兩半，比中數低的占 50%，比中數高的占 50%。中數（median）通常簡寫為 Me，Md，Mdn 或 Med。中數計算的方法亦可分為：(1)未歸類資料，及 (2)已歸類資料。

㈠未歸類資料

　　未歸類資料求中數，首先要按照分數高低將原始資料重新排列如表 3-3 所示。在甲組資料中，有 7 個分數（N = 7），N 為奇數，中數為最中間的分數即 83。在乙組資料中，有 6 個分數（N = 6），N 為偶數，中數為最中間兩個分數的平均數，即 80 與 75 的平均數為 77.5。

表 3-3　未歸類資料計算中數

甲組（N 為奇數）	乙組（N 為偶數）
91	87
88	84
85	80
83	75
81	70
79	65
75	
Med = 83	Med = (80 + 75)/2 = 77.5

無論 N 為奇數或偶數，中數均為第 $\frac{N+1}{2}$ 個數值。例如 N = 7 時，Med $=\frac{7+1}{2}=4$，為第 4 個數值；N = 6 時，Med $=\frac{6+1}{2}=3.5$，為第 3 個及第 4 個數值的平均數。因此求中數之公式為：

$$Med = 第 \frac{N+1}{2} 個數值 \qquad\qquad (公式 3-4)$$

㈡已歸類資料

表 3-4　已歸類資料計算中數

分　數	次數（f）	累積次數（cf）	計算過程
80～84	4	60	⑴ N/2 = 60/2 = 30
75～79	7	56	⑵ 中數應在 65～69 之間
70～74	8	49	⑶ 真正下限 L = 64.5
65～69	14	41	⑷ L 以下各組累積次數 F = 27
60～64	15	27	⑸ 中數所在組的次數 f = 14
55～59	6	12	⑹ 組距 i = 5
50～54	4	6	
45～49	2	2	⑺ Med $= L + \left(\dfrac{\dfrac{N}{2}-F}{f}\right)$ i
	N=60		$= 64.5 + \left(\dfrac{30-27}{14}\right) \times 5$
			$= 65.57$

將已歸類資料計算中數之過程，說明如下：

⑴首先將總人數（N）除以 2，即求 N/2。表 3-4 中，總人數（N）為 60，故 N/2 = 60/2 = 30。即第 30 人之分數為中數。

⑵根據累積次數（cf）找出中數所在組；因為 60～64 這一組之累積次數為 27，故中數（第 30 人之分數）應在 65～69 這一組中。

⑶根據下列公式求出中數：

$$Med = L + \left(\frac{\frac{N}{2} - F}{f} \right) i \qquad （公式 3-4）$$

式中 L = 中數所在組之真正下限

　　N = 總人數

　　F = L 以下各組之累積次數

　　f = 中數所在組之次數

　　i = 組距

根據表 3-4 之資料

$$Med = 64.5 + \left(\frac{30 - 27}{14} \right) \times 5$$

$$= 64.5 + 1.07$$

$$= 65.57$$

公式 3-4 係根據下列比例方法求得：

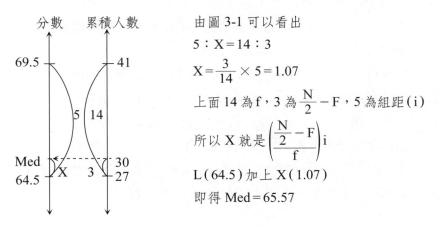

由圖 3-1 可以看出

$5 : X = 14 : 3$

$X = \frac{3}{14} \times 5 = 1.07$

上面 14 為 f，3 為 $\frac{N}{2} - F$，5 為組距（i）

所以 X 就是 $\left(\frac{\frac{N}{2} - F}{f} \right) i$

L（64.5）加上 X（1.07）

即得 Med = 65.57

圖 3-1　中數的位置

3-3　眾　數

　　眾數（Mode）通常以 M_0 表示，是一組分數中，出現最多的分數。例如一組分數 50，60，60，70，70，70，70，80，80，80，90，其眾數為 70，因為 70 出現的次數最多。在次數分配圖上，眾數是最容易看出的集中量數，圖上最高點所對應的分數就是眾數。

　　在一組分數中，如果每個分數出現的次數都一樣多，例如 42，47，56，59，60，65，77，或 46，46，49，49，60，60，65，65，77，77，我們便說這兩組分數沒有眾數。如果某一組分數，相鄰的兩個分數出現的次數最多並且相同，我們便用兩個分數的平均數作為眾數。例如 41，41，52，52，63，63，63，64，64，64，68，68，70，70，其眾數為 (63 + 64)÷2 = 63.5。如果有一組分數有兩個不相鄰的分數出現次數最多，我們便稱這一組分數有雙眾數（bimodal）。例如 11，11，12，12，13，13，13，13，14，14，15，15，15，15，16，16，17，17，其眾數為 13 與 15，因不相鄰故為雙眾數。在包括男女生的次數分配中，有時會出現雙眾數的情形，即男女生各有一個眾數。雙眾數會形成雙峰分配，有人認為我國學生英文程度可能形成雙峰分配。

　　如果資料已歸類為次數分配表，則表中次數最多那一組的組中點便是眾數。由於它只是近似值，一般稱為粗略眾數（crude mode）。表 3-4 中，次數最多的一組是 60 ～ 64 這一組，因此該組的組中點 62 便是粗略眾數了。已歸類資料計算眾數尚有其他較精確的方法，不過因眾數使用機會不多，不予介紹。另外，皮爾遜（K. Pearson）於 1895 年依實驗方法，就接近常態微偏的次數分配上求得 M_0 與 Med 及 $\overline{X}$ 的關係如下：

$$M_0 = 3\text{Med} - 2\overline{X} \qquad\qquad （公式 3-5）$$

此公式稱為皮爾遜經驗公式。圖 3-2 為正偏態時 M_0 與 Med 及 $\overline{X}$ 的關係，我們將在第六章「常態分配」中說明常態與偏態。

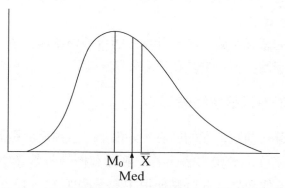

M_0　　$\overline{X}$
Med

圖 3-2　　正偏態時，M_0 與 Med 及 $\overline{X}$ 的關係

3-4　平均數、中數及眾數的特性及適用時機

㈠算術平均數的特性及適用時機

1. $\Sigma(X-\overline{X})=0$，即團體中每一分數與平均數之差（一般稱為離均差或離差分數）之和為 0。

證明如下：

$$\Sigma(X-\overline{X})=\Sigma X-\Sigma \overline{X}=\Sigma X-N\overline{X}\ (\overline{X} \text{為常數})$$
$$=\Sigma X-N\cdot\frac{\Sigma X}{N}=\Sigma X-\Sigma X=0$$

2. 團體中每一個分數都會影響到平均數，資料中任一數值有所變動，平均數即有感應而隨之變動。所以如果沒有極端分數（即特別高或低的分數），平均數最能代表一個團體的集中趨勢。

3. 團體中每一分數都增加一個常數 C，則平均數較原來增加 C，即 $\overline{X} + C$。

4. 團體中每一分數都乘一個常數 C，則平均數變為原來之 C 倍，即 $C\overline{X}$。

5. 平均數的意義明確，易於計算，適合數學處理。

6. 平均數適用於等距變數及比率變數。

㈡ **中數的特性及適用時機**

1. 中數為某一次數分配的中點，該點上下各占總次數的 50%。

2. 中數不受極端分數影響，若一團體有極端分數會使平均數受到很大的影響而失去代表性，此時應使用中數。例如 12，13，13，14，17，19，20，21，96 九個分數，96 為極端分數，此時用中數 17 代表它們的集中趨勢比用平均數 25 為恰當，因為 25 比這九個分數中的八個為大。有一例亦可說明中數的適用時機：某人每月收入 5 萬元，原想參加某一俱樂部，但發現該俱樂部成員平均收入為 10 萬元，因而不敢參加。惟該俱樂部成員大部分收入在 5 萬元左右，只因有少數幾位為高收入，因此平均數提高為 10 萬元。此時用中數就較合適，即某人應可參加該俱樂部。

3. 中數適用於次序變數、等距變數和比率變數；而常用於次序變數，因為將觀察對象按照大小次序排列後，居於中間者的數值就是中數。

㈢ **眾數的特性及適用時機**

1. 眾數是最明顯可見的集中量數，所以若要很快而大略知道一個團體的集中趨勢時，可用眾數。

2. 但當次數分配不規則或無顯著集中趨勢時，眾數即喪失意義。

3. 眾數適用於類別變數、次序變數、等距變數及比率變數。由於次序變數可計算中數，而等距及比率變數可計算中數及平均數，故眾數很少用在這三種變數上。眾數是類別變數最典型的統計方式，如「男生喜歡綠色的最多」即是指眾數為綠色。

習題三

1. 計算下列兩組資料的平均數、中數和眾數：

   (1) 32，35，38，40，40，42，43，44，46，49，53，56

   (2) 65，70，75，78，78，83，84，86，86，94，99

2. 全班 20 位同學，期中考教育統計平均 80 分，中數為 82 分：

   (1) 若每人加 5 分，則平均數與中數變成幾分？

   (2) 若第一名加 5 分，則平均數與中數變成幾分？

3. 計算下列分配之平均數、中數和眾數：

分　數	次　數
80～84	1
75～79	4
70～74	5
65～69	8
60～64	16
55～59	26
50～54	15
45～49	6
40～44	3
35～39	1
	N＝85

第四章

變異量數

　　變數通常有各種變量，也就是不同的數值，這種情形稱爲變異。例如數學成績是一種變數，各人分數高低有所不同，就是一種變異的情形。變數變異的情形，我們需要以統計量數來加以表示。用來表示團體中各分數變異情形的統計量數稱爲變異量數（measures of variability）。在前一章，我們討論過集中量數，集中量數是一個團體所有分數的典型代表值。但是只有集中量數並無法了解分數分配的情形。有一個笑話說某人把頭放在冰裡，把腳放在沸水裡，得到平均溫度 20°C；20°C 正是不冷不熱，他應該感到很舒服呢！但事實上，我們知道並非如此，因爲溫度的變異太大了。因此只有集中量數無法了解實際的情形。張老師的班級數學平均 72分，李老師的班級數學平均也是 72 分。但是我們不能說這兩個班級完全一樣，因爲張老師的班級也許 10 分到 100 分都有，而李老師的班級最低60 分最高 80 分；也就是說張老師的班級數學成績的變異較大。這時候，我們可以計算變異量數來比較這兩個班級成績變異的情形。

　　常用的變異量數有下列幾種：

1. 全距
2. 四分差
3. 平均差
4. 標準差與變異數

下面各節分別介紹這些變異量數的意義、計算方法及適用時機。

4-1　全　距

　　全距係指一組數值中最大值與最小值之差再加 1。例如，某班數學成績最高分 95 分，最低分 51 分，全距即爲 95 – 51 + 1 = 45。或者以最大值的上限減去最小值的下限亦可，即 95.5 – 50.5 = 45。全距（range）表示一組數值的變動範圍，通常以 R 表示，是最簡單、最粗略的表示變異情形的統計量數。如果甲班數學成績的全距爲 45 分，而乙班爲 30 分，則顯

示甲班數學成績的變異情形可能較乙班爲大。

　　全距的優點爲計算簡單，容易了解；其缺點爲只考慮到最大值和最小值，而忽略了這兩數之間其他數字。表 4-1 中兩組數值，其全距雖然相同，但變異情形並不相同。

表 4-1　兩組全距相同但變異不同的資料

甲　組		乙　組	
90		90	
85		75	
80		75	
75	$R = 90 - 65 + 1$	75	$R = 90 - 65 + 1$
70	$= 26$	75	$= 26$
65		65	

　　甲組與乙組資料的全距雖然完全相同，但甲組數值較爲分散，而乙組數值較爲集中，即甲組資料之變異較大。

4-2　四分差

　　在第三章，我們已學習過中（位）數的意義是：將團體中的分數按照大小順序排列後，最中間的分數就是中數。中數將所有的分數分爲兩半，比中數高的分數占 50%，比中數低的分數占 50%。同樣地，我們可以用四分位數（quartile）將團體的分數分爲四等分。第一個四分位數（Q_1）以下是分數最低的 25%，第二個四分位數（Q_2）就是中（位）數，第三個四分位數（Q_3）以上是分數最高的 25%。圖 4-1 爲四分位數的圖示：

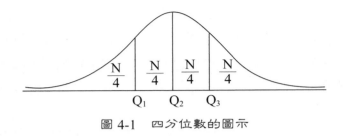

圖 4-1　四分位數的圖示

　　四分差的定義為中間 50% 的數值中最高分（即 Q_3）與最低分（即 Q_1）之差的一半。四分差一般用 Q 表示，其公式為：

$$Q = \frac{Q_3 - Q_1}{2}$$　　　　　（公式 4-1）

　　四分差之優點為：(1) 不受極端分數的影響，而全距則易受極端分數影響；(2) 較全距穩定。但其缺點與全距相似，未將所有分數列入考慮。四分差只考慮到中間 50% 的分數，故仍然是一種粗略的變異量數，使用的機會不多。計算 Q_3 與 Q_1 的方法與計算中位數（Med）類似，我們將在下一章相對地位量數計算百分位數時，加以介紹。

4-3　平均差

　　上述兩種變異量數均僅取兩個數值代表變異情形，不能反應全部數值的變異。平均差（average deviation）簡稱為 AD，計算每一數值與平均數距離之平均數，故能反應每個數值的變異情形。例如有一組 5 個分數：14，12，9，17 和 8，其平均數為 60/5 = 12。各數值與平均數之離差分別為 2，0，-3，5 和 -4；由於離差之和為 0（即 $\Sigma(X - \overline{X}) = 0$），故取其絕對值再求其平均數就是平均差。其公式如下：

$$AD = \frac{\Sigma|X - \overline{X}|}{N} \qquad\qquad （公式 4-2）$$

計算平均差的方法，如表 4-2 所示：

表 4-2　計算平均差舉例

X	$X - \overline{X}$	$|X - \overline{X}|$	
14	2	2	
12	0	0	
9	− 3	3	$AD = \dfrac{\Sigma|X - \overline{X}|}{N} = \dfrac{14}{5} = 2.8$
17	5	5	
8	− 4	4	

$\Sigma X = 60$　　　　　　$\Sigma|X - \overline{X}| = 14$

$\overline{X} = 12$

　　直覺上，平均差似乎是很好的變異量數。前例告訴我們各數值與平均數的平均距離為 2.8，容易了解，並將每個數值均列入計算。不過在數學上，我們較少使用絕對值運算，所以平均差甚少使用。下一節將介紹最常用的變異量數——標準差與變異數。

4-4　標準差與變異數

㈠標準差與變異數的意義與公式

由於離均差（$X - \overline{X}$）會正負抵消，其和為 0，即 $\Sigma(X - \overline{X}) = 0$，所以平均差使用離均差的絕對值。現若將離均差平方，再求其和，即 $\Sigma(X - \overline{X})^2$，稱為離均差平方和以 SS（sum of square）表示。然後將 SS 除以總人數 N，得 $\dfrac{\Sigma(X - \overline{X})^2}{N}$。而 $\dfrac{\Sigma(X - \overline{X})^2}{N}$ 就稱為變異數以 S^2 表示，再求其平方根加以還原，就是標準差。標準差（standard deviation）通常以 S 或 SD 表示，其定義公式為：

$$S = \sqrt{\frac{\Sigma(X - \overline{X})^2}{N}} \qquad\qquad （公式 4\text{-}3）$$

$$ = \sqrt{\frac{\Sigma x^2}{N}} \qquad （通常用\ x\ 表示\ X - \overline{X}）$$

利用公式 4-3 求表 4-3 之標準差如下：

表 4-3　計算標準差舉例

X	x	x^2
14	2	4
12	0	0
9　$\overline{X} = 12$	−3	9
17	5	25
8	−4	16

$$\Sigma x^2 = 4 + 0 + 9 + 25 + 16 = 54$$

$$S = \sqrt{\frac{\Sigma x^2}{N}} = \sqrt{\frac{54}{5}} = 3.29$$

上例中平均數是整數，故使用公式 4-3 計算 SD 相當方便。但若遇到平均數帶有小數時，用公式 4-3 計算就不方便了。此時最好使用下列公式：

$$S = \frac{1}{N}\sqrt{N\Sigma X^2 - (\Sigma X)^2} \qquad\qquad （公式 4-4）$$

上述公式直接使用原始分數求 SD，而不必計算平均數與離差分數（離均差）。公式 4-4 之證明如下：

$$
\begin{aligned}
\Sigma(X - \overline{X})^2 &= \Sigma(X^2 - 2X\overline{X} + \overline{X}^2) \\
&= \Sigma X^2 - 2\overline{X}\Sigma X + N\overline{X}^2 \\
&= \Sigma X^2 - 2\frac{\Sigma X}{N} \cdot \Sigma X + N\left(\frac{\Sigma X}{N}\right)^2 \\
&= \Sigma X^2 - 2\frac{(\Sigma X)^2}{N} + \frac{(\Sigma X)^2}{N} \\
&= \Sigma X^2 - \frac{(\Sigma X)^2}{N}
\end{aligned}
$$

$$
\begin{aligned}
S &= \sqrt{\frac{\Sigma(X - \overline{X})^2}{N}} = \sqrt{\frac{\Sigma X^2 - \dfrac{(\Sigma X)^2}{N}}{N}} \\
&= \sqrt{\frac{N\Sigma X^2 - (\Sigma X)^2}{N^2}} = \frac{1}{N}\sqrt{N\Sigma X^2 - (\Sigma X)^2}
\end{aligned}
$$

以公式 4-4 計算表 4-4 之標準差：

表 4-4　計算兩組資料之標準差

甲　　組		乙　　組	
X	X²	X	X²
90	8100	90	8100
85	7225	75	5625
80	6400	75	5625
75	5625	75	5625
70	4900	75	5625
65	4225	65	4225
ΣX = 465	ΣX² = 36475	ΣX = 455	ΣX² = 34825

$$S = \frac{1}{N}\sqrt{N\Sigma X^2 - (\Sigma X)^2}$$
$$= \frac{1}{6}\sqrt{6(36475) - (465)^2}$$
$$= 8.54$$

$$S = \frac{1}{N}\sqrt{N\Sigma X^2 - (\Sigma X)^2}$$
$$= \frac{1}{6}\sqrt{6(34825) - (455)^2}$$
$$= 7.31$$

變異數（variance）為標準差的平方，通常以 S^2 表示。因此可求得甲組之 $S^2 = 72.9167$；而乙組之 $S^2 = 53.4722$。

㈡已歸類資料計算標準差

已歸類資料計算標準差與已歸類資料計算平均數之簡捷法類似，表 4-5 說明已歸類資料計算標準差的過程：

表 4-5 已歸類資料計算標準差

分　數	組中點 （X）	次數（f）	d	fd	fd²
90～94	92	1	3	3	9
85～89	87	3	2	6	12
80～84	82	6	1	6	6
75～79	77	15	0	0	0
70～74	72	12	−1	−12	12
65～69	67	8	−2	−16	32
60～64	62	3	−3	−9	27
i＝5		N＝48		$\Sigma fd = -22$	$\Sigma fd^2 = 98$

已歸類資料計算標準差之公式如下：

$$S = \frac{i}{N}\sqrt{N\Sigma fd^2 - (\Sigma fd)^2}$$ （公式 4-5）

式中：

　i ＝ 組距

N ＝ 總人數

$d = \dfrac{X - AM}{i}$ （X 為組中距，AM 為假定平均數，此例 AM 為 77，因此

　　　　77 這一組之 d 為 0，其上各組依序為 1，2，3……，而其

　　　　下各組依序為 –1，–2，–3，……。）

將表 4-5 資料代入公式 4-5 得：

$$S = \frac{5}{48}\sqrt{48(98) - (-22)^2}$$
$$= 6.77$$

㈢ **標準差與變異數的特性**

標準差與變異數之特性如下：

1. 團體中各分數同加一常數 C，標準差與變異數不變，證明如下：

$$S_X^2 = \frac{\Sigma(X-\overline{X})^2}{N} \text{（原來之變異數）}$$

$$S_{X+C}^2 = \frac{\Sigma\left[(X+C)-(\overline{X}+C)\right]^2}{N} \text{（每一分數加 C 後之變異數）}$$

$$= \frac{\Sigma(X+C-\overline{X}-C)^2}{N}$$

$$= \frac{\Sigma(X-\overline{X})^2}{N}$$

$$= S_X^2$$

可見 $S_{X+C}^2 = S_X^2$，$S_{X+C} = S_X$，即團體中各分數同加一常數，變異數與標準差不變。

2. 團體中各分數同乘常數 C 時，變異數為原來變異數之 C^2 倍，而標準差為原來標準差之 C 倍。證明如下：

$$S_{CX}^2 = \frac{\Sigma(CX-C\overline{X})^2}{N} \text{（每一分數同乘 C 之變異數）}$$

$$= \frac{C^2\Sigma(X-\overline{X})^2}{N} \text{（C 為常數，可放在 } \Sigma \text{ 之前）}$$

$$= C^2S_X^2$$

故 $S_{CX}^2 = C^2S_X^2$，$S_{CX} = CS_X$，即團體中各分數同乘一常數 C，則變異數為原來之 C^2 倍，而標準差為原來之 C 倍。

㈣ **變異係數**

單位不同的資料要比較其變異情形，或單位相同但平均數相差很大的資料要比較變異情形時，可用變異係數（coefficient of variation），簡寫為 C.V.，其公式為：

$$C.V. = \frac{S}{\overline{X}} \times 100$$

（公式 4-6）

式中　　$S = $ 標準差

　　　　$\overline{X} = $ 平均數

―‖ 例 4-1 ‖―

　　某班學生 50 人，身高的平均數與標準差各為 170 公分及 7 公分，而體重的平均數與標準差各為 62 公斤及 6 公斤。試比較身高與體重兩種分配之變異情形。

$$C.V.1 = \frac{7}{170} \times 100 = 4.12$$

$$C.V.2 = \frac{6}{62} \times 100 = 9.68$$

因此身高的變異較小，較為整齊。

4-5　各種變異量數的適用時機

㈠全距的適用時機

　　1. 變量或分數不多時，可使用全距；分數多時，以全距代表變異較不可靠。

　　2. 想了解全部分數之分布範圍，或想知道極端分數的差距。

　　3. 想粗略了解變異情形時。

　　4. 要製作次數分配表，需先計算全距，再決定組數、組距。

㈡四分差的適用時機

　　1. 有極端分數時，四分差較合適。極端分數對全距影響很大，對標

準差也很有影響。因為計算標準差有 $(X - \overline{X})^2$ 項，當 X 為極端分數時，$(X - \overline{X})^2$ 因平方緣故變得很大。

2. 中位數與四分差之性質相似，中位數為 Q_2，而四分差為 $\dfrac{Q_3 - Q_1}{2}$；故若以中數代表集中趨勢，通常以四分差代表變異量數。

3. 兩端開放之次數分配（open-ended distribution）可使用四分差。例如最低分組之分數為 60 以下，而最高分組之分數為 90 以上；此時就是兩端開放之次數分配。由於不知道最高與最低分無法計算全距或標準差，但可計算四分差。

㈢ 標準差與變異數的適用時機

標準差與變異數把每個分數都列入計算，最為精確，且適合數學運算，是應用最廣的變異量數。我們以後要介紹的統計公式大部分都會用到標準差與變異數。

習題四

1. 有一組資料為 9，11，16，18，12，13，17，18，16，11，試求：
   (1) 變異數。
   (2) 標準差。

2. 四年級第一次月考九十位同學數學成績次數分配如下表，試求其標準差。

分　　數	人數 (f)
95～99	2
90～94	3
85～89	12
80～84	20
75～79	24
70～74	16
65～69	9
60～64	4

3. 某班數學期末考成績，平均數為 60，標準差 8 分，試問：
   (1) 每人減 5 分，則平均數與標準差變化如何？
   (2) 每人分數乘 2，則平均數與標準差變化如何？
   (3) 每人分數乘 2 減 5 分，則平均數與標準差變化如何？

第五章

相對地位量數

　　次數分配、集中量數和變異量數只是告訴我們一個團體所有分數的分布情形。若想知道某一個分數在團體中位置如何，例如某生第一次月考數學 70 分，到底在同年級中算好還是差，這就需要計算相對地位量數了。相對地位量數（measures of relative position）就是用來描述個人在團體中所占位置的量數；主要的相對地位量數有百分等級和標準分數。百分等級可以告訴我們某一分數在團體中勝過多少百分比的人，標準分數則可以告訴我們某一分數在團體平均數之上或之下多少標準差。

5-1　百分位數及百分等級

　　第三章我們學習過中（位）數，第四章我們學習過四分位數。中數將所有分數分為兩等分，而四分位數則將所有分數分為四等分。第一個四分位數（Q_1）之下有 25% 的分數，第二個四分位數（Q_2）就是中數，第三個四分位數（Q_3）之下有 75% 的分數。百分位數（percentiles）的意義與四分位數類似。第 10 個百分位數（P_{10}）之下有 10% 的分數，第 25 個百分位數（P_{25}）就是 Q_1，第 50 個百分位數（P_{50}）就是 Q_2 或中數，第 75 個百分位數（P_{75}）就是 Q_3，第 90 個百分位數（P_{90}）之下有 90% 的分數。如果第 90 個百分位數為 88 分，我們就以 $P_{90} = 88$ 表示；如果第 75 個百分位數為 76 分，就以 $P_{75} = 76$ 表示。所以百分位數係指某一分數而言。

　　百分等級（percentile rank）通常以 PR 表示，它係指某一分數勝過多少百分比的人而言。如上例提到 $P_{90} = 88$，$P_{75} = 76$；反過來可以說 88 分的百分等級為 90，而 76 分的百分等級為 75。百分等級 90 就是勝過 90% 的人，而百分等級 75 就是勝過 75% 的人。計算百分等級的方法剛好與計算百分位數相反。計算百分等級是根據某一分數求它的等級，也就是勝過多少百分比的人。而計算百分位數則是根據某一等級求出其對應之分數。接下來分別介紹計算百分位數與百分等級的方法：

㈠百分位數的計算方法

求百分位數的方法與求中位數類似，現根據表 5-1 的資料計算 ⑴ $P_{25}(Q_1)$，⑵$P_{75}(Q_3)$，及 ⑶四分差 $\left(\dfrac{Q_3 - Q_1}{2}\right)$。

表 5-1　計算百分位數舉例

分　數	次數（f）	累積次數（cf）	累積百分比（cf%）
90～94	2	60	100.00
85～89	4	58	96.67
80～84	7	54	90.00
75～79	17	47	78.33
70～74	14	30	50.00
65～69	9	16	26.67
60～64	4	7	11.67
55～59	3	3	5.00

N＝60

百分位數通常以 P_p 表示，其計算公式如下：

$$P_p = L + \left(\frac{\dfrac{P}{100}N - F}{f}\right) i \qquad （公式 5-1）$$

式中，P_P＝第 P 個百分位數

$\quad$ L＝第 P 個百分位數所在組的真正下限

$\quad \dfrac{P}{100}$＝將 P 除以 100，例如第 25 個百分位數就是 $\dfrac{25}{100}$

$\quad$ N＝總次數

$\quad$ F＝L 以下之累積次數

$\quad$ f＝P_p 所在組的次數

　　　　i＝組距

根據公式 5-1，求 P_{25}，P_{75} 及 Q 如下：

(1) $P_{25} = 64.5 + \left(\dfrac{\dfrac{25}{100} \times 60 - 7}{9} \right) \times 5$（由累積百分比看出 P_{25} 應在 65～69 組）

　　　$= 68.94$

(2) $P_{75} = 74.5 + \left(\dfrac{\dfrac{75}{100} \times 60 - 30}{17} \right) \times 5$（由累積百分比看出 P_{75} 應在 75～79 組）

　　　$= 78.91$

(3) $Q = \dfrac{Q_3 - Q_1}{2} = \dfrac{78.91 - 68.94}{2} = 4.99$

(二)百分等級的計算方法

　　計算百分等級的方法與計算百分位數相反；我們根據表 5-2 的資料計算 83 分的百分等級，以說明計算百分等級的方法。

表 5-2　計算百分等級舉例

分　　數	次數（f）	累積分數（cf）
90～94	2	60
85～89	4	58
80～84	7	54
75～79	17	47
70～74	14	30
65～69	9	16
60～64	4	7
55～59	3	3

N＝60

計算百分等級之公式為：

$$PR = \left(\frac{\frac{(X-L)f}{i}+F}{N} \right) \times 100 \qquad （公式 5-2）$$

式中　X＝原始分數，此例為 83

L＝X 所在組的真正下限

f＝X 所在組的次數

i＝組距

F＝L 以下之累積次數

N＝總次數

根據公式 5-2，求得 83 分的百分等級如下：

$$PR = \left(\frac{\frac{(83-79.5)\times 7}{5}+47}{60} \right) \times 100$$
$$= 86.5$$

因此 83 分的百分等級為 86.5，即勝過 86.5% 的人。

㈢百分位數常模（percentile norm）

　　百分位數常模適合於各種成就或能力測驗，例如數學成就測驗、國語成就測驗等。常模通常需要測量很多學生，然後將每一分數與所對應的百分等級作成原始分數與百分等級的換算表或對照表就成為百分位數常模。表 5-3 說明計算單一分數的百分等級的過程；由於每一組只有一個分數，所以稱為單值組距（unit interval）。其計算百分等級之公式為：

$$PR = \frac{100}{N}(cf - \frac{f}{2})$$ （公式 5-3）

式中　N＝總次數

　　　f＝該分數之次數

　　cf＝累積次數

表 5-3　224 位學生測驗分數之次數分配及其百分等級計算過程

原始分數（X）	次數（f）	cf	$cf - \frac{f}{2}$	$\dfrac{cf - \frac{f}{2}}{N}$	PR
30	2	224	223	.996	99.6
29	4	222	220	.982	98.2
28	6	218	215	.960	96.0
27	10	212	207	.924	92.4
26	16	202	194	.866	86.6
25	20	186	176	.786	78.6
24	22	166	155	.692	69.2
23	26	144	131	.585	58.5
22	30	118	103	.460	46.0
21	24	88	76	.339	33.9
20	18	64	55	.246	24.6
19	16	46	38	.170	17.0
18	12	30	24	.107	10.7
17	10	18	13	.058	5.8
16	6	8	5	.022	2.2
15	2	2	1	.004	0.4

N=224

㈣百分等級的優缺點

　　百分等級之優點為簡單易解，未受過統計訓練者亦能一目了然；同時意義明確，清楚地表明各分數在團體中的相對位置。其缺點是屬次序量尺，單位並不相等，P_{98} 與 P_{97} 之差不等於 P_{50} 與 P_{49} 之差，所以不能直接作加減乘除之數學運算。而且名稱冠有百分兩字，易被視為一般考試測驗使用之百分制而產生誤會。

5-2　標準分數

　　標準分數是以標準差為單位，表示個人原始分數和團體平均數之差的一種分數。由標準分數可以看出個人原始分數在平均數之上或之下多少標準差。所以標準分數係以平均數為參照點，以標準差為單位的相對地位量數；由標準分數可以看出個人原始分數在所屬團體中的位置。標準分數有 Z 分數、T 分數、AGCT 分數、以及 CEEB 分數等。其中 Z 分數是最基本的標準分數，其餘的標準分數都是由 Z 分數轉換得來，故首先介紹 Z 分數：

㈠ Z 分數

　　Z 分數係將原始分數（X）減去平均數（$\overline{X}$）之後，再除以標準差（S）所得的一種分數。由 Z 分數可立即看出某一原始分數在平均數之上或之下多少標準差。Z 分數之公式為：

$$Z = \frac{X - \overline{X}}{S}$$
（公式 5-4）

　　利用 Z 分數可比較不同分配的分數，例如某生數學 67 分，自然 73 分，國語 82 分。由上述原始分數無法看出某生哪一科在團體中較好。假

設各科平均數與標準差如表 5-4 所示，據此我們可以計算某生在這三科上的 Z 分數：

表 5-4　數學、自然和國語的平均數、標準差及某生得分

數　學	自　然	國　語
$\overline{X}=62$	$\overline{X}=75$	$\overline{X}=85$
S=8	S=7	S=5
X=67	X=73	X=82

計算某生各科分數如下：

數學：　$Z=\dfrac{67-62}{8}=.625$

自然：　$Z=\dfrac{73-75}{7}=-.286$

國語：　$Z=\dfrac{82-85}{5}=-.6$

所以我們發現在團體中，某生數學較其他兩科為優，而國語較其他兩科為差。

（二）Z 分數之特性

1. Z 分數之平均數為 0，標準差為 1，變異數亦為 1。平均數為 0 之證明如下：

$$Z=\frac{X-\overline{X}}{S}$$

$$\overline{Z}=\frac{\Sigma Z}{N}\text{（Z 之平均數以 }\overline{Z}\text{ 表示）}$$

$$=\frac{\Sigma(X-\overline{X})}{S\cdot N}=0\text{（因為 }\Sigma(X-\overline{X})=0\text{，即離均差之和為 0）}$$

標準差及變異數為 1 之證明：

$$Z \text{ 之變異數為 } \frac{\Sigma(Z-\overline{Z})^2}{N}$$

$$= \frac{\Sigma Z^2}{N} \text{ （因為 } \overline{Z} = 0 \text{）}$$

$$= \frac{\Sigma(X-\overline{X})^2}{S^2 N} = \frac{S^2}{S^2} \text{ （因為 } \frac{\Sigma(X-\overline{X})^2}{N} = S^2 \text{）}$$

$$= 1$$

變異數為 1，而標準差為其平方根，故亦為 1。

2. 比平均數小的原始分數經轉換後，成為負的 Z 分數；比平均數大的原始分數經轉換後，成為正的 Z 分數。

3. $\Sigma Z^2 = N$（見變異數為 1 之證明過程）。

4. Z 分數事實上係原始分數之直線轉換（一次方程式轉換）。所謂直線轉換（linear transformation），就是將原數乘一常數，再加上一常數。即 $Z = aX + b$，而 $a = \dfrac{1}{S}$，$b = -\dfrac{\overline{X}}{S}$。

㈢其他標準分數

Z 分數有一些缺點，例如平均數為 0，會出現帶有小數及負號的 Z 分數，因而造成一些不便。為了避免這些缺點，所以有其他標準分數被發展出來，它們都是將原來 Z 分數再加以直線轉換而成，其公式如下：

$$\text{其他標準分數} = aZ + b \qquad \text{（公式 5-5）}$$

由於 Z 分數之標準差為 1，平均數為 0，故轉換後之標準分數標準差為 a，而平均數為 b。

表 5-5 列出其他典型標準分數：

表 5-5　分數外其他典型標準分數

名　　稱	轉換公式	平均數	標準差	備　　註
T 分數	T = 10Z + 50	50	10	
美國陸軍普通分類測驗分數（AGCT）	AGCT = 20Z + 100	100	20	AGCT 為 Army General Cl-assification Test 之縮寫，通用性向測驗（GATB）亦是以 100 為平均數，20 為標準差。
美國大學入學考試委員會分數（CEEB）	CEEB = 100Z + 500	500	100	C E E B 為 C o l l e g e Entrance Examination Board 之縮寫，SAT 採此分數。

‖ 例 5-1 ‖

某生之 Z 分數為 0.5，請問轉換成 AGCT 分數、及 CEEB 分數各為多少？

T 分數：T = 10Z + 50 = 10(−0.5) + 50 = 45
AGCT 分數：AGCT = 20Z + 100 = 20(−0.5) + 100 = 90
CEEB 分數：CEEB = 100Z + 500 = 100(−0.5) + 500 = 450

　　上述標準分數均係將 Z 分數加以直線轉換而成，屬於直線標準分數，另有常態化標準分數將在下一章「常態分配」中加以說明。

5-3　百分等級與標準分數之比較

　　百分等級與標準分數均可表示受試者在團體中之相對地位，因此可以用百分等級或標準分數比較不同單位或不同分配的分數差異的情形。例如某人的身高體重，雖然單位不同，但可轉換成標準分數或百分等級，以比較其差異。甲校中張生的成績與乙校中李生的成績也可根據自己學校的平均數與標準差轉換成標準分數或各自轉換成百分等級，以比較兩人在自己學校中之地位。

　　其中百分等級因爲意義簡單明確，對學生、教師及家長來說，均易於了解，因此應用相當普遍。但如前所述，百分等級並非等距量尺，單位並不相等，不能做一般之數學處理，此爲其缺點。而標準分數則是以標準差爲單位，因此是等距量尺，適合於數學處理，能作加減乘除等運算，所以在學術或推論統計上應用較廣。其缺點不易爲學生、家長及一般外行人所了解。因此如需對外行人解釋測驗成績時，最好採百分等級。事實上，很多標準化測驗，成績報告單上除了標準分數外，並列有百分等級。

習題五

1. 某校六年級學生 174 人，在數學成就測驗上得分如下表之次數分配，試求 41 分及 26 分之百分等級。

分　　數	f
45～49	1
40～44	3
35～39	11
30～34	21
25～29	38
20～24	35
15～19	35
10～14	19
5～ 9	8
0～ 4	3

N=174

2. 根據上題之資料，試求 P_{90}，P_{70}，P_{30}。

3. 甲校畢業班學業成績總平均 80 分，標準差為 5 分，乙校畢業班學業成績總平均 78 分，標準差 6 分，今有甲校張生學業成績平均 81 分，乙校李生學業成績平均 80 分，請將張生及李生之成績化為 T 分數，以比較其在團體中之地位。

第六章

常態分配

人類的許多特質，例如身高、體重、成績、智商等，如果將其次數分配繪製成次數多邊形，在人數很多時，會形成一種左右對稱的鐘形（bell-shaped form）。圖 6-1 為 1937 年標準化團體在史丹福—比奈（Stanford-Binet）智力測驗上，所得智力分數的次數分配圖，為一接近鐘形的分配。由圖中可看出智力特別高與特別低者均是少數，大部分人屬中等智力。

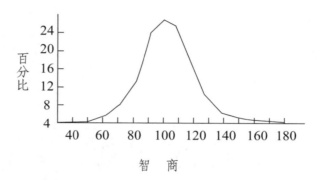

圖 6-1　1937 年標準化團體的史比智商之次數分配圖

不僅是人類的特質如此，宇宙間的許多現象都會呈現這種鐘形分配。圖 6-2 為投擲硬幣 10 次，假設正反面出現機率都是 0.5，呈現各種正面次數的機率。

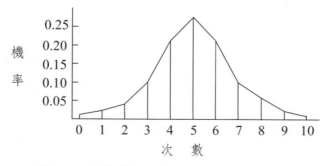

圖 6-2　投擲硬幣十次出現正面次數之機率

正　面	機　率
0	.0010
1	.0098
2	.0439
3	.1172
4	.2051
5	.2461
6	.2051
7	.1172
8	.0439
9	.0098
10	.0010

　　上例中只投擲硬幣 10 次，因此可利用二項分配（binomial distribution）計算機率。但若問投擲硬幣 12,000 次，出現 1,800 次正面的機率有多少，則要利用二項分配計算機率幾乎不可能了。西元 1733 年法國數學家戴・莫瓦佛（Abraham De Moivre）首先發展出一種數學曲線可以計算投擲硬幣或骰子出現各面次數的機率。這種數學曲線後來就稱為常態分配曲線（normal distribution curve），簡稱為常態曲線，由於人類許多生理與心理的特質以及宇宙間許多現象其次數分配都接近常態分配，因此常態分配成為統計學中最重要的分配之一。

6-1　常態分配的特性

　　常態曲線是很大的群體所形成的分配，因此是母群體的分配，而不是樣本的分配。其公式如下：

$$Y = \frac{1}{\sigma\sqrt{2\pi}} e^{-\frac{(X-\mu)^2}{2\sigma^2}}$$ （公式 6-1）

式中　Y＝曲線的高度。

σ＝母群體的標準差，讀做 sigma。

π＝圓周率，約為 3.1416。

e＝自然對數的底，約為 2.7183。

X＝任何分數。

μ＝母群體的平均數，讀做 mu。

在公式 6-1 中，Y 為依變項，X 為自變項，π 和 e 為常數，μ 和 σ 則因母群體而有不同。常態分配之性質如下：

1. X 為連續變數，所以常態分配為一連續分配。

2. 此分配對稱於 X＝μ 的縱軸。

3. 平均數＝中數＝眾數。

4. 有兩個反曲點在 μ－σ 和 μ＋σ 之處（註：反曲點為曲線由上凹轉下凹或下凹轉上凹處）。

5. 曲線向左右兩端逐漸降低，左右兩端以橫軸為漸近線。

6. 曲線下之面積為 1。

7. σ^2 不變，μ 改變，則曲線位置改變，但形狀不變。若 μ 不變，σ^2 改變，則曲線位置不變，但形狀改變。σ^2 越大，曲線分配位置越廣。如圖 6-3 所示：

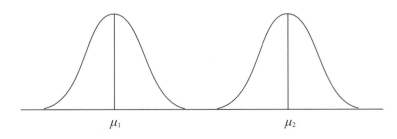

圖 6-3(a)　σ^2 相同，但 μ 不同的常態分配

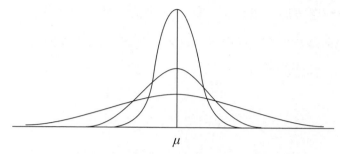

圖 6-3(b)　μ 相同，但 σ^2 不同的常態分配

6-2　標準常態分配（Standard Normal Distribution）

常態分配雖爲一對稱的鐘形曲線，但其位置及分散度會隨 μ 和 σ^2 不同而異，因此應用起來並不方便。所以通常我們把常態分配轉換成平均數爲 0（$\mu = 0$），標準差爲 1（$\sigma = 1$）的標準常態分配，如圖 6-4 所示。

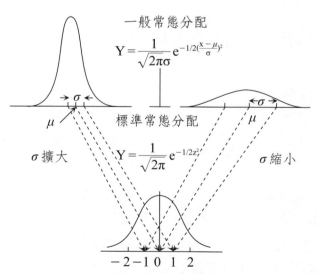

一般常態分配

$$Y = \frac{1}{\sqrt{2\pi}\sigma} e^{-1/2(\frac{x-\mu}{\sigma})^2}$$

標準常態分配

$$Y = \frac{1}{\sqrt{2\pi}} e^{-1/2 z_i^2}$$

σ 擴大　　　　　　　　　　　　　　σ 縮小

$-2\ -1\ 0\ 1\ 2$

圖 6-4　一般常態分配轉換爲標準常態分配

　　轉換爲標準常態，就是把常態分配下的原始分數，轉換爲 Z 分數。Z 分數之平均數爲 0，標準差爲 1，而 $Z = \dfrac{X - \mu}{\sigma}$；因此轉換成標準常態分配之後，公式 6-1 就成爲：

$$Y = \frac{1}{\sqrt{2\pi}}\, e^{-\frac{z^2}{2}} \qquad\qquad （公式 6-2）$$

　　現在我們只要知道 Z 值，便可以算出 Y 值，即標準常態曲線的高度了。現舉幾個不同的 Z 值來說明公式 6-2 的計算方法。

　　當 Z＝0 時

$$Y = \frac{1}{\sqrt{2\pi}}\, e^{-\frac{0}{2}} = \frac{1}{\sqrt{2\pi}} \cdot 1 = \frac{1}{\sqrt{2 \times 3.1416}} = .3989$$

　　當 Z±1 時

$$Y = \frac{1}{\sqrt{2\pi}}\, e^{-\frac{1}{2}} = \frac{1}{\sqrt{2\pi}} \cdot \frac{1}{\sqrt{e}} = .3989 \times .6065 = .2419$$

　　當 Z＝±2 時

$$Y = \frac{1}{\sqrt{2\pi}}\, e^{-\frac{4}{2}} = \frac{1}{\sqrt{2\pi}} \cdot \frac{1}{e^2} = .3989 \times .1353 = .0540$$

　　在本書後面的附錄表 A 中，亦可查到與 Z 值相對的 Y 值，例如 Z＝3 時，Y＝.0044。表中無負的 Z 值，不過負的 Z 值與正的 Z 值對應之 Y 值相同，因爲常態分配爲左右對稱。故遇到負的 Z 值時，查正的 Z 值即可。

　　標準常態分配具有下列特性：

　　1. 平均數爲 0，標準差爲 1。

2. 標準常態曲線對稱於 Z＝0 的縱軸。

3. Z＝0 時，Y＝.3989，為曲線最高點。

4. 曲線之反曲點在 Z＝ ±1 之處。

5. |Z| > 3 時，Y 已甚微小，曲線兩尾與橫軸幾乎相切。

6. 曲線下之面積亦為 1。

6-3　標準常態曲線下之面積

我們應用標準常態最重要的，就是查出標準常態曲線下各 Z 值之間的面積。由於曲線下之面積為 1，所以 Z 值之間的面積介於 0 與 1 之間，正合於機率的性質。事實上，常態曲線就是來自戴‧莫瓦佛計算二項分配在 N 很大時的各種機率。從附錄表 A，我們可查出從 Z＝0 到我們要查的值之間的面積或機率。例如 Z＝1 時，查得機率為 .3413，亦即自 Z＝0 至 Z＝1 之間的面積或機率為 .3413。如果總人數為 10,000 人，則在常態分配下，自 Z＝0 到 Z＝1 之間共有 3,413 人。附表中並無負的 Z 值，不過因係左右對稱，故 Z＝–1 與 Z＝1 之機率相同，餘依此類推。

在實際使用上，在幾個常用的 Z 值，必須加以記憶，以便在無表可查時，亦能進行分析。下為常用之 Z 值與機率：

1. 以 Z＝0 為中心，左右各取 1 個標準差，機率為 68.26%。

2. 以 Z＝0 為中心，左右各取 1.96 個標準差，機率為 95%。

3. 以 Z＝0 為中心，左右各取 2 個標準差，機率為 95.44%。

4. 以 Z＝0 為中心，左右各取 2.576 個標準差，機率為 99%。

5. 以 Z＝0 為中心，左右各取 3 個標準差，機率為 99.74%。

圖 6-5 顯示各 Z 值間的機率：

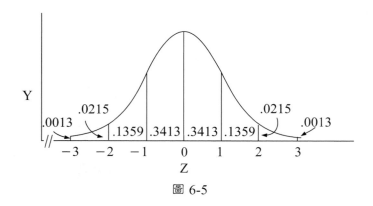

圖 6-5

━━‖ 例 6-1 ‖━━

　　智商為常態分配，舊版史比智商之平均數為 100，標準差為 16，求史比智商在 70 以下之百分比？（史比智商英文第 5 版已改為標準差 15）

$$Z = \frac{X - \mu}{\sigma} = \frac{70 - 100}{16} = -1.88$$

　　查附錄表 A，Z = −1.88 之機率即為 Z = 1.88 之機率，為 .4699。但 .4699 為 Z = 0 至 Z = −1.88 之間的機率，比 −1.88 小之機率應為 .5 − .4699 = 0301。所以我們可以說，智商在 70 以下者有 3.01%。

━━‖ 例 6-2 ‖━━

　　同上例，求智商在 140 以上之百分比。

$$Z = \frac{140 - 100}{16} = 2.50$$

　　查附錄表 A，Z = 2.50 之機率為 .4938。但此為自 Z = 0 到 Z = 2.50 之間的機率。比 Z = 2.50 大的機率為 .50 − .4938 = .0062。所以智商在 140 以上者有 0.62%。

‖ 例 6-3 ‖

同上例，問 90 至 110 之間中等智商者之百分比多少？

$$Z = \frac{90 - 100}{16} = -.63$$

$$Z = \frac{110 - 100}{16} = .63$$

查附錄表 A，Z = .63 之機率爲 .2357；但此爲自 Z = 0 至 Z = .63 之機率。由於係左右對稱，故自 –.63 至 .63 之機率爲 .2357×2 = .4714。故介於 90 至 110 之中等智商者有 47.14%。

‖ 例 6-4 ‖

魏氏智力測驗之平均數爲 100，標準差爲 15，魏氏智商在 70 以下者，一般視爲智能障礙，問智能障礙之百分比？

$$Z = \frac{X - \mu}{\sigma} = \frac{70 - 100}{15} = -2$$

查附錄表 A，Z = –2 之機率即爲 Z = 2 之機率，爲 .4772。但 .4772 爲 Z = 0 至 Z = –2 之間的機率，比 –2 小之機率應爲 .5 – .4772 = .0228。所以智能障礙之百分比爲 2.28%。

6-4　偏態與峰度（Skewness and Kurtosis）

(一) 偏態與峰度之意義

並不是所有的分配都是左右對稱的鐘形，也就是有偏態的情形。所謂偏態是指大部分的分數落在平均數的左邊或右邊。如果分數較多集中在低

分部分，也就是平均數的左邊，則稱為正偏態分配；這時中數在平均數的左邊。如果分數較多集中在高分部分，也就是平均數的右邊，則稱為負偏態分配；此時中數在平均數的右邊。通常如果試題較難，則低分者較多，這時會成為正偏態分配。如果試題較容易，或者受試者程度較高，例如都是大學生，這時會形成負偏態分配。圖 6-6 顯示正負偏態情形。

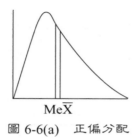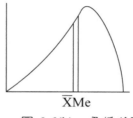

圖 6-6(a)　正偏分配　　　　　　　　圖 6-6(b)　負偏分配

　　要記得何者是正偏分配，何者是負偏分配，有個巧妙的方法。如果把曲線最高點當作山頂，我們從山頂上滑下來，則正偏分配應向正的方向（數線上）滑，而負偏分配則應向負的方向滑才不致危險。

　　所謂峰度是指次數分配曲線與常態分配曲線比較，是較為尖峻（peakedness）或平坦（flattness）。較為尖峻者，稱為高狹峰（leptokurtic），較為平坦者稱為低闊峰（platykurtic），如圖 6-7 所示。由圖中可看出高狹峰之兩端較厚，而低闊峰之兩端較薄。這是因為我們假設兩曲線之標準差相同，因此曲線越高狹者，兩尾極端分數越多；而曲線越平坦者，兩尾極端分數越少。

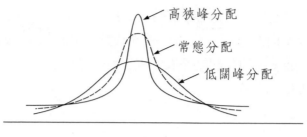

圖 6-7

㈡偏度與峰度之計算

次數分配曲線之偏態與峰度除了用目測法觀察之外，一般以動差
（moment）計算。所謂動差之意義如下：

一級動差：$m_1 = \dfrac{\Sigma(X - \overline{X})}{N} = 0$

二級動差：$m_2 = \dfrac{\Sigma(X - \overline{X})^2}{N} = S^2$

三級動差：$m_3 = \dfrac{\Sigma(X - \overline{X})^3}{N}$

四級動差：$m_4 = \dfrac{\Sigma(X - \overline{X})^4}{N}$

r 級動差：$m_r = \dfrac{\Sigma(X - \overline{X})^r}{N}$

計算偏態之公式為：

$$g_1 = \frac{m_3}{m_2\sqrt{m_2}} \qquad\qquad （公式 6-3）$$

若 $g_1 = 0$ 則為左右對稱的分配，若 $g_1 > 0$ 則為正偏分配，若 $g_1 < 0$ 則為負
偏分配。當左右對稱時，平均數以上的 $(X - \overline{X})^3$ 與平均數以下的 $(X - \overline{X})^3$
正負抵消，總和為 0，即 $\Sigma(X - \overline{X})^3 = 0$；故 $m_3 = 0$，$g_1 = 0$。正偏態時，平
均數右邊的 X 離平均數較左邊的 X 離平均數遠，因此正的 $(X - \overline{X})^3$ 較負
的 $(X - \overline{X})^3$ 總和為大，故 $m_3 > 0$，$g_1 > 0$。負偏態時，平均數左邊的 X 離

平均數較遠，因此 $\Sigma(X-\overline{X})^3$ 爲負，$m_3 < 0$，$g_1 < 0$。分母部分用 $m_2\sqrt{m_2}$，是爲了使變異不同的分配，也能比較其偏態。就好像 Z 分數之分母爲 S（即 $\sqrt{m_2}$），能使不同分配的分數能夠比較一樣。

　　計算峰度的公式爲：

$$g_2 = \frac{m_4}{m_2^2} - 3 \qquad\qquad （公式 6\text{-}4）$$

若 $g_2 = 0$ 爲常態峰，$g_2 > 0$ 爲高狹峰，$g_2 < 0$ 爲低闊峰。由於 $m_4 = \dfrac{\Sigma(X-\overline{X})^4}{N}$，因此兩尾極端分數較多的高狹峰的 m_4 會較大，而低闊峰的 m_4 則會較小，常態峰則介於其間。由於常態峰的 $\dfrac{m_4}{m_2^2} = 3$，因此 $g_2 = 0$。

㈢ 偏態係數與峰度係數的應用

　　在敘述統計中，$\overline{X}$，S，g_1 和 g_2 構成一個簡單完整的體系。我們可以使用平均數（$\overline{X}$），標準差（S），偏態係數（g_1）和峰度係數（g_2）來比較不同分配差異的情形。利用四個數字：$\overline{X}$，S，g_1 和 g_2，我們簡明扼要有系統地說明了某一團體分數分配的情形。

6-5　次數分配的常態化

　　上一章我們學習過如何將原始分數轉換成 Z 分數及其他標準分數。因爲是直線轉換，各分數相對位置並未改變：所以原始分數若非常態分配，轉換後之標準分數仍非常態分配。有時原始分數並非常態分配，但我們相信該次數分配本應是常態：此時我們可以進行次數分配的常態化，也就是將非常態分配加以常態化。原始分數爲正偏者，經常態化後，原來原始分數低的部分間隔拉長，而高的部分原有間隔變短，如圖 6-8 所示。原始分數爲負偏者，經常態化後，原始分數較低部分原有間隔變短，而高的

部分原有間隔拉長，見表 6-1 未常態化 Z 值及常態化 Z 值。因此常態化不再是一種直線轉換的過程，而是一種非直線轉換。

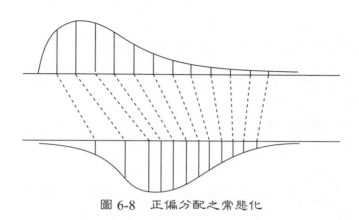

圖 6-8　正偏分配之常態化

表 6-1 說明常態化的步驟：

表 6-1　200 位國小六年級學生數學成績的次數分配及常態化步驟

| 分　數 | 未常態化 | | f | cf | $cf - \dfrac{f}{2}$ | $\dfrac{cf - \dfrac{f}{2}}{N}$ | 常態化 |
	X	Z					Z
90～99	94.5	1.82	4	200	198	.990	2.33
80～89	84.5	1.29	22	196	185	.925	1.44
70～79	74.5	0.77	42	174	153	.765	0.72
60～69	64.5	0.24	50	132	107	.535	0.09
50～59	54.5	− 0.28	32	82	66	.330	− 0.44
40～49	44.5	− 0.81	18	50	41	.205	− 0.82
30～39	34.5	− 1.34	18	32	23	.115	− 1.2
20～29	24.5	− 1.86	4	14	12	.060	− 1.5
10～19	14.5	− 2.40	8	10	6	.030	− 1.8
0～9	4.5	− 2.92	2	2	1	.005	− 2.5
	N = 200		$\overline{X} = 59.9$		S = 19		

常態化的步驟如下：

1. 首先將各組組中點（X）轉化爲未常態化的 Z 分數，其公式爲 $Z = \dfrac{X - \overline{X}}{S}$。

2. 將每一組的累積次數（cf）減去各組次數之半（$\dfrac{f}{2}$），即爲各組組中點之累積次數（$cf - \dfrac{f}{2}$），例如 84.5 的累積次數爲 185。

3. 計算各級組中點的累積百分比 $\left(\dfrac{cf - \dfrac{f}{2}}{N} \right)$，如 84.5 的累積百分比爲 .925。

4. 將 $\dfrac{cf - \dfrac{f}{2}}{N}$ 視爲常態分配的機率，查附表 A 可得常態化之 Z 值。例如 84.5 的累積百分比爲 .925，其 Z 值與 Z = 0 之間的機率爲 .925–.5 = .425；.425 所對應之 Z 值爲 1.44。而 54.5 的累積百分比爲 .33，其 Z 值與 Z = 0 之間的機率爲 .17；.17 所對應之 Z 值爲 –.44。依此類推求出所有常態化的 Z 值。

魏氏成人智力測驗（Wechsler Adult Intelligence Scale）的分測驗即將原始分數加以常態轉換成爲平均數爲 10，標準差爲 3 的常態分配。然後將各分測驗的分數加起來得一總分，再將總分依換算表轉換成離差智商（Deviation IQ）。魏氏智力測驗的離差智商平均數爲 100，標準差爲 15。

6-6　常態分配下各種分數之比較

圖 6-9 列出在常態分配下，各種分數的相對位置：

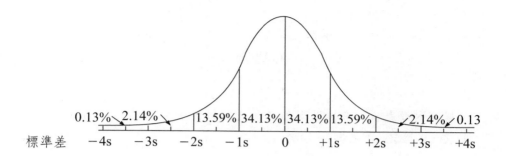

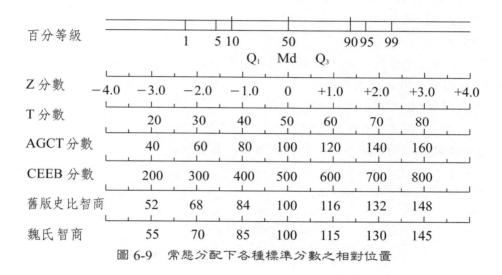

圖 6-9　常態分配下各種標準分數之相對位置

‖ 例 6-1 ‖

　　張生在普通分類測驗（AGCT）上得分 110，李生在魏氏智力測驗上得分亦為 110，問張、李兩生誰較聰明？

　　將張、李兩生測驗分數均化為 Z 分數後比較之：

　　張生：$Z=\dfrac{110-100}{20}=.5$（AGCT 之平均數 100，標準差 20）

　　李生：$Z=\dfrac{110-100}{15}=.67$（魏氏智商之平均數 100，標準差 15）

因此我們可以說李生比較聰明。

習題六 🖩

1. 請根據附錄表 A，查出下列各 Z 值之間的機率：

   (1) Z ＝ 0 至 Z ＝ 1 之間。

   (2) Z ＝ 0 至 Z ＝ -1.96 之間。

   (3) Z ＝ -1.30 至 Z ＝ 2.08 之間。

   (4) Z ＞ 2.58。

   (5) Z ＜ -1.65。

2. 智力為常態分配，魏氏智商之平均數為 100，標準差為 15，試求：

   (1) 智商 130 以上之百分比。

   (2) 智商 90 至 110 之百分比。

   (3) 智商 70 以下之百分比。

3. 請根據下列兩組資料，分別計算其偏態係數（g_1）：

   甲組：6，7，9，14，24

   乙組：4，6，10，14，16

第七章

簡單相關與迴歸

7-1 相關（Correlation）的意義

相關是指兩個變數之間關聯的程度。在日常生活中，我們會聽到這一類的話：「他很用功，應該會考得很好。」或者：「這東西這麼貴，買的人可能不多。」意指用功的程度和成績的好壞有關，而價格的高低和銷售量的多寡有關。一般來說，越用功則成績越好，因此用功和成績之間有「正相關」。而通常價格越高，買的人越少，也就是價格和銷售量有「負相關」。

有時候兩個變數之間沒有相關存在，例如臉上青春痘的多寡和成績可能沒有任何關係，我們就稱這兩個變數之間為「零相關」。相關程度的高低如何？例如學業成績與智商的相關較高？還是與用功程度的相關較高呢？在統計學上，我們通常以相關係數（correlation coefficient）作為相關程度的指標。相關係數的值介於 +1 至 –1 之間。當相關係數為 1 時，稱為完全正相關；當相關係數為 –1 時，稱為完全負相關；相關係數為 0 時，稱為完全零相關。在教育和心理統計上，不太可能得到 ±1 的相關係數，通常相關係數為介於 ±1 之間的小數。圖 7-1 說明各種相關係數（r），由圖 7-1 可以看出座標上各點越集中於一條直線上時，其 ｜r｜ 越高，但圖 (e) 為例外。而各點越分散時，其 ｜r｜ 越低。

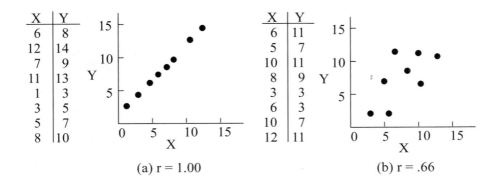

X	Y
6	8
12	14
7	9
11	13
1	3
3	5
5	7
8	10

(a) r = 1.00

X	Y
6	11
5	7
10	11
8	9
3	3
6	3
10	7
12	11

(b) r = .66

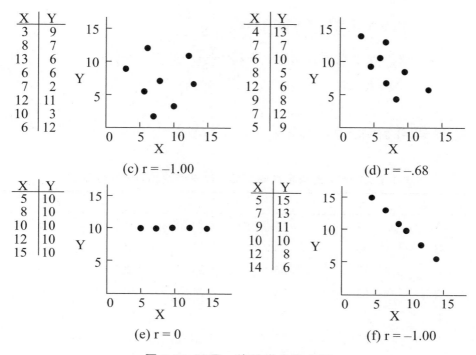

圖 7-1　不同 r 值的樣本散布圖

7-2　皮爾遜積差相關係數

（The Pearson Product-moment Correlation Coefficient）

　　積差相關係數爲最常用的相關係數，是英國統計學家皮爾遜（Karl Pearson）所發展出來的統計方法，適用於兩個變數都是等距或比率變數的資料。計算積差相關係數的公式如下：

$$r = \frac{\Sigma Z_X Z_Y}{N}$$

（公式 7-1）

　　式中　r＝積差相關係數

$$Z_X = X \text{ 變數的 } Z \text{ 分數，即 } Z_X = \frac{X - \overline{X}}{S_X}$$

$$Z_Y = Y \text{ 變數的 } Z \text{ 分數，即 } Z_Y = \frac{Y - \overline{Y}}{S_Y}$$

$$N = \text{總人數}$$

以表 7-1 說明計算之過程：

表 7-1　7 位學生數學成績（X）與自然成績（Y）的相關

學　生	X	Y	Z_X	Z_Y	$Z_X Z_Y$
A	74	84	0.8	1.07	.86
B	76	83	1.12	.85	.95
C	77	85	1.28	1.28	1.64
D	63	74	$-.96$	-1.07	1.03
E	63	75	$-.96$	$-.85$	.82
F	61	79	-1.28	0	0
G	69	73	0	-1.28	0
	$\overline{X}=69$	$\overline{Y}=79$			$\Sigma Z_X Z_Y = 5.3$
	$S_X=6.26$	$S_Y=4.69$			$N=7$

$$r = \frac{5.3}{7} = 0.75$$

　　由表 7-1 可看出，大於平均數的原始分數轉換為 Z 分數為正值，而小於平均數的原始分數轉換為 Z 分數為負值。正相關時，通常大部分的 $Z_X Z_Y$ 為正值乘正值，及負值乘負值，故 $\Sigma Z_X Z_Y$ 為正值，而 r 亦為正。負相關時大部分的 $Z_X Z_Y$ 為正值乘負值，及負值乘正值，故 $\Sigma Z_X Z_Y$ 為負值，而 r 亦為負。

　　現證明 r 介於 ±1 之間如下：

$\Sigma(Z_X - Z_Y)^2 \geq 0$ （平方和 ≥ 0）

$\dfrac{\Sigma(Z_X - Z_Y)^2}{N} \geq 0$

$\dfrac{\Sigma Z_X^2}{N} - 2\dfrac{\Sigma Z_X Z_Y}{N} + \dfrac{\Sigma Z_Y^2}{N} \geq 0$

$1 - 2r + 1 \geq 0$ （$\Sigma Z^2 = N$ 見 5-2-2 節 Z 分數之特性 (3)）

$2 - 2r \geq 0$

因此 $r \leq 1$

同理 $\Sigma(Z_X + Z_Y)^2 \geq 0$

因此 $r \geq -1$

由於將原始分數轉換爲 Z 分數較爲麻煩，因此可將公式 7-1，轉換爲下列公式，式中以 x 表 $(X - \overline{X})$，以 y 表 $(X - \overline{Y})$。

$$r = \frac{\Sigma Z_X Z_Y}{N} = \frac{\Sigma \dfrac{(X - \overline{X})}{S_X} \dfrac{(Y - \overline{Y})}{S_Y}}{N} = \frac{\Sigma xy}{N S_X S_Y} \qquad \text{（公式 7-2）}$$

公式中的 $\dfrac{\Sigma xy}{N}$ 即 $\dfrac{\Sigma(X - \overline{X})(Y - \overline{Y})}{N}$ 稱爲「共變數」（covariance）。可見相關係數即是將共變數除以 X 變數與 Y 變數標準差的乘積。共變數是決定 r 大小的重要指標。當 $\dfrac{\Sigma xy}{N} = S_X S_Y$ 時，r=1；當 $\dfrac{\Sigma xy}{N} = 0$ 時，r=0。

公式 7-2 又可轉換爲下列之計算公式：

$$r = \frac{\Sigma xy}{N S_X S_Y} = \frac{\Sigma xy}{N \sqrt{\dfrac{\Sigma x^2}{N}} \sqrt{\dfrac{\Sigma y^2}{N}}} = \frac{\Sigma xy}{\sqrt{\Sigma x^2} \sqrt{\Sigma y^2}} \qquad \text{（公式 7-3）}$$

以公式 7-3 計算表 7-1 之資料如下：

學　生	X（數學）	Y（自然）	x	y	x^2	y^2	xy
A	74	84	5	5	25	25	25
B	76	83	7	4	49	16	28
C	77	85	8	6	64	36	48
D	63	74	−6	−5	36	25	30
E	63	75	−6	−4	36	16	24
F	61	79	−8	0	64	0	0
G	69	73	0	−6	0	36	0
	$\overline{X}=69$	$\overline{Y}=79$			274	154	155

$$r = \frac{\Sigma xy}{\sqrt{\Sigma x^2}\sqrt{\Sigma y^2}} = \frac{155}{\sqrt{274}\sqrt{154}} = .75$$

　　若 $\overline{X}$ 與 $\overline{Y}$ 不是整數時，用公式 7-3 計算相關係數較爲麻煩，此時可用下之公式 7-4，計算較爲方便。

$$r = \frac{\Sigma xy}{\sqrt{\Sigma x^2}\sqrt{\Sigma y^2}} = \frac{\Sigma(X-\overline{X})(Y-\overline{Y})}{\sqrt{\Sigma(X-\overline{X})^2}\sqrt{\Sigma(Y-\overline{Y})^2}}$$

$$= \frac{\Sigma(XY-\overline{X}Y-X\overline{Y}+\overline{X}\ \overline{Y})}{\sqrt{\Sigma(X^2-2X\overline{X}+\overline{X}^2)}\sqrt{\Sigma(Y^2-2Y\overline{Y}+\overline{Y}^2)}}$$

$$= \frac{\Sigma XY-\overline{X}\Sigma Y-\overline{Y}\Sigma X+\Sigma\overline{X}\ \overline{Y}}{\sqrt{\Sigma X^2-2\overline{X}\Sigma X+\Sigma\overline{X}^2}\sqrt{\Sigma Y^2-2\overline{Y}\Sigma Y+\Sigma\overline{Y}^2}}$$

$$= \frac{\Sigma XY-\overline{X}N\overline{Y}-\overline{Y}N\overline{X}+N\overline{X}\ \overline{Y}}{\sqrt{\Sigma X^2-2\overline{X}N\overline{X}+N\overline{X}^2}\sqrt{\Sigma Y^2-2\overline{Y}N\overline{Y}+N\overline{Y}^2}}$$

$$= \frac{\Sigma XY-N\overline{X}\ \overline{Y}}{\sqrt{\Sigma X^2-N\overline{X}^2}\sqrt{\Sigma Y^2-N\overline{Y}^2}}$$

$$= \frac{\Sigma XY-N\dfrac{\Sigma X}{N}\cdot\dfrac{\Sigma Y}{N}}{\sqrt{\Sigma X^2-N\left(\dfrac{\Sigma X}{N}\right)^2}\sqrt{\Sigma Y^2-N\left(\dfrac{\Sigma Y}{N}\right)^2}}$$

$$= \frac{\Sigma XY - \dfrac{\Sigma X \Sigma Y}{N}}{\sqrt{\Sigma X^2 - \dfrac{(\Sigma X)^2}{N}} \ \sqrt{\Sigma Y^2 - \dfrac{(\Sigma Y)^2}{N}}} \qquad （公式 7\text{-}4）$$

表 7-2 以公式 7-4 計算九名國小學生國語科與社會科之相關：

表 7-2　9 位國小學生國語科成績（X）與社會科成績（Y）資料

學　生	X	Y	X^2	Y^2	XY
A	95	85	9,025	7,225	8,075
B	80	80	6,400	6,400	6,400
C	70	60	4,900	3,600	4,200
D	60	60	3,600	3,600	3,600
E	75	65	5,625	4,225	4,875
F	90	90	8,100	8,100	8,100
G	80	80	6,400	6,400	6,400
H	80	80	6,400	6,400	6,400
I	70	60	4,900	3,600	4,200
N=9	700	660	55,350	49,550	52,250

$$r = \frac{\Sigma XY - \dfrac{\Sigma X \Sigma Y}{N}}{\sqrt{\Sigma X^2 - \dfrac{(\Sigma X)^2}{N}} \ \sqrt{\Sigma Y^2 - \dfrac{(\Sigma Y)^2}{N}}}$$

$$= \frac{52250 - \dfrac{700 \times 660}{9}}{\sqrt{55350 - \dfrac{(700)^2}{9}} \ \sqrt{49550 - \dfrac{(660)^2}{9}}} = .90$$

公式 7-4 的分子與分母都乘以 N，得公式 7-5：

$$r = \frac{N\Sigma XY - \Sigma X \Sigma Y}{\sqrt{N\Sigma X^2 - (\Sigma X)^2} \sqrt{N\Sigma Y^2 - (\Sigma Y)^2}} \qquad （公式 7\text{-}5）$$

7-3 相關係數的解釋

㈠有相關並不一定有因果關係

在解釋相關係數時，人們常誤以爲有相關就有因果關係。誠然有些相關可以指出因果關係，例如學業成績與用功程度有關應是指這兩個變數之間有因果關係存在。但許多相關並不能指出兩變數之間有因果關係。例如有人調查發現教師薪水與社會上酒的消耗量有正相關，但我們知道這兩變數之間應無因果關係。也就是說，提高教師薪水應不會使社會上酒的消耗量增加；或者鼓勵大家喝酒不能使教師薪水提高。教師薪水的提高與酒的消耗量增加，其背後可能另有原因，例如國民所得的提高等。

由以上討論我們知道兩變項之間有相關，並不見得這兩變項之間就有因果關係存在。

㈡相關程度的說明

有時爲了方便說明，我們以下列方式來解釋相關係數：

| r |=.80 以上 　　非常高（強）相關

| r |=.60～.80 　　高（強）相關

| r |=.40～.60 　　中等相關

| r |=.20～.40 　　低（弱）相關

| r |=.20 以下 　　非常低（弱）相關

不過爲了精確起見，我們還是直接說出 r 的數值爲宜。因爲同樣的 r，其高低要視什麼變數而定。例如兩個智力測驗相關 .80 並不算高，因爲是測相同的變數——智力。但若入學成績與在學成績的相關達到 .80，那就非常高了。

(三)相關係數的檢定

　　r 的意義也和樣本大小有關，當樣本很小時，雖然得到高的 r 可能意義不大，因為也許是機遇所造成的。當 N=2 時，除非在座標圖上兩點重合，幾乎都會得到 ±1 的相關係數。這種完全相關是沒有意義的。根據樣本相關係數以檢定母體相關係數是否為 0，屬於推論統計，我們將在第十章中加以介紹。一般教育和心理研究中，我們得到的 r，通常加以檢定。

(四)相關與全距的限制（restriction of range）

　　當分數的全距受到限制而變小時，相關係數通常會變小。例如智商與學業成績的相關原來若是 .80，但我們只選擇高智商的樣本時，智商與學業成績的相關就會降低。圖 7-2 說明這種情形：

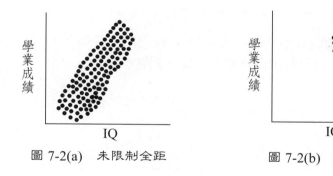

圖 7-2(a)　未限制全距　　　　圖 7-2(b)　限制全距

(五)積差相關與曲線相關

　　積差相關係計算兩變數之直線相關，因此當兩變項為曲線相關時，如圖 7-3 所示，用積差相關無法獲知兩者之間的關係。此時可用相關比或曲線迴歸分析，我們將在第 16 章及第 17 章分別予以介紹。

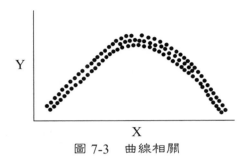

圖 7-3 曲線相關

7-4 直線迴歸與預測

當兩個變數有相關時，我們通常可由一個變數預測另一個變數。被預測變數或依變數用 Y 表示，而預測變數或自變數則用 X 表示。如同積差相關為一直線相關，我們可用一直線方程式 $\hat{Y}=a+bX$ 來由 X 預測 Y。式中 $\hat{Y}$ 是 Y 的預測值，a 為截距（直線與 Y 軸交點至原點之距離），b 為斜率。而 $\hat{Y}=a+bX$ 這條直線就稱為迴歸線，如圖 7-4 所示：

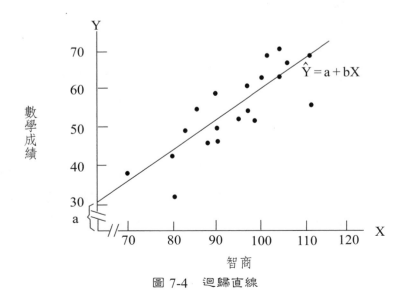

圖 7-4 迴歸直線

我們知道這條直線必須最能代表各點，然而若無一個標準，我們可以畫出無限條迴歸線。在統計學上，我們通常採用最小平方法為標準，亦即找出一條迴歸線使各點至此線平行於 Y 軸的距離的平方和最小。圖 7-5 顯示最小平方法使迴歸線經過兩點中間：

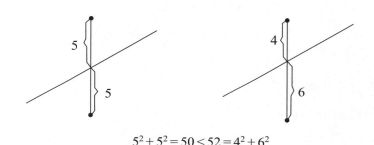

$$5^2 + 5^2 = 50 < 52 = 4^2 + 6^2$$

圖 7-5　最小平方法使迴歸線經過兩點中間

最小平方法也就是使 $\Sigma(Y-\hat{Y})^2$ 最小，因為 $\hat{Y} = a+bX$，所以就是使 $\Sigma(Y - a - bX)^2$ 最小。我們可用微分方式求極小值，得到 a（截距）與 b（斜率）如下：

$$b = \frac{\Sigma xy}{\Sigma x^2} \text{（式中} x = X - \overline{X}, \ y = Y - \overline{Y}) \qquad \text{（公式 7-6-1）}$$

若用原始分數則：

$$b = \frac{\Sigma XY - \dfrac{\Sigma X \Sigma Y}{N}}{\Sigma X^2 - \dfrac{(\Sigma X)^2}{N}} \qquad \text{（公式 7-6-2）}$$

$$a = \overline{Y} - b\overline{X} \qquad \text{（公式 7-6-3）}$$

這條迴歸線是最適合線，具有下列特性：

1. $\Sigma(Y-\hat{Y})=0$

   〔證〕$\Sigma(Y-\hat{Y})=\Sigma(Y-a-bX)$

   $\qquad\qquad\quad=\Sigma(Y-\overline{Y}+b\overline{X}-bX)$

   $\qquad\qquad\quad=\Sigma Y-\Sigma\overline{Y}+b\Sigma\overline{X}-b\Sigma X$

   $\qquad\qquad\quad=\Sigma Y-N\overline{Y}+bN\overline{X}-b\Sigma X$

   $\qquad\qquad\quad=0+0\quad(因為\overline{Y}=\dfrac{\Sigma Y}{N}，\overline{X}=\dfrac{\Sigma X}{N})$

   $\qquad\qquad\quad=0$

2. $\hat{Y}$ 的平均數為 $\overline{Y}$

   〔證〕$\Sigma(Y-\hat{Y})=0$

   $\qquad\quad\Sigma\hat{Y}=\Sigma Y$

   $\qquad\quad\Sigma\hat{Y}=N\overline{Y}$

   $\qquad\quad\dfrac{\Sigma\hat{Y}}{N}=\overline{Y}\quad(\dfrac{\Sigma\hat{Y}}{N}\ 為\ \hat{Y}\ 平均數)$

3. $(\overline{X},\overline{Y})$ 在迴歸線上

   〔證〕將 X 以 $\overline{X}$ 代入 $\hat{Y}=a+bX$ 中

   $\qquad\quad\hat{Y}=a+b\overline{X}$

   $\qquad\qquad=\overline{Y}-b\overline{X}+b\overline{X}$

   $\qquad\qquad=\overline{Y}$

   將 $\overline{X}$ 代入迴歸方程式中，得到 $\overline{Y}$，表示 $(\overline{X},\overline{Y})$ 在迴歸線上。

   4. 若將 X 軸的原點移至 $\overline{X}$ 處，將 Y 軸的原點移至 $\overline{Y}$ 處，則迴歸直線的 b 斜率沒有改變，而 a（截距）消失或等於 0。

其公式如下：

$$\hat{Y}-\overline{Y}=b(X-\overline{X})$$

$$或\quad\hat{y}=bx \qquad\qquad\qquad (公式\ 7\text{-}7)$$

   〔證〕$\hat{Y}=a+bX$

   $\qquad\quad\hat{Y}-\overline{Y}=a+bX-\overline{Y}$

   $\qquad\qquad\qquad=\overline{Y}-b\overline{X}+bX-\overline{Y}$

$$= b(X - \overline{X})$$

表 7-3 計算 Y（自然）與 X（數學）的迴歸方程式：

表 7-3 　7 位學生自然成績（Y）對數學成績（X）的迴歸方程式

學生	X	Y	x	y	x^2	xy	
A	74	84	5	5	25	25	$b = \dfrac{\Sigma xy}{\Sigma x^2} = \dfrac{155}{274} = .57$
B	76	83	7	4	49	28	
C	77	85	8	6	64	48	$a = \overline{Y} - b\overline{X} = 79 - .57 \times 69$
D	63	74	-6	-5	36	30	$= 39.97$
E	63	75	-6	-4	36	24	
F	61	79	-8	0	64	0	$\hat{Y} = 39.97 + .57X$
G	69	73	0	-6	0	0	
	$\overline{X} = 69$	$\overline{Y} = 79$			$\Sigma x^2 = 274$	$\Sigma xy = 155$	

利用迴歸方程式，可進行預測。例如若某生數學 65，我們可預測其自然成績為 $\hat{Y} = 39.97 + .57 \times 65 = 77.02$。

7-5　相關係數與迴歸係數的關係

迴歸方程式的斜率（b），又稱為迴歸係數（regression coefficient）。b 與 r（相關係數）之關係如下：

$$b = r\frac{S_Y}{S_X}$$

（公式 7-8）

〔證〕 $b = \dfrac{\Sigma xy}{\Sigma x^2} = \dfrac{\Sigma xy}{\sqrt{\Sigma x^2}\sqrt{\Sigma y^2}} \cdot \dfrac{\sqrt{\Sigma y^2}}{\sqrt{\Sigma x^2}} = r\dfrac{S_Y}{S_X}$

由於 S_X 與 S_Y 均為正值，因此 b 與 r 同號。r 為正時，b 為正；r 為負時，b 為負。

將公式 7-8 代入公式 7-7，即 $\hat{Y} - \overline{Y} = b(X - \overline{X})$ 中：

$$\hat{Y} - \overline{Y} = r\dfrac{S_Y}{S_X}(X - \overline{X})$$

$$\hat{Y} = r\dfrac{S_Y}{S_X}(X - \overline{X}) + \overline{Y} \qquad\qquad (公式\ 7\text{-}9)$$

表 7-4 說明利用公式 7-9 計算迴歸方程式及利用迴歸方程式進行預測。

表 7-4　某校六年級學生成就動機與國語成績資料

	成就動機分數（X）	國語成績（Y）
平均數	30.4	71.97
S	6.3	8.4
r	.70	
	$\hat{Y} = r\dfrac{S_Y}{S_X}(X - \overline{X}) + \overline{Y}$ $\quad = .70\dfrac{8.4}{6.3}(X - 30.4) + 71.97$ $\quad = .93X + 43.6$ 假設李四之成就動機分數為 35，預測其國語成績為： $\hat{Y} = .93 \times 35 + 43.6$ $\quad = 76.15$		

7-6　估計誤差與估計標準誤

　　我們知道，除非是完全正相關（r＝+1）或完全負相關（r＝−1），否則$\hat{Y}$通常不等於 Y。也就是上例中李四實際國語成績（Y）不見得就是 76.15（$\hat{Y}$）；$\hat{Y}$與 Y 之差稱為估計誤差（error of estimate）。估計誤差用 e 表示，即e＝Y−$\hat{Y}$；Y 為實際值，而$\hat{Y}$為預測值。圖 7-5 表示估計誤差的情形：

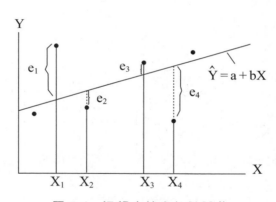

圖 7-6　迴歸直線與估計誤差

　　估計標準誤（standard error of estimate）顧名思義與估計誤差有關，其公式為：

$$S_{Y \cdot x} = \sqrt{\frac{\Sigma(Y-\hat{Y})^2}{N}}$$

（公式 7-10）

　　式中 $S_{Y \cdot x}$ 代表估計標準誤，以公式 7-10 計算估計標準誤需將所有$\hat{Y}$求出，較為麻煩。實際計算估計標準誤可用下列公式 7-11。

$$S_{Y \cdot X} = S_Y \sqrt{1-r^2} \qquad\qquad （公式 7-11）$$

式中 S_Y 為 Y 變數的標準差，r 為相關係數。

證明如下：

估計標準誤的平方稱為估計誤差變異數（the variance of error of estimate），以 $S_{Y \cdot X}^2$ 表示。

$$
\begin{aligned}
S_{Y \cdot X}^2 &= \frac{\Sigma(Y-\hat{Y})^2}{N} = \frac{\Sigma\,[(Y-\overline{Y})-(\hat{Y}-\overline{Y})]^2}{N} \\
&= \frac{\Sigma(y-\hat{y})^2}{N} = \frac{\Sigma(y-bx)^2}{N} \quad （\hat{y}=bx，見公式 7-7） \\
&= \frac{\Sigma(y-r\dfrac{S_Y}{S_x}x)^2}{N} \quad （b=r\dfrac{S_Y}{S_x}，見公式 7-8） \\
&= \frac{\Sigma(y^2-2r\dfrac{S_Y}{S_x}xy+r^2\dfrac{S_Y^2}{S_x^2}x^2)}{N} \\
&= \frac{\Sigma y^2}{N} - 2r\frac{S_Y}{S_x}\cdot\frac{\Sigma xy}{N} + r^2\frac{S_Y^2}{S_x^2}\cdot\frac{\Sigma x^2}{N} \\
&= S_Y^2 - 2r\frac{S_Y}{S_x}rS_xS_y + r^2\frac{S_Y^2}{S_x^2}\cdot S_x^2 \quad （\frac{\Sigma xy}{N}=rS_xS_y，見公式 7-2） \\
&= S_Y^2 - 2r^2S_Y^2 + r^2S_Y^2 \\
&= S_Y^2 - r^2S_Y^2 \\
&= S_Y^2(1-r^2)
\end{aligned}
$$

因此，$S_{Y \cdot X} = S_Y \sqrt{1-r^2}$

由公式 7-11 可知，相關係數越高，估計標準誤越小，預測的準確性越高。相關係數越低，估計標準誤越大，預測的準確性越低。

根據表 7-4 之資料，我們可計算其估計標準誤為：

$$S_{Y \cdot X} = S_Y \sqrt{1-r^2} = 8.4\sqrt{1-(.70)^2} = 6$$

　　表 7-4 中李四的國語成績，我們預測為 $\hat{Y}=.93\times3543.6=76.15$。利用估計標準誤及常態分配的性質，即假設誤差為常態分配，李四的分數有 68.26% 的機率應介於 76.15±6 之間，如圖 7-6 所示。在直線迴歸與預測中，我們假設不管 X 變數的分數多少，估計標準誤均一樣大，如圖 7-7 所示，這種性質稱為等分散性（homoscedasticity）。由於我們假定有等分散性，因此不管 X 變數的分數多少，不管預測得到 $\hat{Y}$ 多少，我們均用相同的估計標準誤來估計預測的誤差。

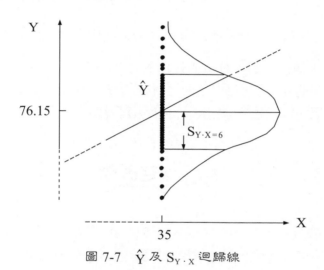

圖 7-7　$\hat{Y}$ 及 $S_{Y\cdot X}$ 迴歸線

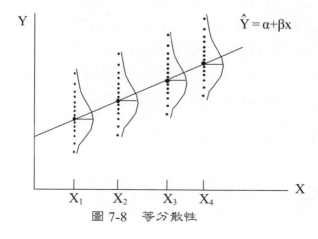

圖 7-8　等分散性

　　估計標準誤可用在學習障礙學生的鑑定上，根據智力與成就測驗的迴歸方程式，可由智力預測學生的成就分數。若學生的實際分數低於預測分數 1.5 個估計標準誤之下，則顯示有成就與能力的顯著差異，是鑑定學障的方法之一。假設張三的智力測驗分數爲 90 分，若預測其成就分數爲 85 分，並計算估計標準誤爲 10 分，則 1.5 個標準誤爲 15 分，張三的實際成就分數若在 70 分以下，則可能有學習障礙或低成就。

　　我們計算估計誤差變異數的公式爲$S_{Y \cdot X}^2 = \dfrac{\Sigma(Y-\hat{Y})^2}{N}$。但是當我們要從樣本去估計母體的誤差變異數$\sigma_{Y \cdot X}^2$時，分母要用 N–2，即 $\hat{S}_{Y \cdot X}^2 = \dfrac{\Sigma(Y-\hat{Y})^2}{N-2}$ 才是$\sigma_{Y \cdot X}^2$的不偏估計值。分母何以用 N–2，因爲 N=2 時，迴歸線必經過這兩點，誤差爲 0，故分母要用 N–2 才不會低估$\sigma_{Y \cdot X}^2$。這是屬於推論統計的問題，我們在第八章「自由度」一節中再說明。

7-7　決定係數

　　由$S_{Y \cdot X}^2 = S_Y^2(1-r^2)$可得$S_Y^2 = S_{Y \cdot X}^2 + r^2 S_Y^2 = (1-r^2)S_Y^2 + r^2 S_Y^2$，因此 Y 變數的變異數（$S_Y^2$）可分爲估計誤差變異數（$S_{Y \cdot X}^2$）及$r^2 S_Y^2$兩部分。而$r^2 S_Y^2$稱爲迴歸變異數，$r^2$則稱爲決定係數（coefficient of determination）表示 Y 變數的變異數能由 X 變數決定或正確預測的部分。例如表 7-4 中$r^2 = (.70)^2 = .49$，表示 Y 變數（國語成績）的變異有 49% 可由 X 變數（成就動機）所決定。而其餘的 51%，即 $1-r^2$，爲誤差部分，不能由 X 變數所決定。$\sqrt{1-r^2}$稱爲離異係數（coefficient of alienation）。圖 7-9 顯示決定係數 r^2 與變異數的關係：

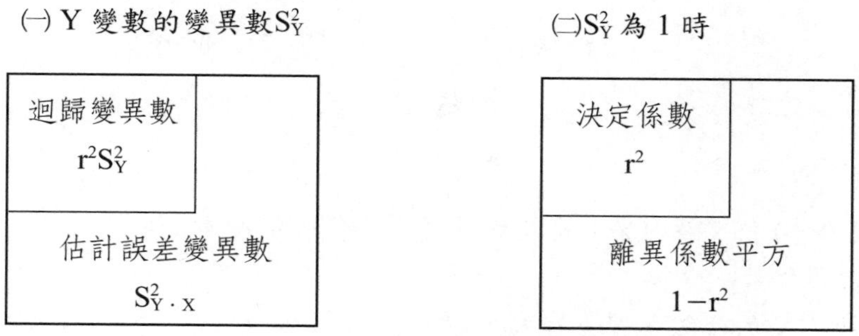

（一）Y 變數的變異數S_Y^2

迴歸變異數 $r^2 S_Y^2$
估計誤差變異數 $S_{Y \cdot X}^2$

（二）S_Y^2 為 1 時

決定係數 r^2
離異係數平方 $1-r^2$

圖 7-9　決定係數 r^2 與 S_Y^2 的關係

習題七 🖩

1. 下表為 10 位父親（X）及其長子（Y）的身高，試求：

　⑴ 相關係數。

　⑵ Y 對 X 的直線迴歸方程式。

　⑶ 若父親為 174 公分，預測其長子身高。

X	163	158	168	160	170	155	175	170	173	175
Y	170	165	170	163	173	165	170	178	170	178

2. 下表為某國小智力測驗分數（X）及數學成就測驗成績（Y）資料，試求：

　⑴ Y 對 X 的直線迴歸方程式。

　⑵ $S_{Y \cdot X}$（估計標準誤）。

	智力分數（X）	數學成績（Y）
平均數	100	40
S	16	5
r	\.75	

3. 設 $S_{Y \cdot X} = 7$，$S_Y = 10$，試求 r。

第八章

抽樣與抽樣分配

　　在第一章緒論，我們曾學習過敘述統計學和推論統計學的區別。敘述統計學僅是就某一資料加以分析，如分析某班或某校學生成績，而不推論到其他團體。推論統計學則根據樣本的性質去推論母體的特性。本書第一章至第七章為敘述統計，從本章之後則屬推論統計。推論統計既是由樣本推論到母體，因此先將母體及樣本之意義說明如下：母體（population）又稱為母群體，是研究者所要研究或推論的對象的全部集合。母體可以是全國大學生，某市全體國小六年級學生，或者是中部地區國小老師。母群體人數通常相當多，研究者受到時間、金錢、人力、物力的限制，無法將全部研究對象加以測量、調查、實驗或觀察。這時可以用抽樣方式，抽出部分樣本加以研究，然後根據樣本的性質以推論母體的特性。因此樣本（sample）就是母體中部分成員或個體。

8-1　抽樣的方式

　　抽取樣本的過程稱為抽樣（sampling）。推論統計係由樣本以推論母體，故要注意抽得的樣本是否有代表性，即是否能代表母體。未具有代表性的樣本，不能作為推論母體的根據。一般來說，母體中各個體之間越相似，即同質性越高，則較小的樣本便能代表母體。反之，各個體之間相差越大，即同質性越低，則需較大之樣本。另外抽樣方式也會影響樣本的代表性，推論統計需要採隨機抽樣方式，現將主要隨機抽樣方式說明如下：

8-1-1　簡單隨機抽樣（simple random sampling）

　　簡單隨機抽樣必須符合兩個原則：(1)均等機率原則：各個體被抽到的機率必須相同，例如從 1,000 人的母體中抽取 100 人為樣本，每個人均應有 1/10 的機率被抽到。(2)獨立原則：某個體被抽到後，不致引起其他個體連帶被抽到或被排斥。簡單隨機抽樣要如何進行呢？例如我們要抽取

50 位同學為樣本，是不是可以到學生活動中心，選出最早到那兒的 50 位同學作為樣本呢？並非如此，因為有的同學可能很少或甚至不曾到過活動中心，這違反了均等機率的原則。下面介紹兩種普遍被接受的簡單隨機抽樣方式：

㈠開獎法

這種方法與習見的抽籤法類似。首先將全體 N 個個體，每一個體編一號碼，並做成底冊。然後將號碼寫在大小、形狀相同的卡片或小球上。再將卡片或小球放入金魚缸、帽子或紙袋內，從中抽取所需要的樣本數。

如果人數眾多時，以上方法實施較為困難，可採用另一種抽獎方式。取十張小卡片，分別寫上 0，1，2，3，……，9 等十個號碼。然後每次抽取一張卡片，抽出後放回，第一次抽出的號碼代表個位，第二次抽出的號碼代表十位，第三次抽出的號碼代表百位，依此類推。例如第一次抽到 8，第二次抽到 0，第三次抽到 2，則表示編號 208 號的個體被抽到。若有重複則捨去重抽，如此繼續進行抽出所需要的樣本數。

㈡亂數表法

附錄表 B 為一亂數表，有二張表。亂數表中數字，每一個都是隨機產生，與用抽獎法產生的數字意義相同。以例 8-1 說明使用亂數表的步驟：

╟ 例 8-1 ╢

假設某國小六年級學生共 900 人，請用亂數表隨機抽取 10 人為樣本作為調查訪問對象。

　⑴將此 900 位同學，以 000，001，002，……，899 編號，做成底冊。

　⑵翻開亂數表，閉上眼睛，用手指或鉛筆在亂數表上點出一數

字作為起點。假設我們點到的是表1第4行第2列的第4個數字「8」，就以「8」為起點，向右以三個數字為單位，抄錄亂數表上之數字。亂數表數字為方便閱讀，每4個一組，但實際抄錄時，不受此分組影響，仍連續抄錄。依此抄完第2列，再轉到第3列，得到10個號碼如下：

882, 007, 326, 544, 277, 666, 653, 721, (007), 182, 183

若抄到大於899的數字則捨去不用，繼續往右抄錄。抄錄亂數表上數字不一定由左而右，也可由右而左，或由上而下，及由下而上。

8-1-2　分層隨機抽樣（stratified random sampling）

當母群體是由不同的群體組成時，如大學生依性別可分為男女，依年級可分為1，2，3，4年級。此時可採分層隨機抽樣方式，將母群體分層，例如分為1，2，3，4年級四層，然後由各層（年級）隨機抽出所需樣本。圖8-1說明分層抽樣的情形：

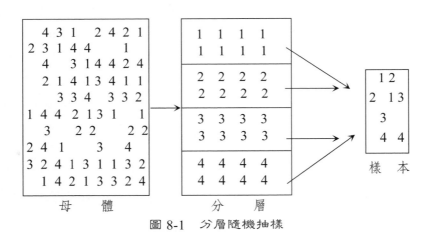

圖 8-1　分層隨機抽樣

　　當樣本大小相同時，分層隨機抽樣較簡單隨機抽樣可靠，因分層隨機抽樣可抽得各層的樣本。分層隨機抽樣並能比較各層的性質，不過若分層不當，反而無法抽出代表母體的樣本。

　　分層隨機抽樣若按各層大小比例，決定各層抽出的樣本大小，稱為比例定分（proportional allocation）。例如在 10,000 名大學生的母體中，若有男生 7,000 人，女生 3,000 人。由其中抽出 1,000 人為樣本，若按比例定分，應抽男生 700 人，女生 300 人。除了比例定分之外，有時也可採用標準差定分，標準差大的同質性低，樣本應較大。標準差小的同質性高，樣本可較小。Neyman 的非比例定分法，即將各層大小比例及標準差，同時列入考慮。

8-1-3　集體抽樣（cluster sampling）

　　所謂集體抽樣就是由母群體中隨機抽出部分集體作為樣本。例如學生通常以班級為集體，我們若抽出若干班級為樣本，就稱為集體抽樣。在教育統計上，我們常用此種抽樣方式。其優點為節省時間、人力，且較方便實施。其缺點為抽樣誤差較大，即樣本之代表性較差。因為集體中之各個體可能較類似，而各集體之間可能有所不同，所以集體不見得能代表母體。

8-1-4　系統抽樣（systematic sampling）

　　如果母體或樣本很大時，採用簡單隨機相當費時費力，此時可採用系統隨機抽樣。使用系統隨機抽樣，首先把 N 個個體的母群體，由 1 到 N 加以編號。若欲抽取 n 個個體，則由 1 號至 K 號（$K = \dfrac{N}{n}$）隨機抽取一數 J 為第一個個體。然後由 J 號開始，每隔 K 個抽取一個個體，直到取滿 n 個為止。例如我們要由 60,000 個個體的母體中，抽取 200 個為樣本，則

設 K = N/n = 60,000/200 = 300。再由 1 至 300 號中隨機抽取一數，假設抽到 85 號，則 85，385，685，985……等 n 個號碼就是我們的樣本。

　　系統抽樣省時省力，又可獲得與簡單隨機抽樣同樣的效果。但若母群體中由 1 至 N 編號的個體，其性質呈現週期性變化，例如每隔 10 個有一特殊個體出現，此時應避免採用系統抽樣，以免抽到偏差的樣本。

8-2　母數與統計量

　　母數（parameter）是說明母體性質的量數，而統計量（statistic）則是說明樣本性質的量數。例如樣本的平均數與標準差是統計量，而母體的平均數與標準差就是母數。為了區別母數與統計量，通常母數用希臘字母表示，而統計量則用英文字母表示。所以母群體的平均數用 μ（讀做 mu），標準差用 σ（讀做 sigma）表示。而樣本平均數用 $\overline{X}$，標準差用 S 表示。表 8-1 列出母數與統計量的符號：

表 8-1　母數與統計量的符號

	母　數	統計量
平均數	μ	$\overline{X}$
標準差	σ	S
百分比	P	p
相關係數	ρ（讀作 rho）	r
迴歸係數	β	b

　　母數通常未知，以統計量估計之，例如以 $\overline{X}$ 估計 μ。用來推估母數的統計量稱為估計數（estimator），估計數的數值稱為估計值（estimate）。母數與估計數之差稱為抽樣誤差（sampling error）。平均數的抽樣誤差就是 $\mu - \overline{X}$，誤差通常以 e 表示，因此 $\mu - \overline{X} = e$。若由母體中抽得 K 個樣本，每個樣本有 n 個個體，K 個樣本的平均數分別為 $\overline{X}_1$，$\overline{X}_2$，$\overline{X}_3$，……，

$\overline{X}_K$。其抽樣誤差為：

$$\mu - \overline{X}_1 = e_1$$
$$\mu - \overline{X}_2 = e_2$$
$$\mu - \overline{X}_3 = e_3$$
$$\vdots$$
$$\mu - \overline{X}_k = e_k$$

8-3　抽樣分配

　　抽樣分配是從母群體中抽出各種可能樣本的某種統計量（例如 $\overline{X}$），所形成的次數分配。例如從一個有 8 個個體的母體中，每次抽出 4 個個體。則總共有 $C_4^8 = 70$ 種組合方式，且每一種出現的機率均為 1/70。這 70 種樣本的平均數（$\overline{X}$）所形成的分配就是平均數的抽樣分配。由於一般母群體都很大，所以平均數的抽樣分配事實上是由幾乎無限個平均數所形成的次數分配。平均數的抽樣分配到底是什麼形狀？其平均數與標準差是多少呢？下列中央極限定律（central limit theorum）說明 $\overline{X}$ 抽樣分配的性質。

‖ **中央極限定律** ‖

　　無論母群體分配的形狀如何，$\overline{X}$ 的抽樣分配在樣本數（n）增加時（通常 n ≥ 30），會接近常態分配。其平均數為 μ（即母體平均數），標準差為 $\dfrac{\sigma}{\sqrt{n}}$（即原來母體標準差的 $\dfrac{1}{\sqrt{n}}$ 倍）。

　　圖 8-2 為 $\overline{X}$ 之抽樣分配：

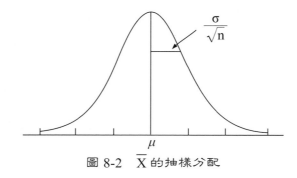

圖 8-2　$\overline{X}$ 的抽樣分配

以下例說明中央極限定律，骰子各面之機率如下：

X	1	2	3	4	5	6
機率	$\frac{1}{6}$	$\frac{1}{6}$	$\frac{1}{6}$	$\frac{1}{6}$	$\frac{1}{6}$	$\frac{1}{6}$

其機率分配為均等分配，即每一面出現之機率均相等。現投擲骰子兩次（n=2），將兩次得到之點數相加除以 2，得到其平均數（$\overline{X}$），而 $\overline{X}$ 的機率分配如下：

$\overline{X}$	1	1.5	2	2.5	3	3.5	4	4.5	5	5.5	6
機率	$\frac{1}{36}$	$\frac{2}{36}$	$\frac{3}{36}$	$\frac{4}{36}$	$\frac{5}{36}$	$\frac{6}{36}$	$\frac{5}{36}$	$\frac{4}{36}$	$\frac{3}{36}$	$\frac{2}{36}$	$\frac{1}{36}$

　　由上例可看出：⑴骰子之機率分配原非常態，但其 $\overline{X}$ 之抽樣分配在 n=2 時，就開始接近常態。⑵$\overline{X}$ 的平均數為 3.5，與骰子原平均數（μ）相同。⑶$\overline{X}$ 之抽樣分配，較原來 X 之分配為集中，故標準差較小，為原來標準差的 $\frac{1}{\sqrt{n}}$ 倍。抽樣分配的標準差，一般稱為標準誤（standard error）。

8-4　自由度

　　自由度（degree of freedom）是指樣本中能夠自由變動的數值的個數，通常用 df 表示，如果樣本中有 n 個數值，則原來能自由變動的數值有 n 個。但若增加一個限制，就要少掉一個自由度，即 df = n − 1。我們對一組 5 個數值給予一個限制如 $\overline{X} = 6$，現若 $X_1 = 6$，$X_2 = 7$，$X_3 = 8$，$X_4 = 4$，則 X_5 非等於 5 不可。因此能夠自由變動的 X 只有 4 個，即 df = 4。在計算變異數與標準差時，需要計算離均差平方和，即 $\sum (X − \overline{X})^2$。在這個平方和中因受到 $\overline{X}$ 的限制，能自由變動的數值只有 n − 1 個。將平方和除以自由度，即 $\dfrac{\sum (X − \overline{X})^2}{n−1}$，$\dfrac{\sum (X − \overline{X})^2}{n−1}$ 就是母群體 σ^2 的不偏估計數，我們將在下一章說明不偏估計數的意義。但是如果我們計算 $\sum (X − \mu)^2$，μ 為母群體平均數，則這 n 個 X 均能自由變動，不受 μ 的影響，自由度仍為 n。

　　在簡單相關與迴歸中，我們提到計算估計誤差變異數 $\hat{S}_{Y \cdot X}^2 = \dfrac{\sum (Y − \hat{Y})^2}{n − 2}$，分母用 n − 2 才是母體 $\sigma_{Y \cdot X}^2$ 的不偏估計數。這 n − 2 就是的 $\sum (Y − \hat{Y})^2$ 自由度。因為 $\hat{Y} = a + bX$，為一迴歸直線，而決定一條直線至少需要兩點。當 n = 2 時，迴歸線必須經過這兩點，故 $\sum (\hat{Y} − Y)^2$ 為 0，毫無變異可言，df=0。在 7-3-3 節，我們學習過 n=2 時，計算出來的相關係數 r 毫無意義，也是因為 df=0 之故。當 n=3 時，df=1；n=15 時，df=13。

　　計算變異數應是指能自由變異的數值，所以在計算母體變異數的不偏估計數，其分母都採用自由度，而不是原來的 n。

8-5　卡方分配

自平均數爲 μ，標準差爲 σ 的常態母體中，每次隨機抽取一個變量 X，並將 X 轉換爲 Z（$Z = \dfrac{X - \mu}{\sigma}$）。如此進行無限多次，這些 Z 將形成平均數爲 0，標準差爲 1 的標準常態分配。

現在若自常態母體，每次隨機抽取 n 個變量即 X_1，X_2，X_3，……，X_n 並將其轉換成 Z_i，再加以平方，即 $Z_i^2 = \left(\dfrac{X_i - \mu}{\sigma}\right)^2$。然後將這 n 個$Z_i^2$加起來求其總和，即 ΣZ_i^2，將此 ΣZ_i^2 命名爲卡方（χ^2，讀做 chi[kaɪ]square）。如此進行抽樣及轉換無限多次，得到無限個 χ^2，這些 χ^2 形成的分配就稱爲卡方分配。卡方之定義公式爲：

$$\chi^2 = \sum_{i=1}^{n}\left(\frac{X - \mu}{\sigma}\right)^2 = \Sigma Z^2 \qquad (公式\ 8\text{-}1)$$

其自由度（df）爲 n，因爲此 n 個均能自由變動。

若 n=1，則：

$$\chi^2 = \left(\frac{X - \mu}{\sigma}\right)^2 = Z^2$$

圖 8-3 表示不同自由度下的卡方分配曲線：

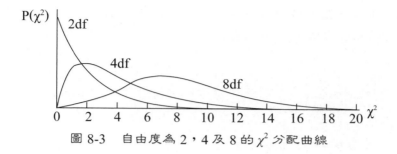

圖 8-3　自由度為 2，4 及 8 的 χ^2 分配曲線

卡方分配的特性如下：

1. 因為 χ^2 為 Z 的平方和，所以 $0 \leq \chi^2 < \infty$，即 χ^2 均為正值。

2. 每一種 df，就有一條卡方分配曲線。

3. 自由度為 df 的卡方分配，其平均數為 df，標準差為 $\sqrt{2df}$。

4. 卡方分配下的面積為 1，故卡方分配為一機率分配。根據附錄表 C，自由度 20 時，比 23.8277 大的卡方值有 25%，因此有 75% 的卡方值比 23.8277 小。比 31.4104 大的卡方值有 5%，因此比 31.4104 小的卡方值有 95%。至於介於 23.8277 與 31.4104 之間的則有 25%–5%=20%。同理自由度 1 時，比 3.84146 大的 χ^2 有 5%，而比 3.84146 小的 χ^2 有 95%。

5. χ^2 分配為正偏分配，但當 df>30，χ^2 分配逐漸接近常態。而 $\dfrac{\chi^2 - df}{\sqrt{2df}}$ 則接近平均數為 0，標準差為 1 的標準常態分配。不過 $\sqrt{2\chi^2} - \sqrt{2df - 1}$ 更接近標準常態分配。附錄表 C 中，若 df>30，而查不到 χ^2 值時，可將 χ^2 轉換成 $\sqrt{2\chi^2} - \sqrt{2df - 1}$，再利用 Z 值表查出機率。

‖ 例 8-2 ‖

df=102，求 χ^2 大於 120 之機率。

$\chi^2 = 120$

$Z = \sqrt{2\chi^2} - \sqrt{2df - 1} = \sqrt{2 \times 120} - \sqrt{2 \times 102 - 1} = 1.24$

查附錄表 A，Z = 1.24 之機率為 .3925，但此為自 Z = 0 至 Z = 1.24 之

間的機率，比 1.24 大的機率應是 .5 − .3925 = .1075，故 df = 102，χ^2 大於 120 之機率約為 10.75%。

6. 若令 $\chi^2 = \sum\limits_{i=1}^{n} \left(\dfrac{X - \overline{X}}{\sigma} \right)^2$，則減少一個自由度，即 df = n − 1。

〔證〕

χ_n^2 表自由度 n 的 χ^2

$$\chi_n^2 = \sum\limits_{i=1}^{n}\left(\frac{X-\mu}{\sigma}\right)^2 = \Sigma \left[\frac{(X-\overline{X})+(\overline{X}-\mu)}{\sigma}\right]^2$$

$$= \Sigma\left(\frac{X-\overline{X}}{\sigma}\right)^2 + \frac{2\Sigma(\overline{X}-\mu)(X-\overline{X})}{\sigma} + \Sigma\left(\frac{\overline{X}-\mu}{\sigma}\right)^2$$

$$= \Sigma\left(\frac{X-\overline{X}}{\sigma}\right)^2 + \frac{2(\overline{X}-\mu)\Sigma(X-\overline{X})}{\sigma} + n\left(\frac{\overline{X}-\mu}{\sigma}\right)^2$$

$$= \Sigma\left(\frac{X-\overline{X}}{\sigma}\right)^2 + 0 + \left(\frac{\overline{X}-\mu}{\sigma/\sqrt{n}}\right)^2 \quad (因為\,\Sigma(X-\overline{X})=0)$$

$$= \Sigma\left(\frac{X-\overline{X}}{\sigma}\right)^2 + \left(\frac{\overline{X}-\mu}{\sigma/\sqrt{n}}\right)^2$$

因爲 $\overline{X}$ 的抽樣分配，平均數爲 μ，標準差爲 $\dfrac{\sigma}{\sqrt{n}}$，所以 $\left(\dfrac{\overline{X}-\mu}{\sigma/\sqrt{n}}\right)^2$ 爲自由度 1 的 χ^2 分配。故 $\Sigma\left(\dfrac{X-\overline{X}}{\sigma}\right)^2$ 爲自由度 n−1 的 χ^2 的分配。

7. $\Sigma\left(\dfrac{X-\overline{X}}{\sigma}\right)^2 = \dfrac{\Sigma(X-\overline{X})^2}{\sigma^2} = \dfrac{nS^2}{\sigma^2}$，故 $\dfrac{nS^2}{\sigma^2}$ 爲自由度 n−1 的卡方分配。

┤├ 例 8-3 ┤├

自 $\sigma^2=7$ 的常態母體中，隨機抽取 21 個個體爲一組樣本，問其變異數 S^2 大於 10.47 之機率。

$$\chi^2 = \frac{nS^2}{\sigma^2} = \frac{21 \times 10.47}{7} = 31.41$$

查附錄表 C，得知 df=20，P_r=.05 時，$\chi^2 = 31.41$

故變異數大於 10.47 之機率為 5%。

8. 若 χ^2_{f1} 為自由度 f_1 的 χ^2 分配，χ^2_{f2} 為自由度 f_2 的 χ^2 分配，且兩者彼此獨立，則 $\chi^2_{f1} + \chi^2_{f2}$ 為自由度 $f_1 + f_2$ 的 χ^2 分配。

8-6　F 分配

F 分配為英國統計學家 R.A. Fisher（1890～1962）所創，為紀念 Fisher 的貢獻，故稱為 F 分配。設 χ^2_1 與 χ^2_2 為兩個獨立的 χ^2 分配，其自由度分別為 df_1 和 df_2。F 之定義公式為：

$$F = \frac{\chi^2_1 / df_1}{\chi^2_2 / df_2} \qquad （公式 8-2）$$

若自上述兩個 χ^2 分配中隨機抽樣無限次形成上之比值，則可得到無限個 F。這些 F 的分配稱為自由度 df_1，df_2 的 F 分配，以 F_{df_1, df_2} 表示之。

圖 8-4 表示不同自由度下的 F 分配曲線：

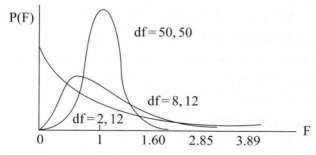

圖 8-4　自由度為 (2,12)(8,12) 及 (50,50) 的 F 分配曲線

F 分配之特性如下：

1. 由於 F 爲兩平方量之比值，故 $0 \leq F < \infty$，即 F 均爲正值。

2. 每一對 df_1 及 df_2 均有一條 F 分配曲線如圖 8-4 所示。

3. 與 χ^2 分配一樣，F 分配亦爲正偏分配，惟當 df_1 及 df_2 增加時，偏斜程度降低。

4. F 曲線下之面積爲 1，故 F 分配亦爲機率分配。根據附錄表 D，若 $df_1 = 5$，$df_2 = 10$，則 $F_{.05(5,10)} = 3.33$，而 $F_{.01(5,10)} = 5.64$。意即大於 3.33 的 $F_{5,10}$ 值有 5%，小於 3.33 的 $F_{5,10}$ 值有 95%；大於 5.64 的 $F_{5,10}$ 值有 1%，小於 5.64 的 $F_{5,10}$ 值有 99%。

5. F 分配常用來檢定兩常態母體之變異數是否相同。

$$F = \frac{\chi_1^2/df_1}{\chi_2^2/df_2} = \frac{\dfrac{n_1 S_1^2}{\sigma_1^2}/df_1}{\dfrac{n_2 S_2^2}{\sigma_2^2}/df_2}$$

假設 $\sigma_1{}^2 = \sigma_2{}^2$，則 $F = \dfrac{n_1 df_2}{n_2 df_1} \cdot \dfrac{S_1{}^2}{S_2{}^2}$

║ 例 8-4 ║

　　假設男女生之數學成績均是常態分配，且兩者之變異數相同。現隨機抽取男生 25 人，女生 31 人，計算其數學成績變異數，則男生變異數是女生變異數兩倍以上之機率是否小於 5%。

$$F = \frac{n_1 df_2}{n_2 df_1} \cdot \frac{S_1^2}{S_2^2} = \frac{25 \times 30}{31 \times 24} \times 2 = 2.016$$

查表 $F_{.05(24,30)} = 1.89 < 2.016$

　　我們知道比 1.89 大的 $F_{24,30}$ 值有 5%，而 2.016 比 1.89 大，因此大於 2.016 的 F 值應小於 5%。所以可以說男生變異數是女生變異數兩倍以上之機率小於 5%。

8-7　t 分配

　　t 分配是英國統計學家 W. S. Gosset（1876～1937）在 1908 年以筆名 Student 發表，故亦稱爲 Student's 分配。設有一標準常態分配（Z）及一自由度爲 df 的 χ^2 分配。現從此二分配中隨機各抽取一個變量，t 就是這兩個變量的比值，其定義公式爲：

$$t = \frac{Z}{\sqrt{\chi^2/df}}$$
（公式 8-3）

　　如果繼續由上述之 Z 及 χ^2 分配中抽樣，如此進行無限多次，則可得到無限多個 t，這些 t 形成的分配就是 t 分配。不同自由度的 t 分配曲線如圖 8-5 所示：

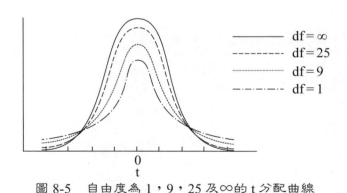

圖 8-5　自由度爲 1，9，25 及∞的 t 分配曲線

　　t 分配之特性如下：

　　1. t 分配與常態分配一樣爲左右對稱，形狀與常態分配也很接近，但它的峰度較峻，即 $g_2 > 0$，兩端較厚。

　　2. t 分配的平均數爲 0 與標準常態一樣。

3.每一種自由度就有一種 t 分配曲線，如圖 8-5 所示。

4. t 分配曲線下之面積亦為 1，故為機率分配。其機率可查附錄表 E，在表中有單尾檢定（one-tailed test）和雙尾檢定（two-tailed test）兩種情形。何謂單尾、雙尾檢定，我們將在第十章統計檢定中加以說明。現以單尾檢定下的機率說明：例如自由度 10，可看出比 1.812 大的 t 值有 5%，比 2.764 大的 t 值有 1%。所以比 1.812 小的 t 值有 95%，比 2.764 小的 t 值有 99%。由於 t 分配是左右對稱，因此比 –1.812 小的 $t_{(10)}$ 值亦有 5%，比 –2.764 小的 $t_{(10)}$ 值有 1%。

5.當 df →∞時，t 分配與標準常態分配相同，因此 df →∞時，查 t 值表與查 Z 值表結果相同。

6. $t^2_{(df)} = F_{1,df}$

〔證〕

$$t^2_{(df)} = \frac{Z^2}{\chi^2/df} \quad （見公式 8-3）$$

$$= \frac{\chi^2/1}{\chi^2/df} \quad （df=1 時， \chi^2 = Z^2）$$

$$= F_{1,df}$$

所以 df_1 為 1，而 df_2 與 t 的 df 相同的 F 等於 t^2。

習題八

1. 自由度 6，試求：
   (1) 比 12.5916 大的 χ^2 值的機率。
   (2) 10.6446 至 12.5916 之間有多少百分比的 χ^2 值？
   (3) 有 1% 的 χ^2 值比哪一個 χ^2 值大？
2. df=50，求 χ^2 值大於 68 的機率。
3. 假設男女生之國語成績均是常態分配，兩者之變異數相同。現隨機抽取男生 16 人，女生 21 人，計算其國語成績變異數，則男生變異數是女生變異數兩倍以上之機率是否小於 5%。
4. 自由度 20，試求：
   (1) 比 1.725 大的 t 值的機率。
   (2) −1.325 至 1.725 之間的 t 值機率。
   (3) 有 1% 的 t 值比哪一個 t 值大？

第九章

統計估計——
點估計與區間估計

在上一章，我們學習過母數（parameter）與統計量（statistic）。母數是說明母體性質的量數，而統計量則為說明樣本性質的量數。統計估計就是以樣本的統計量來推估母體的母數。統計估計有兩種形式：(1)點估計（point estimation），及(2)區間估計（interval estimation）。統計估計，無論點估計或區間估計，皆要求樣本是採隨機方式取得的。

9-1　點估計

點估計就是以最適當的樣本統計量來推估母體的母數。例如我們以樣本平均數（$\overline{X}$）及百分比（p）來估計母體的平均數（μ）及百分比（P）。以平均數來說，例如母體是某市全體國小六年級學生，我們隨機抽樣 300 位六年級學生實施智力測驗，得到其 $\overline{X}=105$。據此，我們可以估計某市全體國小六年級學生之智商平均數（μ）約為 105。以百分比來說，我們若發現這三百位學生有 40% 戴眼鏡。據此，我們可以推估某市國小六年級學生戴眼鏡的百分比約為 40%。

一般衡量估計數是否恰當的標準有四：(1) 不偏性，(2) 一致性，(3) 有效性，(4) 充分性，本書只討論不偏性（unbiasedness）。如果一個估計數的抽樣分配的平均數就是被估計的母數，則那個估計數就具有不偏性。據此，$\overline{X}$ 是 μ 的不偏估計數，因為根據中央極限定律，$\overline{X}$ 的抽樣分配的平均數就是 μ。那麼 S^2（樣本變異數）是不是 σ^2（母體變異數）的不偏估計數呢？如果 $S^2 = \dfrac{\Sigma(X-\overline{X})^2}{n}$，則這個 S^2 不是 σ^2 的不偏估計數。必須 $\hat{S}^2 = \dfrac{\Sigma(X-\overline{X})^2}{n-1}$，分母 n–1 為的樣本變異數才是 σ^2 的不偏估計數。本書將分母為 n 的樣本變異數，以 S^2 表示，而分母為 n–1 的不偏估計數以 $\hat{S}^2$ 表示以便區別。何以 $\hat{S}^2$ 才是 σ^2 的不偏估計數說明如下：如果我們投擲硬幣兩次（n=2），正面以 1 表示，反面以 0 表示，則有下列四種情形，如表 9-1 所示。

表 9-1

第一次	第二次	$\overline{X}$	S^2	$\hat{S}^2$
0	0	0	0	0
0	1	0.5	0.25	0.5
1	0	0.5	0.25	0.5
1	1	1	0	0

平均 = 0.125　，　平均 = 0.25

由於硬幣出現正反面的機率是 1/2，所以母體平均數為 $\frac{1+0}{2}=0.5$，而母體 σ^2 為 $\frac{(1-0.5)^2+(0-0.5)^2}{2}=0.25$。$S^2$ 的平均數為 0.125 較 σ^2 小，故 S^2 不是 σ^2 的不偏估計數。而 $\hat{S}^2$ 的平均數為 0.25 等於 σ^2，因此 $\hat{S}^2$ 才是 σ^2 的不偏估計數。不過 $\hat{S}$ 即 $\sqrt{\frac{\Sigma(X-\overline{X})^2}{n-1}}$ 卻不是 σ 的不偏估計數，因為開根號不是線性轉換，所以雖然 $\hat{S}^2$ 是 σ^2 的不偏估計數，而 $\hat{S}$ 卻不是 σ 的不偏估計數，σ 的不偏估計數較為複雜，且較為少用，因此本書不予討論。

在 n=1 的樣本中，$\overline{X}$ 就是 X 本身，此時 $S^2=\frac{\Sigma(X-\overline{X})^2}{n}=\frac{0}{1}=0$，顯然低估了 σ^2。而 $\hat{S}^2=\frac{\Sigma(X-\overline{X})^2}{n-1}=\frac{0}{0}$，為無意義，即 n=1 時，樣本沒有變異，因此不能估計母體的 σ^2。不偏變異數的分母為 n−1，n−1 事實上為 $\Sigma(X-\overline{X})^2$ 的自由度。變異數是表示團體中分數變異的情形，故用能自由變動的個數，即自由度，作為分母。目前大部分教育與心理統計教科書，s^2 或 S^2 均係指分母 n−1 的變異數，而 s，S 或 SD 均係指分母 n−1 的標準差。本書仍以 $\hat{S}^2$ 和 $\hat{S}$ 代表分母 n−1 的變異數和標準差，以便區別，統計上一般以 ^ 代表估計值。

9-2 區間估計

　　由於抽樣誤差，所以估計數剛好等於母數的機會微乎其微，例如樣本的 $\overline{X}$ 與母體的 μ 之間總有誤差。所以，我們較常使用區間估計。所謂區間估計就是估計母數在某一區間或範圍之內的機率是多少。以平均數爲例，其形式爲：

$$\mu = \overline{X} \pm 抽樣誤差$$

母數在此一區間之機率，稱爲信賴係數（confidence coefficient），而此一區間就稱爲信賴區間（confidence interval）或信賴範圍。信賴係數一般用 .95 或 .99；用 .95 信賴係數的區間，稱爲 .95 的信賴區間；用 .99 信賴係數的區間，稱爲 .99 的信賴區間。.95 信賴係數的意義是說，如果用 .95 信賴區間去估計母數，則 100 次中有 95 次此一區間應包括母數。.99 的信賴係數的意義是說，用 .99 信賴區間去估計母數，則 100 次中有 99 次，此一區間應包括母數。所以 .99 的信賴區間較 .95 的信賴區間爲大。信賴係數一般用表示 $1-\alpha$，α 爲錯誤的機率。故 .95 的信賴係數，犯錯的機率爲 .05；.99 的信賴係數，犯錯的機率爲 .01。圖 9-1 顯示 $\overline{X}$ 的 .95 信賴區間估計。

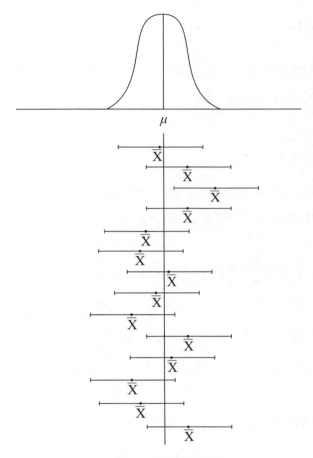

圖 9-1　$\overline{X}$ 的 .95 信賴區間估計

9-3　母群體平均數的區間估計

　　母群體平均數（μ）的最佳點估計數為 $\overline{X}$，區間估計則有兩種情形：(1)母體標準差 σ 已知，及 (2) 母體標準差 σ 未知。分別說明之：

㈠ σ 已知時

　根據中央極限定律，$\overline{X}$ 的抽樣分配，平均數爲 μ，標準差爲 $\dfrac{\sigma}{\sqrt{n}}$，因此可以將 $\overline{X}$ 轉換爲 Z 分數。即

$$Z = \frac{\overline{X} - \mu}{\sigma/\sqrt{n}}$$

由於 $\overline{X}$ 的抽樣分配接近常態，因此，轉換成 Z 後爲標準常態。查附錄表 A，Z 從 –1.96 至 1.96 之間的機率爲 .95。即

$$p\left[-1.96 \leq \frac{\overline{X} - \mu}{\sigma/\sqrt{n}} \leq 1.96\right] = .95 \;(\text{p 代表機率})$$

$$p\left[-1.96\frac{\sigma}{\sqrt{n}} \leq \overline{X} - \mu \leq 1.96\frac{\sigma}{\sqrt{n}}\right] = .95 \;(\text{同乘}\ \frac{\sigma}{\sqrt{n}})$$

$$p\left[-\overline{X}-1.96\frac{\sigma}{\sqrt{n}} \leq -\mu \leq -\overline{X}+1.96\frac{\sigma}{\sqrt{n}}\right] = .95 \;(\text{同減}\overline{X})$$

$$p\left[\overline{X}-1.96\frac{\sigma}{\sqrt{n}} \leq \mu \leq \overline{X}+1.96\frac{\sigma}{\sqrt{n}}\right] = .95 \;(\text{同乘}-1，\text{不等式方向轉換})$$

因此 .95 的信賴區間爲：

$$\overline{X} - 1.96\frac{\sigma}{\sqrt{n}} \leq \mu \leq \overline{X} + 1.96\frac{\sigma}{\sqrt{n}} \qquad (\text{公式 9-1-1})$$

　而標準常態分配，Z 從 –2.58 至 2.58 之間的機率爲 .99，因此 .99 的信賴區間爲：（註：用 2.576 較 2.58 更爲精確）

$$\overline{X} - 2.58\frac{\sigma}{\sqrt{n}} \leq \mu \leq \overline{X} + 2.58\frac{\sigma}{\sqrt{n}} \qquad (\text{公式 9-1-2})$$

‖ 例 9-1 ‖

自某市國小三年級學生，隨機抽出 225 名實施兒童智力測驗（$\sigma=15$），得其平均智商為 105，求某市全體國小三年級學生智商平均數之 95% 信賴區間。

將 $\overline{X} = 105$，$\sigma = 15$，$n = 225$ 代入公式 9-1-1 中

$$\overline{X} - 1.96\frac{\sigma}{\sqrt{n}} \le \mu \le \overline{X} + 1.96\frac{\sigma}{\sqrt{n}}$$

$$105 - 1.96\frac{15}{\sqrt{225}} \le \mu \le 105 + 1.96\frac{15}{\sqrt{225}}$$

$$103.04 \le \mu \le 106.96$$

因此某市國小三年級學生智商平均數的 95% 信賴區間為 103.04 至 106.96。

㈡ σ 未知時

使用 t 統計量，

$$t = \frac{Z}{\sqrt{\chi^2/df}} \qquad （見公式 8-3）$$

$$= \frac{\dfrac{\overline{X} - \mu}{\sigma/\sqrt{n}}}{\sqrt{\dfrac{nS^2}{\sigma^2}/df}} \quad （Z = \frac{\overline{X} - \mu}{\sigma/\sqrt{n}}，\chi^2 = \frac{nS^2}{\sigma^2}，見 8-5 節）$$

$$= \frac{\overline{X} - \mu}{S/\sqrt{df}}，df = n - 1$$

或者

$$t = \frac{\overline{X} - \mu}{\hat{S}/\sqrt{n}} \quad \left(S = \sqrt{\frac{\Sigma(X - \overline{X})^2}{n}}，而 \hat{S} = \sqrt{\frac{\Sigma(X - \overline{X})^2}{n-1}} \right)$$

區間估計之公式爲：

$$\overline{X} - t\frac{\hat{S}}{\sqrt{n}} \leq \mu \leq \overline{X} + t\frac{\hat{S}}{\sqrt{n}} \qquad (公式\ 9\text{-}2)$$

信賴係數爲 $1-\alpha$，若信賴係數爲 .95，則 α=.05，查附錄表 E，自由度 $n-1$，雙尾機率爲 .05（單尾機率爲 .025）所對應之 t 值即爲我們所要的 t 值。

> ‖ **例 9-2** ‖
>
> 　　自某國小六年級男生中，隨機抽取 16 名爲樣本，測得其身高平均爲 141 公分，標準差（$\hat{S}$）爲 4.8 公分，求該校六年級全體男生身高平均數之 95% 信賴範圍。

$\overline{X}$=141，$\hat{S}$=4.8，n=16 代入公式 9-2 中

$$\overline{X} - t\frac{\hat{S}}{\sqrt{n}} \leq \mu \leq \overline{X} + t\frac{\hat{S}}{\sqrt{n}}$$

$$141 - t\frac{4.8}{\sqrt{16}} \leq \mu \leq 141 + t\frac{4.8}{\sqrt{16}}$$

$$df = n - 1 = 15$$

$$1 - \alpha = .95，\alpha = .05$$

查附錄表 E，df=15，雙尾機率 .05 所對之 t 值爲 2.131

$$141 - 2.131\frac{4.8}{\sqrt{16}} \leq \mu \leq 141 + 2.131\frac{4.8}{\sqrt{16}}$$

$$138.44 \leq \mu \leq 143.56$$

　　所以某校六年級男生平均身高的 95% 信賴範圍爲 138.44 至 143.56 公分。

　　當樣本（n）很大時，t 逐漸接近 Z；查附錄表 E，當 df= ∞ 時，t 值與 Z 值完全相同。故當樣本頗大，例如 df > 120，附錄表 E 上查不到 t 值時，可用 Z 代替 t，即採用與 σ 已知相同的公式：

95% 信賴區間：

$$\overline{X} - 1.96\frac{\hat{S}}{\sqrt{n}} \le \mu \le \overline{X} + 1.96\frac{\hat{S}}{\sqrt{n}}$$

99% 信賴區間：

$$\overline{X} - 2.58\frac{\hat{S}}{\sqrt{n}} \le \mu \le \overline{X} + 2.58\frac{\hat{S}}{\sqrt{n}}$$

9-4　母群體比率（百分比）的區間估計

比率或百分比通常以 p 表示，其性質與平均數（$\overline{X}$）相同。例如投票，得一票爲 1，未得票爲 0，若張三在全班 50 位同學中得 30 票，則 $\overline{X} = \frac{\Sigma X}{N} = \frac{30}{50} = 0.6 = p$。p 代表得 1 的比率，另外以 q 代表得 0 的比率；q=1–p。對比率來說，其變異數爲 pq。證明如下：

$$
\begin{aligned}
S^2 &= \frac{\Sigma(X - \overline{X})^2}{N} \\
&= \frac{\Sigma X^2 - 2\overline{X}\Sigma X + N\overline{X}^2}{N} \\
&= \frac{\Sigma X^2}{N} - 2\overline{X}^2 + \overline{X}^2 \\
&= \frac{\Sigma X^2}{N} - \overline{X}^2 \\
&= p - p^2 \quad \left(\text{對 0 與 1 來說，}\frac{\Sigma X^2}{N} = \frac{\Sigma X}{N} = \overline{X} = p\right) \\
&= p(1 - p) \\
&= pq
\end{aligned}
$$

因此，母群體比率之區間估計，在大樣本時，可採用與 σ 已知母體平均數之區間估計相同的方式，即採用 Z 分配：

95% 的信賴區間：

$$p - 1.96\sqrt{\frac{pq}{n}} \leq P \leq p + 1.96\sqrt{\frac{pq}{n}} \qquad （公式 9\text{-}3\text{-}1）$$

99% 的信賴區間：

$$p - 2.58\sqrt{\frac{pq}{n}} \leq P \leq p + 2.58\sqrt{\frac{pq}{n}} \qquad （公式 9\text{-}3\text{-}2）$$

‖ 例 9-3 ‖

　　某校有學生 2,000 人，隨機抽取 200 人為樣本，發現有 120 名近視。試據此推論該校近視比率的 99% 信賴區間，並問該校最少有多少人近視？

$p = \dfrac{120}{200} = .6 \quad q = 1 - 0.6 = .4$

代入公式 9-3-2 中

$.6 - 2.58\sqrt{\dfrac{(.6)(.4)}{200}} \leq P \leq .6 + 2.58\sqrt{\dfrac{(.6)(.4)}{200}}$

$.511 \leq P \leq .689$

　　因此該校近視比率的 99% 信賴區間為 .511 至 .689。而該校至少有 $2000 \times .511 = 1022$（人）近視。

9-5　母群體相關係數（ρ）的區間估計

母體相關係數用 ρ（讀做 rho）表示，樣本相關係數則以 r 表示。也就是在第七章我們計算的相關係數 r，是指樣本的相關係數。母體相關係數 ρ 的最佳點估計數為樣本相關係數 r。在區間估計時，由於 r 之抽樣分配相當複雜且不易求得，故不直接採用 r 作區間估計。而根據 R.A. Fisher 之轉換法，先將 r 轉換為：

$$Z_r = \log_e \sqrt{\frac{1+r}{1-r}}$$

Z_r 之抽樣分配近似常態，其平均數為 $\log_e \sqrt{\frac{1+\rho}{1-\rho}}$（即 Z_ρ），而標準差為 $\frac{1}{\sqrt{N-3}}$。故其區間估計之公式為：

信賴係數 .95 時：

$$Z_r - 1.96 \frac{1}{\sqrt{N-3}} \leq Z_\rho \leq Z_r + 1.96 \frac{1}{\sqrt{N-3}} \qquad （公式 9-4-1）$$

信賴係數 .99 時：

$$Z_r - 2.58 \frac{1}{\sqrt{N-3}} \leq Z_\rho \leq Z_r + 2.58 \frac{1}{\sqrt{N-3}} \qquad （公式 9-4-2）$$

可查附表 F，由 r 轉換為 Z_r，或由 Z_r 轉換為 r。如果將 ρ 視為 r，亦可根據此表做 ρ 及 Z_ρ 之轉換。

||| 例 9-4 |||

　　自某國小五年級學生中，隨機抽出 67 人為樣本，求得國語科與社會科之相關係數 r = .70，試據此推定該國小五年級全體學生社會科與國語科成績之相關係數的 95% 信賴範圍。

　　　　n = 67

　　　　查附表 F，r = .70 時，Z_r = .867

　　　　將各項數值代入公式 9-4-1，得

$$.867 - 1.96\frac{1}{\sqrt{67-3}} \le Z_\rho \le .867 + 1.96\frac{1}{\sqrt{67-3}}$$

$$.622 \le Z_\rho \le 1.112$$

　　　　再將 Z_ρ 轉換為 ρ，Z_ρ = .622 時，ρ = .550；Z_ρ = 1.112 時，ρ = .805

　　　　故 $.550 \le \rho \le .805$

　　因此該校五年級學生國語科與社會科相關係數的 95% 信賴範圍為 .550 至 .805 之間。

習題九

1. 某教師想調查某國中一年級學生每天看電視時間，他隨機抽樣 64 位國一學生，發現他們每天平均看電視 2.8 小時，標準差 $\hat{S} = 1.1$ 小時，試求該國中一年級學生每天平均看電視時間的 95% 信賴區間。

2. 自某校學生家長隨機抽取 200 人，其中 90 人有自用汽車，試求該校學生家長有自用汽車比率的 99% 信賴區間。

3. 自某校學生隨機抽取 103 人，發現自我觀念與學業成績相關為 r = .30，試求母群體相關係數 ρ 的 95% 信賴範圍。

第十章

假設檢定——平均數、百分比、相關係數等之檢定

10-1　基本概念

㈠統計假設之檢定

在科學研究上，我們通常先提出一個假設，然後再考驗或檢定此一假設是否成立。在統計上，我們亦有統計假設的檢定。統計假設包括虛無假設（null hypothesis）及對立假設（alternate hypothesis）兩種。研究者通常對母群體的母數給予一個假定的數值，例如假設學業成績與成就動機相關為 0（$\rho = 0$）。因其有被推翻或拒斥的可能，所以稱為虛無假設，以 H_0 表示。在推翻虛無假設後，所要接受的假設，例如學業成績與成就動機有正相關（$\rho > 0$）就稱為對立假設，以 H_1 表示。H_0 與 H_1 對立，接受或保留 H_0 就不接受 H_1；推翻 H_0，即接受或支持 H_1。但是我們不說證實虛無假設或對立假設。因為推論統計上，我們所做的結論是根據抽樣得到的樣本資料，而不是根據全部的母體，所以就不能用證實兩字了。

㈡顯著水準（level of significance）

我們要推翻或接受虛無假設，需要一個標準。例如虛無假設是某校學生平均智商 100，以 $H_0：\mu = 100$ 表示。現抽樣 100 位學生實施智力測驗並求其平均數 $\overline{X}$。則這 $\overline{X}$ 要與 100 差異多少才可以推翻 H_0，例如得到 $\overline{X} = 105$，是否能推翻 H_0。

統計上，我們推翻或接受所根據的標準稱為顯著水準。一般常用的顯著水準有下列兩種：

⑴.05 顯著水準（用 $\alpha = .05$ 表示）

⑵.01 顯著水準（用 $\alpha = .01$ 表示）

所謂 .05 的顯著水準就是推翻虛無假設犯錯的機率小於 5%，而 .01 顯著水準就是推翻虛無假設犯錯機率小於 1%。在第九章「區間估計」，我們學

習過信賴係數，用 $1-\alpha$ 表示。.95 信賴係數，犯錯的機率為 5%；.99 信賴係數，犯錯的機率為 1%。因此區間估計與假設檢定事實上採用相同的原則，只是區間估計採用信賴係數（$1-\alpha$），而假設檢定採用顯著水準（α）。

　　以剛才 $H_0：\mu=100$ 為例，我們抽樣得到的 $\overline{X}$ 要與 100 有相當的差異，才能達到 .05 顯著水準，也就是 $\overline{X}$ 與 100 要有相當的差異，推翻 H_0 犯錯的機率才會小於 5%。要達到 .01 的顯著水準，$\overline{X}$ 與 100 的差異要更大。如果 $\overline{X}$ 只有 101 而要推翻 H_0，我們知道犯錯的機率是很大的，應該會大於 5%，也就是差異未達 .05 顯著水準；而未達 .05 顯著水準，就一定不會達到 .01 顯著水準，因為要達到 .01 顯著水準，$\overline{X}$ 與 μ 的差異要更大。若差異達到 05 顯著水準，通常稱為差異顯著，並以 *p < .05 表示；若差異達到 .01 顯著水準，則稱為差異非常顯著，並以 **p < .01 表示。表示推翻 H_0 犯錯的機率小於 .05 或 .01。

㈢單尾檢定與兩尾檢定

　　以平均數檢定為例，虛無假設與對立假設之寫法有下列三種：

(1) $H_0：\mu=\mu_0$

　　$H_1：\mu>\mu_0$

(2) $H_0：\mu=\mu_0$

　　$H_1：\mu<\mu_0$

(3) $H_0：\mu=\mu_0$

　　$H_1：\mu\neq\mu_0$

其中 μ_0 為假定之母體平均數，例如智商 100。假設 (1) 與 (2) 的檢定方式稱為單尾檢定（one-tailed test），其推翻區在 $\overline{X}$ 抽樣分配單側。其中假設 (1) 稱為右尾檢定，假設 (2) 稱為左尾檢定。而假設 (3) 稱為兩尾檢定（two-tailed test），其推翻區在抽樣分配的兩側。所謂推翻區就是指 $\overline{X}$ 若落入此一區域就要推翻虛無假設。右尾檢定，若 $\overline{X}$ 大於關鍵值，就落入推翻區。左尾檢定，若 $\overline{X}$ 小於關鍵值就落入推翻區。兩尾檢定則 $\overline{X}$ 大於右尾關鍵值，或小於左尾關鍵值，就落入推翻區。圖 10-1 說明此三種情形：

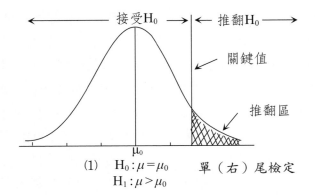

(1)　$H_0 : \mu = \mu_0$　單（右）尾檢定
　　　$H_1 : \mu > \mu_0$

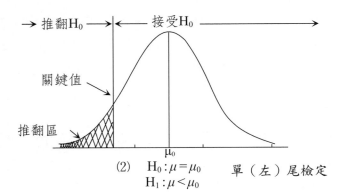

(2)　$H_0 : \mu = \mu_0$　單（左）尾檢定
　　　$H_1 : \mu < \mu_0$

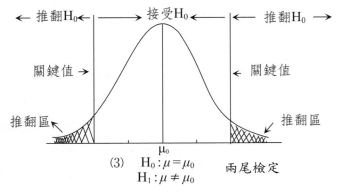

(3)　$H_0 : \mu = \mu_0$　兩尾檢定
　　　$H_1 : \mu \neq \mu_0$

圖 10-1　右尾、左尾、及雙尾檢定

而關鍵值的大小則與顯著水準（α）有關，圖 10-2 說明此種情形：

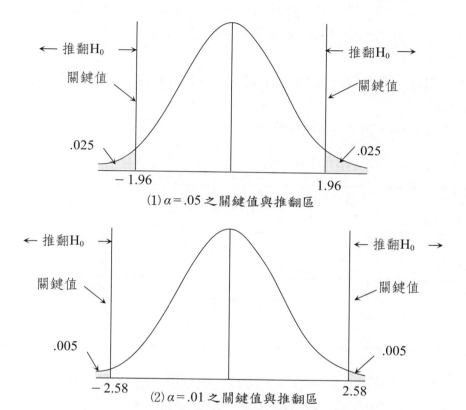

圖 10-2　標準常態關鍵值與顯著水準

　　若 H_0 為眞，$\alpha = 0.5$，則 $\overline{X}$ 落入推翻區的機率只有 5%，因此我們願意犯此 5% 的錯誤去推翻 H_0。若 H_0 為眞，$\alpha = .01$，則 $\overline{X}$ 落入推翻區的機率只有 1%，因此我們願意犯此 1% 的錯誤去推翻 H_0。

㈣假設檢定之結果

　　假設檢定的結果有二種：接受 H_0 或推翻 H_0。而母體母數也有兩種情形：H_0 為眞或為假。因此我們檢定假設有下列的四種情形：

⑴ H_0 為真，接受 H_0：決策正確，其機率為 $1 - \alpha$。

⑵ H_0 為真，推翻 H_0：稱為第一類錯誤（type I error），其機率為 α。

⑶ H_0 為假，接受 H_0：稱為第二類錯誤（type II error），其機率以 β 表示。

⑷ H_0 為假，推翻 H_0：決策正確，其機率為 $1 - \beta$，稱為檢定力（power of test）。

以表 10-1 表示上述四種情形：

表 10-1

實際情形 檢定結果	H_0 為真	H_0 為假
接受 H_0	決定正確 機率 $= 1 - \alpha$	第二類錯誤 機率 $= \beta$
推翻 H_0	第一類錯誤 機率 $= \alpha$	決策正確 機率 $= 1 - \beta$ （檢定力）

圖 10-3 以 $H_0 : \mu = \mu_0$ 為真時的 $\overline{X}$ 分配圖與 $H_1 : \mu = \mu_1$ 為真時的 $\overline{X}$ 分配圖並列，以說明第一類錯誤（α）、第二類錯誤（β）及檢定力（$1 - \beta$）：

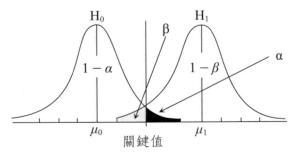

圖 10-3

　　圖 10-3 中，左邊之常態分配為 H_0 為眞的 $\overline{X}$ 抽樣分配圖，其右尾比關鍵值大的黑影部分為第一類錯誤（α）。右邊之常態分配為 H_1 為眞時 $\overline{X}$ 的抽樣分配圖，其左尾比關鍵值小的陰影部分為第二類錯誤（β）；比關鍵值大的部分則為檢定力（$1-\beta$）。當 H_0 為眞，但樣本 $\overline{X}$ 大於關鍵值時，我們需推翻 H_0，此時犯了第一類錯誤（α）。當 H_1 為眞，但樣本 $\overline{X}$ 小於關鍵值時，我們需接受 H_0，此時犯了第二類錯誤（β）。當 H_1 為眞，樣本 $\overline{X}$ 大於關鍵值，我們推翻 H_0，此時決策正確，其機率（$1-\beta$）稱為檢定力。

　　我們應該儘量減少錯誤，其中第一類錯誤（α）即顯著水準，是由我們自己決定，通常用 .05 及 .01，也可用 .001。那麼我們何不都採用 .001 的顯著水準，使犯第一類錯誤的機率成為 .001 呢？但 α 變小時，圖 10-3 之關鍵值便會向右移，結果 α 雖然減少了，但 β 卻增加了。因為採用越小的 α，就越不容易推翻 H_0，結果就易於犯該推翻 H_0 而未能推翻的第二類型錯誤了。但是我們若能增加樣本人數，則因 $\overline{X}$ 的抽樣分配的標準差為 $\dfrac{\sigma}{\sqrt{n}}$，標準差會隨 n 的增加而縮小，此時可同時減少 α 與 β 的機率，如圖 10-4 所示：

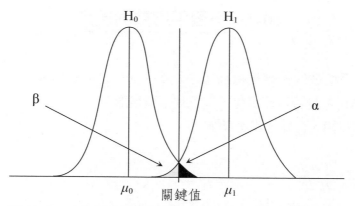

圖 10-4　n 增加時標準差變小，曲線內縮使 α 與 β 減少

㈤統計假設檢定的步驟

1. 提出虛無假設及對立假設，例如：

   $H_0 : \mu = 100$

   $H_1 : \mu \neq 100$

2. 選用適當的分配，例如：

   Z 分配、t 分配、χ^2 分配或 F 分配

3. 根據顯著水準，定出關鍵值，例如：

   $\alpha = .05$，兩尾檢定

   關鍵值為 Z= ± 1.96

4. 計算統計量之數值，例如：

   $\overline{X} = 105$，$\sigma = 15$，n = 100

   $$Z = \frac{\overline{X} - \mu}{\sigma/\sqrt{n}} = \frac{105 - 100}{15/\sqrt{100}} = 3.33$$

5. 判斷是否保留或推翻 H_0，例如：

   Z = 3.33 > 1.96，推翻 H_0，支持 H_1，即 $\mu \neq 100$。

10-2　一個平均數的檢定

一個平均數的檢定根據樣本平均數（$\overline{X}$）以檢定假設之母體平均數（$H_0 : \mu = \mu_0$）是否可被接受。有下列兩種情形：

1. 若母體 σ 已知，用 Z 檢定：

$$Z = \frac{\overline{X} - \mu}{\sigma/\sqrt{n}}$$

2. 若母體 σ 未知，用 t 檢定：

$t = \dfrac{\overline{X} - \mu}{\hat{S}/\sqrt{n}}$，自由度為 $n - 1$

╟ 例 10-1 ╟

假設某校學生平均智商 $\mu = 100$，$\sigma = 16$，今隨機抽樣 64 人，測得其平均智商 $\overline{X} = 104$，問在 .05 顯著水準下能否推翻 $\mu = 100$ 的虛無假設？

(1) $H_0：\mu = 100$

　　$H_1：\mu \neq 100$

(2) σ 已知，為 Z 檢定

　　$Z = \dfrac{\overline{X} - \mu}{\sigma/\sqrt{n}}$

(3) $\alpha = .05$，兩尾檢定

　　關鍵值為 ± 1.96

(4) $\overline{X} = 104$，$\sigma = 16$，$n = 64$

　　$Z = \dfrac{\overline{X} - \mu}{\sigma/\sqrt{n}} = \dfrac{104 - 100}{16/\sqrt{64}} = 2$

(5) $Z = 2 > 1.96$，推翻 H_0，支持 H_1，即某校學生平均智商不是 100（*p < .05）

╟ 例 10-2 ╟

某學院新生入學時，男生平均體重為 60kg，一年後隨機抽取 36 位男生，測得體重平均為 62kg，$\hat{S} = 6$kg，問男生體重是否增加？（$\alpha = .05$）

(1) $H_0：\mu = 60$

　　$H_1：\mu > 60$（因問是否增加，而非是否有差異，故為單（右）尾檢定）

(2) σ 未知，為 t 檢定

　　$t = \dfrac{\overline{X} - \mu}{\hat{S}/\sqrt{n}}$

(3) $\alpha = .05$，右尾檢定，自由度 35，查附錄表 E

關鍵值 t = 1.697（查表無自由度 35 之關鍵值，取自由度 30，

而不取自由度 40 之關鍵值，較不易犯第一類錯誤）

(4) $\overline{X} = 62$，$\hat{S} = 6$，n = 36

$$t = \frac{\overline{X} - \mu}{\hat{S}/\sqrt{n}} = \frac{62 - 60}{6/\sqrt{36}} = 2$$

(5) t = 2 > 1.697，推翻 H_0，支持 H_1，即男生體重增加（p* < .05）。

10-3　兩個平均數差異顯著性的檢定

在教育研究上，我們常需檢定兩個平均數是否有差異，例如男女生平均數學成績是否有差異？雖然兩樣本平均數之間有差異，但不見得兩母體平均數之間就有差異，因為可能是抽樣誤差所造成的。我們通常假設兩母體平均數一樣，即 $H_0 : \mu_1 = \mu_2$。如果 $\overline{X}_1$ 與 $\overline{X}_2$ 之差異很大或顯著，我們就很可能推翻 H_0。若 $\overline{X}_1$ 與 $\overline{X}_2$ 差異不大，我們就可能保留 H_0。兩個平均數差異顯著性檢定可分為：(1) 獨立樣本，及 (2) 關聯樣本兩種情形。

10-3-1　獨立樣本兩平均數差異顯著性檢定

獨立樣本（independent samples）是指兩組樣本，均係隨機抽樣得來，不是同樣的人，彼此獨立。例如從甲乙兩校各隨機抽出 100 人，形成兩組樣本，加以檢定兩組平均數是否有顯著差異。獨立樣本兩平均數檢定有下列幾種情形：

(一)若母體 σ_1 與 σ_2 已知時，採用 Z 檢定

$$Z = \frac{(\overline{X}_1 - \overline{X}_2) - (\mu_1 - \mu_2)}{\sqrt{\dfrac{\sigma_1^2}{n_1} + \dfrac{\sigma_2^2}{n_2}}}$$

式中（$\overline{X}_1 - \overline{X}_2$）為兩樣本平均數之差，（$\mu_1 - \mu_2$）為兩母體平均數之差。$\overline{X}_1 - \overline{X}_2$ 抽樣分配是以 $\mu_1 - \mu_2$ 為平均數，獨立樣本時以 $\sqrt{\dfrac{\sigma_1^2}{n_1} + \dfrac{\sigma_2^2}{n_2}}$ 為標準差的常態分配，如圖 10-5 所示：

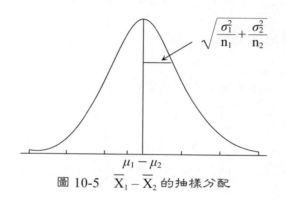

$$\sqrt{\frac{\sigma_1^2}{n_1} + \frac{\sigma_2^2}{n_2}}$$

$\mu_1 - \mu_2$

圖 10-5　$\overline{X}_1 - \overline{X}_2$ 的抽樣分配

由於我們假設 $H_0 : \mu_1 = \mu_2$，即 $\mu_1 - \mu_2 = 0$，故上述公式成為：

$$Z = \frac{\overline{X}_1 - \overline{X}_2}{\sqrt{\dfrac{\sigma_1^2}{n_1} + \dfrac{\sigma_2^2}{n_2}}} \qquad （公式 10\text{-}1）$$

‖ 例 10-3 ‖

　　自某校隨機抽出男生 49 名，女生 35 名，實施智力測驗（$\sigma = 15$），結果男生平均智商 105，女生平均智商 104，問男女生智商是否有顯著差異？（$\alpha = .05$）

(1) $H_0 : \mu_1 = \mu_2$

　　$H_1 : \mu_1 \neq \mu_2$

(2) $\sigma_1 = \sigma_2 = \sigma$，$\sigma$ 已知為 Z 檢定

(3) $\alpha = .05$，兩尾檢定

　　關鍵值為 Z= ± 1.96

(4) $\overline{X}_1 = 105$，$\overline{X}_2 = 104$，$\sigma_1 = \sigma_2 = 15$，$n_1 = 49$，$n_2 = 35$

$$Z = \frac{\overline{X}_1 - \overline{X}_2}{\sqrt{\dfrac{\sigma_1^2}{n_1} + \dfrac{\sigma_2^2}{n_2}}} = \frac{105 - 104}{\sqrt{\dfrac{15^2}{49} + \dfrac{15^2}{35}}} = .30$$

(5) $Z = .30 < 1.96$ 保留，即男女生智商無顯著差異（$p > .05$）。

(二)當 σ_1 與 σ_2 未知時

1. 假定 $\sigma_1 = \sigma_2 = \sigma$ 用下列公式檢定

$$t = \frac{\overline{X}_1 - \overline{X}_2}{\sqrt{\dfrac{(n_1 - 1)\hat{S}_1^2 + (n_2 - 1)\hat{S}_2^2}{n_1 + n_2 - 2}\left(\dfrac{1}{n_1} + \dfrac{1}{n_2}\right)}} \qquad （公式 10-2-1）$$

式中分母部分為 $\overline{X}_1 - \overline{X}_2$ 的標準差，$\dfrac{(n_1 - 1)\hat{S}_1^2 + (n_2 - 1)\hat{S}_2^2}{n_1 + n_2 - 2}$ 稱為併組或聚合變異數（pooled variance），因假設 $\sigma_1^2 = \sigma_2^2 = \sigma^2$，因此將 $\hat{S}_1^2$ 與 $\hat{S}_2^2$ 聚合以估計 σ^2，$n_1 + n_2 - 2$ 為其自由度。因 $\hat{S}_1^2$ 的自由度為 $n_1 - 1$，$\hat{S}_2^2$ 自由度為 $n_2 - 1$，故兩者聚合得自由度為 $n_1 + n_2 - 2$。併組變異數通常以 $\hat{S}_{pooled}^2$ 或 $\hat{S}_p^2$ 表示，目前心理及教育學論文有時會呈現效果值（effect size，簡稱 ES）係以為 $\hat{S}_p$ 分母，其公式如下：

$$ES = \frac{\overline{X}_1 - \overline{X}_2}{\hat{S}_P} \qquad （公式 10-2-2）$$

根據 Cohen（1988），$ES = .20$ 為小，$ES = .50$ 為中等，而 $ES = .80$ 為大，可看出實驗的效果。公式 10-2-2 與 10-2-1 的差別在於分母沒有 $\left(\dfrac{1}{n_1} + \dfrac{1}{n_2}\right)$。

‖ 例 10-4 ‖

　　自某校隨機抽樣 82 位學生參加控制組及實驗組，資料如下表所示，請檢定兩組成績是否有顯著差異？（$\alpha = .05$）

控制組	實驗組
$\overline{X}_1 = 76.6$	$\overline{X}_2 = 80.2$
$\hat{S}_1 = 7.2$	$\hat{S}_2 = 6.95$
$n_1 = 42$	$n_2 = 40$

(1) $H_0 : \mu_1 = \mu_2$

　　$H_1 : \mu_1 \neq \mu_2$

(2) σ_1 與 σ_2 未知，因 $\hat{S}_1$ 與 $\hat{S}_2$ 差異不大，故假設 $\sigma_1 = \sigma_2 = \sigma$ 用 t 檢定

(3) $\alpha = .05$，兩尾檢定，自由度 $42 + 40 - 2 = 80$，查附錄表 E 關鍵值約為 $t = \pm 1.99$

(4) $$t = \frac{\overline{X}_1 - \overline{X}_2}{\sqrt{\dfrac{(n_1 - 1)\hat{S}_1^2 + (n_2 - 1)\hat{S}_2^2}{n_1 + n_2 - 2}\left(\dfrac{1}{n_1} + \dfrac{1}{n_2}\right)}}$$

$$= \frac{76.6 - 80.2}{\sqrt{\dfrac{41 \times (7.2)^2 + 39 \times (6.95)^2}{42 + 40 - 2}\left(\dfrac{1}{42} + \dfrac{1}{40}\right)}} = -2.30$$

(5) $t = -2.30 < -1.99$，故推翻 H_0，即控制組與實驗組成績有顯著差異（*p < .05）。

另計算

$$ES = \frac{76.6 - 80.2}{\sqrt{\dfrac{41 \times (7.2)^2 + 39 \times (6.95)^2}{42 + 40 - 2}}} = -.51$$

顯示效果值為中等。

2. 假定 $\sigma_1 \neq \sigma_2$ 時

我們若發現兩組變異數 $\hat{S}_1^2$ 與 $\hat{S}_2^2$ 差異較大時，可用下列 F 檢定以檢定兩母體變異數 σ_1^2 與 σ_2^2 是否相同，其公式如下：

$$F = \frac{\hat{S}_1^2}{\hat{S}_2^2}$$ （公式 10-3）

式中 $\hat{S}_1^2$ 為較大之變異數，而 $\hat{S}_2^2$ 為較小之變異數。自由度為（$n_1 - 1$, $n_2 - 1$），其中 $n_1 - 1$ 為 $\hat{S}_1^2$ 之自由度，$n_2 - 1$ 為 $\hat{S}_2^2$ 之自由度。例如表 10-2 中，兩組資料雖然平均數沒有什麼差別，但變異數卻差別很大，因此以公式 10-3 檢定兩組變異數是否有顯著差異。

表 10-2

演講法	編序教學法
$\overline{X}_1 = 85.4$	$\overline{X}_2 = 86.5$
$\hat{S}_1^2 = 40$	$\hat{S}_2^2 = 10$
$n_1 = 15$	$n_2 = 10$

$$F = \frac{\hat{S}_1^2}{\hat{S}_2^2} = \frac{40}{10} = 4 > F_{.05(14,9)} = 3.02$$

因此兩組變異數差異達到顯著水準（*p < .05）。此時應假定 $\sigma_1 \neq \sigma_2$：
⑴假定 $\sigma_1 \neq \sigma_2$ 時，大樣本的情況，即 n_1, n_2 皆 ≥ 30 時：

$$t = \frac{\overline{X}_1 - \overline{X}_2}{\sqrt{\dfrac{\hat{S}_1^2}{n_1} + \dfrac{\hat{S}_2^2}{n_2}}}$$ （公式 10-4）

自由度為 $n_1 + n_2 - 2$

(2)假定 $\sigma_1 \neq \sigma_2$ 時，小樣本的情況：

仍然使用公式 10-4 計算 t 值，但自由度需用下列公式求之：

$$df = \frac{\left(\dfrac{\hat{S}_1^2}{n_1} + \dfrac{\hat{S}_2^2}{n_2}\right)^2}{\left(\dfrac{\hat{S}_1^2}{n_1}\right)^2 \bigg/ (n_1 - 1) + \left(\dfrac{\hat{S}_2^2}{n_2}\right)^2 \bigg/ (n_2 - 1)} \qquad （公式 10\text{-}5）$$

‖ 例 10-5 ‖

試檢定表 10-2 中，演講法與編序教學法之平均成績是否有顯著差異？（$\alpha = .05$）

(1) $H_0 : \mu_1 = \mu_2$

　　$H_1 : \mu_1 \neq \mu_2$

(2) $\sigma_1 \neq \sigma_2$ 小樣本，t 檢定

(3) $\alpha = .05$，雙尾檢定

$$df = \frac{\left(\dfrac{\hat{S}_1^2}{n_1} + \dfrac{\hat{S}_2^2}{n_2}\right)^2}{\left(\dfrac{\hat{S}_1^2}{n_1}\right)^2 \bigg/ (n_1 - 1) + \left(\dfrac{\hat{S}_2^2}{n_2}\right)^2 \bigg/ (n_2 - 1)}$$

$$= \frac{\left(\dfrac{40}{15} + \dfrac{10}{10}\right)^2}{\left(\dfrac{40}{15}\right)^2 \bigg/ 14 + \left(\dfrac{10}{10}\right)^2 \bigg/ 9}$$

$$= 21.72 \approx 22$$

查附錄表 E，關鍵值為 ± 2.074

(4) $t = \dfrac{\overline{X}_1 - \overline{X}_2}{\sqrt{\dfrac{\hat{S}_1^2}{n_1} + \dfrac{\hat{S}_2^2}{n_2}}} = \dfrac{85.4 - 86.5}{\sqrt{\dfrac{40}{15} + \dfrac{10}{10}}} = -.57$

(5) $-0.57 > -2.074$，因此保留 H_0，即兩種教學法之差異未達顯著

水準（$p > .05$）。

10-3-2 關聯樣本兩平均數差異顯著性檢定

如果兩組樣本之間有關聯存在，例如以配對法將同卵雙生子隨機分派至兩組樣本，或同一受試者接受兩次測量。此時兩組配對樣本或兩次測量之間有相關存在，故稱爲關聯樣本（correlated samples）。

關聯樣本之平均數差異檢定公式爲：

$$t = \frac{\overline{X}_1 - \overline{X}_2}{\sqrt{\dfrac{\hat{S}_1^2 + \hat{S}_2^2 - 2r\hat{S}_1\hat{S}_2}{n}}} \text{，} df = n - 1 \qquad （公式 10\text{-}6）$$

式中 $\hat{S}_1^2$ 與 $\hat{S}_2^2$ 分別爲兩組樣本或兩組測量值的變異數，r 爲其相關係數，而 $\dfrac{\hat{S}_1^2 + \hat{S}_2^2 - 2r\hat{S}_1\hat{S}_2}{n}$ 爲 $(\overline{X}_1 - \overline{X}_2)$ 的變異數：

即 $\quad \hat{S}^2_{(\overline{X}_1 - \overline{X}_2)} = \dfrac{\hat{S}_1^2 + \hat{S}_2^2 - 2r\hat{S}_1\hat{S}_2}{n}$

而 $\quad \hat{S}^2_{(X_1 - X_2)} = \hat{S}_1^2 + \hat{S}_2^2 - 2r\hat{S}_1\hat{S}_2$

或 $\quad S^2_{(X_1 - X_2)} = S_1^2 + S_2^2 - 2rS_1S_2$

證明如下：

$$\begin{aligned} S^2(x_1 - x_2) &= \frac{\sum \left[(X_1 - X_2) - (\overline{X}_1 - \overline{X}_2) \right]^2}{n} \\ &= \frac{\sum \left[(X_1 - \overline{X}_1) - (X_2 - \overline{X}_2) \right]^2}{n} \\ &= \frac{\sum (x_1 - x_2)^2}{n} \quad （即 x_1 = X_1 - \overline{X}_1 \text{，} x_2 = X_2 - \overline{X}_2） \\ &= \frac{\sum (x_1^2 - 2x_1x_2 + x_2^2)}{n} \\ &= \frac{\sum x_1^2}{n} - 2\frac{\sum x_1x_2}{n} + \frac{\sum x_2^2}{n} \\ &= S_1^2 - 2rS_1S_2 + S_2^2 \quad （\frac{\sum x_1x_2}{n} = r\,S_1S_2 \text{，見公式 7-2}） \end{aligned}$$

$$= S_1^2 + S_2^2 - 2r \, S_1 S_2$$

唯在實際使用時，使用下列公式較為方便：

$$t = \frac{\overline{D}}{\sqrt{\dfrac{\Sigma D^2 - \dfrac{(\Sigma D)^2}{n}}{n(n-1)}}} \, , \ df = n - 1 \qquad (公式 10\text{-}7)$$

式中 $D = X_1 - X_2$，$\overline{D} = \dfrac{\Sigma D}{n} = \overline{X}_1 - \overline{X}_2$，而分母 $\sqrt{\dfrac{\Sigma D^2 - \dfrac{(\Sigma D)^2}{n}}{n(n-1)}}$ 為 $\overline{D}$ 的

標準差，即 $\hat{S}_{\overline{D}}$。

‖ **例 10-6** ‖

十名學生在補救教學前之數學成績（X_1）與補救教學後之數學成績（X_2）如表 10-3 所示，試檢定補救教學後之成績是否有顯著進步？（$\alpha = .01$）

表 10-3 補救教學前數學成績（X_1）及補救教學後數學成績（X_2）

學　生	X_1	X_2	$D = X_1 - X_2$	D^2
A	17	19	-2	4
B	19	25	-6	36
C	15	14	$+1$	1
D	21	23	-2	4
E	12	19	-7	49
F	15	18	-3	9
G	16	15	$+1$	1
H	19	25	-6	36
I	20	22	-2	4
J	18	21	-3	9
			$\Sigma D = -29$	$\Sigma D^2 = 153$

(1) $H_0 : \mu_1 = \mu_2$

　　$H_1 : \mu_1 < \mu_2$

(2) 同個樣本作兩次測量為關聯樣本 t 檢定。

(3) $\alpha = .01$，單尾檢定，自由度 $n-1=9$

　　查附錄表 E，關鍵值為 -2.821

(4) $t = \dfrac{\overline{D}}{\sqrt{\dfrac{\Sigma D^2 - \dfrac{(\Sigma D)^2}{n}}{n(n-1)}}}$

$= \dfrac{-2.9}{\sqrt{\dfrac{153 - \dfrac{(-29)^2}{10}}{10(10-1)}}}$　　$\left(\overline{D} = \dfrac{-29}{10} = -2.9 \right)$

$= -3.31$

(5) $-3.31 < -2.821$，推翻 H_0，即補救教學後數學成績有非常顯著
進步（**$p < .01$）。

本題亦可使用公式 10-6 計算，先算出 $\overline{X}_1 = 17.20$，$\overline{X}_2 = 20.10$，
$\hat{S}_1 = 2.74$，$\hat{S}_2 = 3.81$，$r = .6889$。

$t = \dfrac{\overline{X}_1 - \overline{X}_2}{\sqrt{\dfrac{\hat{S}_1^2 + \hat{S}_2^2 - 2r\hat{S}_1\hat{S}_2}{n}}}$

$= \dfrac{17.20 - 20.10}{\sqrt{\dfrac{2.74^2 + 3.81^2 - 2(.6889)(2.74)(3.81)}{10}}}$

$= -3.31$

結果與用公式 10-7 計算完全相同。

10-4 兩個百分比（比率）的差異顯著性檢定

㈠獨立樣本

兩獨立樣本之百分比差異顯著性檢定，用 Z 檢定法，其公式如下：

$$Z = \frac{p_1 - p_2}{\sqrt{pq\left(\dfrac{1}{n_1} + \dfrac{1}{n_2}\right)}} \qquad （公式 10-8）$$

式中，p_1 為第一個樣本中具有某特質的比率，p_2 為第二個樣本中具有某特質的比率。p 為兩樣本合起來具有某特質之比率，$q = 1 - p$。計算 p 的方法如下：

$$p = \frac{f_1 + f_2}{n_1 + n_2}$$

n_1 與 n_2 分別為兩樣本之人數，f_1 與 f_2 分別為兩樣本中具有某特質之人數。

將公式 10-8 與公式 10-1 比較如下：

$$Z = \frac{\overline{X}_1 - \overline{X}_2}{\sqrt{\dfrac{\sigma_1^2}{n_1} + \dfrac{\sigma_2^2}{n_2}}} \qquad （公式 10-1）$$

當 $\sigma_1 = \sigma_2 = \sigma$ 時，公式 10-1 成為：

$$Z = \frac{\overline{X}_1 - \overline{X}_2}{\sqrt{\sigma^2\left(\dfrac{1}{n_1} + \dfrac{1}{n_2}\right)}}$$

與 $\quad Z = \dfrac{p_1 - p_2}{\sqrt{pq\left(\dfrac{1}{n_1} + \dfrac{1}{n_2}\right)}}$ （公式 10-8）

比較，p_1 相當於 $\overline{X}_1$，p_2 相當於 $\overline{X}_2$，而 pq 則相當於 σ^2（見 9-4 節）。

‖ **例 10-7** ‖

隨機抽查城市及鄉村國小六年級學生近視眼比率，結果如下：城市國小 150 名學生中有近視眼 80 人，鄉村國小 200 名學生中有近視眼 60 人。試問城市國小學生近視眼之比率是否較高？（$\alpha = .01$）

---

(1) $H_0 : p_1 = p_2$

    $H_1 : p_1 > p_2$

(2) 兩獨立樣本比率之檢定，用 Z 檢定法

(3) $\alpha = .01$，單尾檢定

    查附錄表 A 關鍵值為 2.33

(4) $Z = \dfrac{p_1 - p_2}{\sqrt{pq\left(\dfrac{1}{n_1} + \dfrac{1}{n_2}\right)}}$ （式中 $p = \dfrac{f_1 + f_2}{n_1 + n_2}$，$q = 1 - p$）

$$= \frac{\dfrac{80}{150} - \dfrac{60}{200}}{\sqrt{\left(\dfrac{80+60}{150+200}\right)\left(1 - \dfrac{80+60}{150+200}\right)\left(\dfrac{1}{150} + \dfrac{1}{200}\right)}}$$

$$= \frac{.53 - .30}{\sqrt{(.4)(.6)\left(\dfrac{1}{150} + \dfrac{1}{200}\right)}}$$

$$= 4.35$$

(5) $4.35 > 2.33$，因此推翻 H_0，即城市國小學生近視眼之比率較高，達到非常顯著水準（**p < .01）。

(二)關聯樣本

以下例說明關聯樣本的百分比（比率）檢定：

‖ 例 10-8 ‖

　　由國小六年級學生隨機抽取 350 人為樣本，這些學生在數學科成就測驗第一、二題答對與答錯之人數如下，試據此分析第一題與第二題答對之比率是否有差異？（$\alpha = .05$）

第二題

		答錯	答對	
第一題	答對	a = 70	b = 135	205
	答錯	c = 90	d = 55	145
		160	190	

由於係同一組人，故為關聯樣本兩個比率差異之檢定，其公式為：

$$Z = \frac{p_1 - p_2}{\sqrt{\dfrac{a+d}{n^2}}}$$ 　　　　（公式 10-9）

式中　p_1 為第一題答對之比率，本例題之 $p_1 = \dfrac{205}{350}$

　　　p_2 為第二題答對之比率，本例題之 $p_2 = \dfrac{190}{350}$

　　　a 為第一題對第二題錯之人數

　　　d 為第一題錯第二題對之人數

　　　n 為總人數

公式 10-9 又可化簡為下列公式 10-10，更容易計算：

$$Z = \frac{a - d}{\sqrt{a+d}}$$ 　　　　（公式 10-10）

現應用公式 10-10 檢定例題 10-8：

(1) H_0：$p_1 = p_2$

　　H_1：$p_1 \neq p_2$

(2) 關聯樣本之比率差異檢定，用 Z 檢定法

(3) $\alpha = .05$，雙尾檢定

　　關鍵值為 ± 1.96

(4) $Z = \dfrac{a - d}{\sqrt{a + d}}$

　　$= \dfrac{70 - 55}{\sqrt{70 + 55}} = 1.34$

(5) 1.34 < 1.96，故保留 H_0，即第一題與第二題答對之比率，並無顯著差異（p > .05）。

10-5　相關係數顯著性之檢定

相關係數顯著性之檢定一般係檢定母體相關係數（ρ）是否為 0，圖 10-6 顯示當 ρ 為 0 時，r 的抽樣分配：

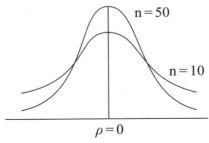

圖 10-6　ρ 為 0 時的抽樣分配

當母體相關係數（ρ）為 0 時，其樣本相關係數因為抽樣誤差的關係，

不一定為 0。因此我們通常要檢定樣本相關係數是否與 0 有顯著之差異。
首先我們提出虛無假設為 $H_0 : \rho = 0$，再使用下列 t 檢定公式檢定：

$$t = \frac{r}{\sqrt{(1 - r^2)\big/(n - 2)}}\text{，自由度為 } n - 2 \qquad (公式 10\text{-}11)$$

║ 例 10-9 ║

　　隨機抽取國小四年級學生 38 人，求得自然科與社會科成績之相關
為 .40，問自然科與社會科成績是否有關？（$\alpha = .05$）

(1) $H_0 : \rho = 0$

　　$H_1 : \rho \neq 0$

(2) 相關係數顯著性 t 檢定

(3) $\alpha = .05$，兩尾檢定，自由度 $= n - 2 = 36$

　　查附錄表 E 關鍵值為 ± 2.042

(4) $t = \dfrac{r}{\sqrt{(1 - r^2)/(n - 2)}}$

　　$= \dfrac{.40}{\sqrt{(1 - .40^2)/(38 - 2)}}$

　　$= 2.62$

(5) $2.62 > 2.042$，因此推翻 H_0，即自然科學與社會科有顯著相關
（$*p < .05$）。

10-6　兩相關係數差異顯著性檢定

㈠獨立樣本

　　在前一章我們學習過相關係數的區間估計，需先將 r 轉換為 Z_r。獨立
樣本相關係數差異顯著性檢定亦需將 r 轉換為 Z_r，其檢定公式為：

$$Z = \frac{Z_{r1} - Z_{r2}}{\sqrt{\dfrac{1}{n_1 - 3} + \dfrac{1}{n_2 - 3}}} \qquad (公式 10\text{-}12)$$

‖ 例 10-10 ‖

隨機抽取國小五年級男生 142 名，女生 123 名，發現智商與學業成績的相關男生為 .40，女生為 .59，問男、女生智商與學業成績的相關係數是否有顯著差異？（$\alpha = .05$）

(1) $H_0 : \rho_1 = \rho_2$

   $H_1 : \rho_1 \neq \rho_2$

(2) 獨立樣本，相關係數差異顯著性檢定，用 Z 檢定法。

(3) $\alpha = .05$，兩尾檢定

   關鍵值為 ±1.96

(4) r = .40，查附錄表 F，$Z_r = .424$

   r = .59，查附錄表 F，$Z_r = .678$

   $$Z = \frac{.424 - .678}{\sqrt{\dfrac{1}{142 - 3} + \dfrac{1}{123 - 3}}} = -2.04$$

(5) $-2.04 < -1.96$，因此推翻 H_0，即男、女生智商與學業成績的相關有差異並達到顯著（*p < .05）。

(二)關聯樣本

以下例說明關聯樣本相關係數差異顯著性檢定。

‖ 例 10-11 ‖

隨機抽取 50 位國小六年級學生，實施甲智力測驗與乙智力測驗，並求此兩種測驗與學業成績之相關，結果甲智力測驗與學業成績相關為 .70，乙智力測驗與學業成績相關為 .60，而甲乙兩種測驗之相關為 .80，試問甲乙兩種測驗與學業成績之相關是否有顯著差異？（$\alpha = .05$）

我們設學業成績為 X_1，甲智力測驗為 X_2，而乙智力測驗為 X_3，則 $r_{12} = .70$，$r_{13} = .60$，$r_{23} = .80$。我們要檢定 r_{12} 與 r_{13} 是否有顯著差異，但 $r_{23} = .80$，所以 r_{12} 與 r_{13} 有關，屬關聯樣本。其檢定公式為：

$$t = \frac{(r_{12} - r_{13})\sqrt{(n-3)(1+r_{23})}}{\sqrt{2(1 - r_{12}{}^2 - r_{13}{}^2 - r_{23}{}^2 + 2r_{12}r_{13}r_{23})}} \qquad （公式 10\text{-}13）$$

(1) $H_0 : \rho_{12} = \rho_{13}$

　　$H_1 : \rho_{12} \neq \rho_{13}$

(2) 關聯樣本相關係數差異顯著性檢定，用 t 檢定法。

(3) $\alpha = .05$，兩尾檢定，df $= n - 3 = 50 - 3 = 47$

　　查附錄表 E，關鍵值為 ±2.021。

(4) $t = \dfrac{(r_{12} - r_{13})\sqrt{(n-3)(1+r_{23})}}{\sqrt{2(1 - r_{12}{}^2 - r_{13}{}^2 - r_{23}{}^2 + 2r_{12}r_{13}r_{23})}}$

　　$= \dfrac{(.70 - .60)\sqrt{(50-3)(1 + .80)}}{\sqrt{2(1 - .70^2 - .60^2 - .80^2 + 2(.70)(.60)(.80)}}$

　　$= 1.52$

(5) $1.52 < 2.021$，因此保留虛無假設，即甲乙兩種測驗與學業成績之相關差異未達顯著水準（$p > .05$）。

習題十

1. 假設某市市民平均每月收入 30,000 元，標準差 8,000 元。現隨機抽取某學區家長 100 名，其平均每月收入為 33,000 元，問某學區家長收入是否較高？（$\alpha = .05$）

2. 自某國小六年級隨機抽取男生 40 名，女生 38 名，實施成就動機測驗結果如下，試在 .05 顯著水準下，檢定男、女生成就動機是否有差異？

	男　生	女　生
人　數	40	38
平均數	33.5	31.8
標準差	7.2	6.4

3. 自某國小六年級和四年級隨機各抽取 200 人，發現六年級學生有近視眼者有 90 人，四年級有 70 人，問六年級學生近視眼比率是否較四年級高？（$\alpha = .01$）

4. 自某國小五年級隨機抽樣 125 人，實施智力測驗與成就動機測驗，發現智力與學業成績相關為 .70，成就動機與學業成績之相關為 .50，而智力與成就動機之相關為 .45。試問智力與學業成績之相關是否較成就動機與學業成績之相關為高？（$\alpha = .05$）

第十一章

卡方檢定——
次數或人數的分析

在 9-2-1 節中，我們學習過：

$$Z = \frac{\overline{X} - \mu}{\sigma / \sqrt{n}}$$

上式中 $\overline{X}$ 爲樣本平均數，μ 爲母體平均數，σ 爲母體標準差。而比率或百分比的性質與 $\overline{X}$ 相同，樣本的比率 $\hat{p}$ 相當於 $\overline{X}$，母體比率 p 相當於 μ，而 pq 爲其變異數（見 9-4 節），因此上述公式就成爲：

$$Z = \frac{\hat{p} - p}{\sqrt{\dfrac{pq}{n}}}$$

設 $\hat{p} = \dfrac{f_0}{n}$，f_0 稱爲觀察次數，是樣本中具某特質之人數或次數，n 爲樣本數

$p = \dfrac{f_e}{n}$，f_e 稱爲理論次數或期望次數，是根據母體比率，樣本中應具有某特質之人數或次數

則　$Z = \dfrac{\dfrac{f_0}{n} - \dfrac{f_e}{n}}{\sqrt{\dfrac{p(1-p)}{n}}}$　（因爲 $q = 1 - p$）

$= \dfrac{\dfrac{f_0}{n} - \dfrac{f_e}{n}}{\sqrt{\dfrac{\dfrac{f_e}{n}\left(\dfrac{n - f_e}{n}\right)}{n}}}$

$= \dfrac{f_0 - f_e}{\sqrt{\dfrac{f_e(n - f_e)}{n}}}$

$= \dfrac{f_{01} - f_{e1}}{\sqrt{\dfrac{f_{e1}\, f_{e2}}{n}}}$　（設 f_e 爲 f_{e1}，而 f_0 爲 f_{01}，$n = f_{e1} + f_{e2} = f_{01} + f_{02}$）

$$\chi^2 = Z^2 = \frac{(f_{01} - f_{e1})^2}{\dfrac{f_{e1} \ f_{e2}}{n}}$$

$$= \frac{(f_{01} - f_{e1})^2}{f_{e1} \ f_{e2}} \cdot n$$

$$= \frac{(f_{01} - f_{e1})^2}{f_{e1} \ f_{e2}}(f_{e1} + f_{e2})$$

$$= \frac{(f_{01} - f_{e1})^2}{f_{e1}} + \frac{(f_{02} - f_{e2})^2}{f_{e2}} \left(\begin{array}{l} \text{由於} \quad n = f_{e1} + f_{e2} = f_{01} + f_{02} \\ \text{因此} \quad (f_{01} - f_{e1})^2 = (f_{02} - f_{e2})^2 \end{array} \right)$$

此為自由度 1 的 χ^2 分配，而自由度 $k-1$ 的卡方分配為：

$$\chi^2 = \sum_{i=1}^{k-1} Z^2 = \sum_{i=1}^{k} \frac{(f_0 - f_e)^2}{f_e} \qquad （公式 \ 11\text{-}1）$$

式中 f_0 稱為觀察次數（observed frequency），而稱 f_e 為期望次數（expected frequency）或理論次數（theoretical frequency）。

11-1　適合度檢定（Goodness of Fit Test）

╢ 例 11-1 ╟

　　某運動場共有五條跑道，今欲對跑道是否與獲得第一名有關作一檢定。各跑道獲得第一名之次數如下：

　　1 號跑道　　35 次

　　2 號跑道　　27 次

　　3 號跑道　　26 次

　　4 號跑道　　29 次

　　5 號跑道　　33 次

　　合計　　　　150 次

　　試檢定各跑道獲得第一名之次數是否相同？（$\alpha = .05$）

　　首先根據題意假設各跑道獲得第一名之機率相同，即 $H_0：p_1 = p_2 = p_3$ $= p_4 = p_5 = \dfrac{1}{5}$，根據虛無假設，則各行理論次數（$f_e$）為 $150 \times \dfrac{1}{5} = 30$，以下表說明計算 χ^2 的過程：

表 11-1

跑道	f_0	f_e	$f_0 - f_e$	$(f_0 - f_e)^2$	$\dfrac{(f_0 - f_e)^2}{f_e}$
1	35	30	5	25	.83
2	27	30	-3	9	.30
3	26	30	-4	16	.53
4	29	30	-1	1	.03
5	33	30	3	9	.30

$$\chi^2 = \Sigma \frac{(f_0 - f_e)^2}{f_e} = 1.99$$

　　df $= k - 1 = 5 - 1 = 4$，查附錄表 C，$\chi^2_{.05(4)} = 9.488$，如圖 11-1 所示。因 $\chi^2 = 1.99 < 9.488$，所以保留虛無假設，即各行獲得第一名的機率並無顯著差異。通常 f_0 與 f_e 差別越大，χ^2 值就會越大；這時將傾向於推翻虛無假設。f_0 與 f_e 差別越小，χ^2 值就會越小，則傾向於保留虛無假設。

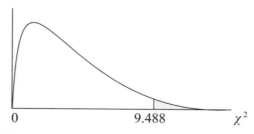

圖 11-1　df $= 4$ 的 χ^2 分配及關鍵值（$\alpha = .05$）

|| 例 11-2 ||

假定 300 位國小六年級學生數學成就測驗的成績分配如下，試據此檢定國小六年級學生數學成就測驗分數是否呈常態分配？（$\alpha = .05$）

表 11-2

分　數	f_0	f_e	$f_0 - f_e$	$(f_0 - f_e)^2$	$\dfrac{(f_0 - f_e)^2}{f_e}$
90～99	11	12.27	− 1.27	1.61	.13
80～89	21	17.28	3.72	13.84	.80
70～79	33	29.76	3.24	10.50	.35
60～69	40	44.07	− 4.07	16.56	.38
50～59	55	52.59	2.41	5.81	.11
40～49	45	51.48	− 6.48	42.00	.82
30～39	38	41.22	− 3.22	10.37	.25
20～29	30	27.06	2.94	8.64	.32
10～19	17	14.40	2.6	6.76	.47
0～9	10	9.87	.13	.02	.00

$$N = 300 \qquad\qquad \chi^2 = 3.63$$

㈠理論次數的計算步驟

1. 求出次數分配的 $\overline{X} = 50.63$，$\hat{S} = 22.30$。

2. 求各組上下限之值，如 90 ～ 99 組下限之值為 $\dfrac{89.5 - 50.63}{22.30} = 1.74$。

各組上下限之 Z 值及機率如下：

表 11-3

分　數	各組下限之 Z 值	各組上限之 Z 值	機　率
90～99	1.74		.0409
80～89	1.29	1.74	.0576
70～79	.85	1.29	.0992

60～69	.40	.85	.1469
50～59	− .05	.40	.1753
40～49	− .50	− .05	.1716
30～39	− .95	− .50	.1374
20～29	− 1.40	− .95	.0903
10～19	− 1.84	− 1.40	.0479
0～9		− 1.84	.0329

3. 查附錄表 A 計算常態分配下各組之機率：90 ～ 99 組之機率 .5−.4591（Z = 1.74 時查得之機率）= .0409，80 ～ 89 組之機率為 .4591 − .4015（Z = 1.29 時查得之機率）= .0576，70 ～ 79 組之機率為 .4015 − .3023（Z = .85 時查得之機率）= .0992，60 ～ 69 組之機率為 .3023 − .1554（Z = .40 時查得之機率）= .1469，50 ～ 59 組之機率為 .1554 + .0199（Z = .05 時查得之機率）= .1753，40 ～ 49 組之機率為 .1915（Z = .50 時查得之機率）− .0199 = .1716，30 ～ 39 組之機率為 .3289（Z = .95 時查得之機率）− .1915 = .1374，20 ～ 29 組之機率為 .4192（Z = 1.40 時查得之機率）− .3289 = .0903，10 ～ 19 組之機率為 .4671（Z = 1.84 時查得之機率）− .4192 = .0479，0 ～ 9 組之機率為 .5 − .4671 = .0329。

4. 將總人數（n = 300）乘以各組之機率即為各組之理論次數。如 90 ～ 99 組之理論次數為 300×.0409 = 12.27，餘依此類推。

㈡**檢定步驟**

1. 假設數學成就測驗成績分配為常態。

2. 計算 χ^2 值。

3. 自由度原為 k − 1 = 10 − 1 = 9，但因使用 $\overline{X}$ 與 $\hat{S}$ 計算 Z 值，而非使用 μ 與 σ，因此又減少兩個自由度為 k − 3 = 7（見 8-5 節）。

4. 查附錄表 C，$\chi^2_{.05(7)} = 14.067$，因 $\chi^2 = 3.63 < 14.067$，所以保留虛無假設，即數學成就測驗成績分配為常態。

11-2 獨立性檢定（Test of Independence）

此種卡方檢定是在檢定兩類別變項之間是否獨立或有關聯。須先將資料化成列聯表（contingency table），列聯表之基本形式為二向表（two-way table），用以研究兩變項之關係：

─── 例 11-3 ───

隨機抽取男生 70 人，女生 80 人。調查對羽毛球、籃球、排球及桌球的偏好，結果如下表所示。試問對球類活動的偏好是否與性別有關？（$\alpha = .05$）

表 11-4

	男　生	女　生	合　計
羽毛球	11（18.2）	28（20.8）	39
籃　球	30（21）	15（24）	45
排　球	16（15.4）	17（17.6）	33
桌　球	13（15.4）	20（17.6）	33
合　計	70	80	150

(1) 假設性別與球類運動之偏好無關，即兩者獨立，則男生參與各球類活動之比率與女生相同：$p_{11} = p_{12}$。

$$H_0: \quad p_{11} = p_{12} = \frac{39}{150}$$

$$p_{21} = p_{22} = \frac{45}{150}$$

$$p_{31} = p_{32} = \frac{33}{150}$$

$$p_{41} = p_{42} = \frac{33}{150}$$

(2) 計算理論次數（表 11-4 中括號內的數字）：

$$f_{e11} = 70 \times \frac{39}{150} = 18.2 \qquad f_{e12} = 80 \times \frac{39}{150} = 20.8$$

$$f_{e21} = 70 \times \frac{45}{150} = 21 \qquad f_{e22} = 80 \times \frac{45}{150} = 24$$

$$f_{e31} = 70 \times \frac{33}{150} = 15.4 \qquad f_{e32} = 80 \times \frac{33}{150} = 17.6$$

$$f_{e41} = 70 \times \frac{33}{150} = 15.4 \qquad f_{e42} = 80 \times \frac{33}{150} = 17.6$$

(3) 計算 χ^2 值

$$\chi^2 = \sum \frac{(f_0 - f_e)^2}{f_e} = \frac{(11 - 18.2)^2}{18.2} + \frac{(28 - 20.8)^2}{20.8} + \cdots\cdots + \frac{(20 - 17.6)^2}{17.6}$$
$$= 13.32$$

由於計算理論次數較為麻煩，亦可使用下列公式計算 χ^2：

$$\chi^2 = N \left(\sum_i \sum_j \frac{f_{ij}^2}{f_{i.}f_{.j}} - 1 \right) \qquad \text{（公式 11-2）}$$
$$= 150 \left(\frac{11^2}{39 \times 70} + \frac{28^2}{39 \times 80} + \frac{30^2}{45 \times 70} + \frac{15^2}{45 \times 80} + \frac{16^2}{33 \times 70} + \right.$$
$$\left. \frac{17^2}{33 \times 80} + \frac{13^2}{33 \times 70} + \frac{20^2}{33 \times 80} - 1 \right)$$
$$= 13.32$$

(4) 自由度為 $(r - 1)(c - 1)$，r（row）代表列數，c（coiumn）代表行數。例 11-3 的表中，有 4 橫列，2 直行，得 $(r - 1)(c - 1) = (4 - 1)(2 - 1) = 3$。也就是當有 r 列與 c 行時，由於列聯表邊緣的合計次數已知，次數能自由變動的格數為 $(r - 1)(c - 1)$。

(5) 查附錄表 C，$\chi^2_{.05(3)} = 7.81 < 13.32$，因此推翻 H_0，即球類活動偏好與性別有關聯（*p < .05）。

11-3　χ^2 檢定應注意之事項及 2×2 列聯表

1. 各格期望次數（理論次數）最好大於等於 5（$f_e \geq 5$）。至少要有 80% 以上的 $f_e \geq 5$，否則會影響 χ^2 檢定的效果。若有一格或多格的期望次數小於 5，可將數格合併至大於或等於 5。

2. 當 $r = 2$，$c = 2$，即 2×2 的列聯表時，且任何 f_e 小於 10 時，就要進行 Yate's 的連續性修正（correction for continuity）。這是因為 χ^2 為連續分配，而各格內次數為間斷變數，故須將其修正。Yate's 連續性修正之原則為：當觀察次數大於理論次數時，觀察次數就減 0.5；而觀察次數小於理論次數時，觀察次數就加 0.5。這樣會使得 χ^2 值較未修正時為小，較不易推翻虛無假設。以下例說明之：

	男	女	
贊成	9 (7.5)	6 (7.5)	15
反對	6 (7.5)	9 (7.5)	15
	15	15	30

未校正：$\chi^2 = \dfrac{(9-7.5)^2}{7.5} + \dfrac{(6-7.5)^2}{7.5} + \dfrac{(9-7.5)^2}{7.5} + \dfrac{(6-7.5)^2}{7.5}$

$= 1.2$

校　正：$\chi^2 = \dfrac{(8.5-7.5)^2}{7.5} + \dfrac{(6.5-7.5)^2}{7.5} + \dfrac{(8.5-7.5)^2}{7.5} + \dfrac{(6.5-7.5)^2}{7.5}$

$= 0.53$

若 2×2 將列聯表各格次數以 A、B、C、D 表示如下：

A	B	A+B
C	D	C+D
A+C	B+D	

則用下列公式計算可得相同之結果：

$$\chi^2 = \frac{N(AD - BC)^2}{(A + B)(C + D)(B + D)(A + C)} \qquad （公式 11-3）$$

$$= \frac{30(9 \times 9 - 6 \times 6)^2}{15 \times 15 \times 15 \times 15} = 1.2$$

事實上若遇到 2×2 列聯表，欲檢定兩變項是否獨立或有關聯，用公式 11-3 較爲方便。若欲進行 Yate's 校正，將公式 11-3 之分子部分，改爲 $N(|AD - BC| - \frac{N}{2})^2$ 即可。唯 Yate's 校正，因較保守，目前較少使用。

3. 如果發現 2×2 列聯表中任何一個細格內的理論次數小於 5 時，可使用費雪正確機率檢定（Fisher's exact probability test），算出其正確機率。如果計算出來的機率大於 .05，則保留 H_0，即兩類別變項互相獨立。SPSS 系統在 2×2 列聯表樣本數小於 20 時，會計算 Fisher's 正確機率。

4. 公式 11-3 適用於獨立樣本，若爲關聯樣本，則需用下列公式 11-4：

$$\chi^2 = \frac{(A - D)^2}{A + D} \qquad （公式 11-4）$$

以例 10-8 同一群學生第一題與第二題答對比率差異說明之：

第二題

第一題		答錯	答對	
	答對	70	135	205
	答錯	90	55	145
		160	190	

$$\chi^2 = \frac{(70 - 55)^2}{70 + 55} = 1.8$$

在例 10-8 我們算出的 Z 值為 1.34，其平方為 1.8，因為自由度 1 時，$\chi^2 = Z^2$ 之故。

公式 11-4 一般稱為麥克內瑪改變顯著性檢定（McNemar test for the significance of changes），通常用於同一群受試接受兩次測量的情形。在 2×2 列聯表 χ^2 檢定時，常犯的錯誤就是於關聯樣本時以公式 11-3 檢定，而得到錯誤的結果。

11-4　與 χ^2 有關的關聯測量數（Measures of Association）

表示兩變項間相關程度的指標稱為關聯係數（coefficient of association）。χ^2 值能表示二類別變項是否有關或獨立，因此表關聯程度的係數亦可用 χ^2 計算，較常用的關聯係數有：

1. ϕ（讀做 phi）關聯係數

$$\phi = \sqrt{\frac{\chi^2}{n}} \text{，前例之} \phi = \sqrt{\frac{1.2}{30}} = .2$$

式中 n 為樣本數，ϕ 係數通常使用於 2×2 列聯表。

2. 列聯係數（contingency coefficient of association）

為 Pearson 所建議（本章卡方檢定為其所發展），其公式為：

$$C = \sqrt{\frac{\chi^2}{\chi^2 + n}}$$

但其最大值無法達到 1，只能達到 $\sqrt{(k-1)/k}$，k 為行數或列數中之較小者。例如 4×3 列聯表，最大的 C 為：

$$\sqrt{(3-1)/3} = .816$$

3. Cramer's V 係數（Cramer's V coefficient of association）

$$V = \sqrt{\frac{\chi^2}{n(k-1)}} \ , \ \text{例 11-3 之 } V = \sqrt{\frac{13.32}{150(2-1)}} = .3$$

式中 k 為行數或列數中之較小者。V 係數在任何行列列聯表中最大值均可達到 1，故較為合適。

除了上述關聯測量法外，在統計學上有一種關聯測量法具有消減誤差比例（proportionate reduction in error）的意義，簡稱為 PRE。我們把列聯表中的兩變項，一稱為 X，另一稱為 Y。若 X 與 Y 的關係越強，則由 X 預測 Y 將會減少越多的誤差。若 PRE 為 1，表示兩者完全相關；若 PRE 為 0，則表示兩者毫無關係。PRE 測量法有兩種形式，一為對稱（symmetrical）形式，另一為不對稱（asymmetrical）形式。對稱形式指 X 和 Y 互相預測不分自變項與依變項。不對稱形式指一個為自變項，另一為依變項。具有 PRE 意義常用的統計量有 Lambda，gamma 係數和 Somer's D。當兩變項均為類別變項時可計算 Lambda 值。當兩變項為次序變項時，可計算 gamma 係數和 Somer's D。前者適用於對稱形式，而後者適用於不對稱形式。在 SPSS 中可利用 crosstabs（交叉表）的 statistics（統計量）指定計算 Lambda，gamma 係數或 Somer's D，如圖 11-2 所示。

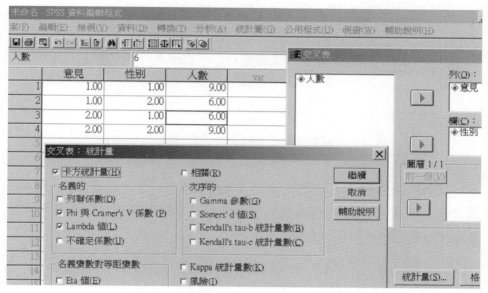

圖 11-2

11-5　多向度列聯表與對數線性模式

　　一般 χ^2 檢定僅適用於二個變項或二向列聯表以下，若有三個變項或三向度以上，則需以多個二向表檢定兩個變項是否獨立或有關，也就是無法檢定多向度的交互作用。對數線性模式（log-linear model）則可檢定三個以上變項或三向度以上之列聯表。表 11-5 為三向度的列聯表，A 表示性別，B 表示意見，C 表示學歷。

表 11-5

A	B	C		
		研究所	大學	高中
男	贊成	f_{111}	f_{112}	f_{113}
	反對	f_{121}	f_{122}	f_{123}
女	贊成	f_{211}	f_{212}	f_{213}
	反對	f_{221}	f_{222}	f_{223}

以對數線性模式，我們可檢定 A×B 獨立性、A×C 獨立性、B×C 獨立性，以及 A×B×C 獨立性和交互作用。本書在最後一章高等統計與電腦統計軟體中將再加以介紹。

習題十一

1.試檢定下列次數分配是否為常態，若有 f_e 小於 5 之組，請將其合併。
　（$\alpha = .05$）

分　　數	f_0
95～99	2
90～94	6
85～89	16
80～84	29
75～79	39
70～74	46
65～69	55
60～64	41
55～59	32
50～54	20
45～49	7
40～44	4
	N＝297

2.如果常態分配中甲等應占 3.5%，乙等占 24%，丙等占 45%，丁等占 24%，戊等占 3.5%，試檢定下列等第之次數分配是否為常態？（$\alpha = .01$）

等　　第	f_0
甲	15
乙	53
丙	87
丁	33
戊	12

3. 試檢定下列之列聯表中男女生的滿意程度是否有不同，並計算 Cramer's V 係數。

	滿意	無意見	不滿意	
男	40	70	10	120
女	30	10	40	80
	70	80	50	200

第十二章

單因子變異數分析

12-1　基本概念

　　兩組資料比較平均數的差異時，我們使用 Z 或 t 檢定。但是比較三組以上的平均數時，就需使用變異數分析（analysis of variance，簡稱 ANOVA）。三組以上平均數差異檢定，用變異數分析可一次檢定完成，避免多次兩組平均數差異檢定，所犯統計錯誤率的累加。比較三組以上的平均數，各平均數之間的變異稱為組間變異；而各組之內分數的變異就稱為組內變異。圖 12-1 顯示組間變異的大小：

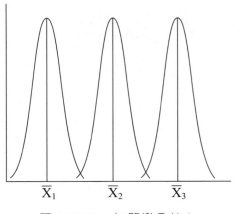
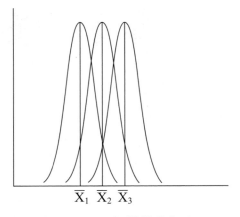

圖 12-1(a)　組間變異較大　　　　圖 12-1(b)　　組間變異較小

　　變異數分析就是檢定組間變異數與組內變異數的比例。在 10-3 節中，我們要檢定兩個變異數是否相同的假設時，使用 F 檢定。在變異數分析中，我們亦使用 F 分配檢定組間變異數與組內變異數是否相同。若是組間變異數與組內變異數無顯著差異，則表示各組平均數之間並無顯著差異。下表為單因子變異數分析的基本資料：

表 12-1

組　別	1	2	3	……	K	
分　數	X_{11}	X_{21}	X_{31}		X_{k1}	
	X_{12}	X_{22}	X_{32}		X_{k2}	
	⋮	⋮	⋮		⋮	
	X_{1n_1}	X_{2n_2}	X_{3n_3}		X_{kn_k}	
樣本數	n_1	n_2	n_3	……	n_k	N
平均數	$\overline{X}_1$	$\overline{X}_2$	$\overline{X}_3$		$\overline{X}_k$	$\overline{X}$
總　和	T_1	T_2	T_3		T_k	T

表 12-1 中，$n_1, n_2, \cdots\cdots n_k$ 為各組次數，N 為總次數，即 $N = \sum\limits_{j=1}^{k} n_j$。$\overline{X}_1$, $\overline{X}_2, \cdots\cdots, \overline{X}_k$ 為各組平均數，$\overline{X}$ 為總平均數，或全體平均數。$T_1, T_2, \cdots\cdots T_k$ 為各組總和，T 為全體總和，即 $T = \sum\limits_{j=1}^{k} T_j$。

1. 組間變異

各組平均數 $\overline{X}_j$ 對全體平均數 $\overline{X}$ 的差量的平方和稱為組間變異，以 SS_b 表示。

$$SS_b = \sum_{j=1}^{k} n_j (\overline{X}_j - \overline{X})^2 \qquad （公式 12\text{-}1）$$

若 $\overline{X}_j$ 與 $\overline{X}$ 為小數時，使用此公式較不方便，可將公式 12-1 化為下列公式：

$$SS_b = \sum_{j=1}^{k} \frac{\left(\sum\limits_{i} X\right)^2}{n_j} - \frac{\left(\sum\limits_{j}\sum\limits_{i} X\right)^2}{N} \qquad （公式 12\text{-}2）$$

式中 $\sum\limits_{i} X$ 爲各組總和即 T_j，而 $\sum\limits_{j}\sum\limits_{i} X$ 爲全體總和即 T，故公式 12-2 亦可寫成：

$$SS_b = \sum_{j=1}^{k} \frac{T_j^2}{n_j} - \frac{T^2}{N}$$

公式 12-2 證明如下：

$$
\begin{aligned}
SS_b &= \sum_{j} n_j (\overline{X}_j - \overline{X})^2 \\
&= \sum_{j} n_j \overline{X}_j^2 - 2\overline{X}\sum_{j} n_j\overline{X}_j + \overline{X}^2\sum_{j} n_j \quad (\overline{X}\,爲常數) \\
&= \sum_{j} n_j \overline{X}_j^2 - 2\overline{X}\sum_{j}\sum_{i} X + \overline{X}^2 N \quad (因爲\, n_j\overline{X}_j = \sum_{i} X，\sum n_j = N) \\
&= \sum_{j} n_j \overline{X}_j^2 - 2\overline{X}N\overline{X} + N\overline{X}^2 \quad (因爲\, \sum_{j}\sum_{i} X = N\overline{X}) \\
&= \sum_{j} n_j \overline{X}_j^2 - N\overline{X}^2 \\
&= \sum_{j} n_j \frac{\left(\sum\limits_{i} X\right)^2}{n_j^2} - N\frac{\left(\sum\limits_{j}\sum\limits_{i} X\right)^2}{N^2} \\
&= \sum_{j} \frac{\left(\sum\limits_{i} X\right)^2}{n_j} - \frac{\left(\sum\limits_{j}\sum\limits_{i} X\right)^2}{N}
\end{aligned}
$$

2. 組內變異

各組分數或變量對本組平均數 $\overline{X}_j$ 的差量的平方和，稱爲組內變異，以 SS_w 表示。

$$SS_w = \sum_{j}\sum_{i} (X_{ij} - \overline{X}_j)^2 \qquad （公式\ 12-3）$$

式中 X_{ij} 爲各組分數，而 $\overline{X}_j$ 爲各組平均數。公式 12-3 可化爲下列公式 12-4：

$$SS_w = \sum\sum X^2 - \sum_{j} \frac{\left(\sum\limits_{i} X\right)^2}{n_j} \qquad （公式\ 12-4）$$

$$\text{或}\qquad SS_w = \sum\sum X^2 - \sum_j \frac{T_j^2}{n_j}$$

公式 12-4 證明如下：

$$
\begin{aligned}
SS_w &= \sum_j\sum_i (X - \overline{X}_j)^2 \\
&= \sum_j\sum_i X^2 - 2\sum_j\sum_i X\overline{X}_j + \sum_j\sum_i \overline{X}_j^2 \\
&= \sum\sum X^2 - 2\sum_j \overline{X}_j\sum_i X + \sum_j n_j\overline{X}_j^2 \quad (\text{因為} \sum_i \overline{X}_j^2 = n_j\overline{X}_j^2) \\
&= \sum\sum X^2 - 2\sum_j \overline{X}_j n_j\overline{X}_j + \sum_j n_j\overline{X}_j^2 \quad (\text{因為} \sum X = n_j\overline{X}_j) \\
&= \sum\sum X^2 - \sum_j n_j\overline{X}_j^2 \\
&= \sum\sum X^2 - \sum_j n_j\frac{\left(\sum_i X\right)^2}{n_j^2} \\
&= \sum\sum X^2 - \sum \frac{\left(\sum_i X\right)^2}{n_j}
\end{aligned}
$$

3. 總變異

全體資料中各個分數或變量對全體平均數 $\overline{X}$ 差量的平方和稱為總變異，以 SS_t 表示。

$$SS_t = \sum\sum(X - \overline{X})^2 \qquad\qquad (\text{公式 } 12\text{-}5)$$

公式 12-5 可轉化為公式 12-6：

$$SS_t = \sum\sum X^2 - \frac{(\sum\sum X)^2}{N} \qquad\qquad (\text{公式 } 12\text{-}6)$$

$$\text{或}\quad SS_t = \sum\sum X^2 - \frac{T^2}{N}$$

證明如下：

$$SS_t = \Sigma\Sigma(X - \overline{X})^2$$
$$= \Sigma\Sigma X^2 - 2\Sigma\Sigma X\overline{X} + \Sigma\Sigma\overline{X}^2$$
$$= \Sigma\Sigma X^2 - 2\overline{X}\Sigma\Sigma X + N\overline{X}^2$$
$$= \Sigma\Sigma X^2 - 2\overline{X}N\overline{X} + N\overline{X}^2$$
$$= \Sigma\Sigma X^2 - N\overline{X}^2$$
$$= \Sigma\Sigma X^2 - N\left(\frac{\Sigma\Sigma X}{N}\right)^2$$
$$= \Sigma\Sigma X^2 - \frac{(\Sigma\Sigma X)^2}{N}$$
$$= \Sigma\Sigma X^2 - \frac{T^2}{N}$$

由公式 12-2，12-4 及 12-6，我們知道：

$$SS_t = SS_b + SS_w$$

或　　總變異 = 組間變異 + 組內變異

因為　$$SS_t = \Sigma\Sigma X^2 - \frac{T^2}{N}$$　　　（公式 12-6）

$$SS_b = \Sigma\frac{T_j^2}{n_j} - \frac{T^2}{N}$$　　　（公式 12-2）

$$SS_w = \Sigma\Sigma X^2 - \Sigma\frac{T_j^2}{n_j}$$　　　（公式 12-4）

所以　$$SS_t = SS_b + SS_w$$

或　　　$$SS_w = SS_t - SS_b$$

12-2　變異數分析的步驟

1. 先假設各組母體平均數相同，即 $H_0 : \mu_1 = \mu_2 = \cdots\cdots = \mu_k = \mu$。

2. 從各組母體隨機抽取樣本，或在實驗研究中，將樣本隨機分派至各組。

3. 計算 SS_t，SS_b 及 SS_w。

4. 計算不偏變異數：將以上 SS_b 及 SS_w 各除以其自由度就是不偏變異數，組間不偏變異數以 MS_b 表示，組內不偏變異數以 MS_w 表示，如下表所示：〔註：MS 又稱為均方（mean square）〕

不偏變異數	組間（MS_b）	組內（MS_w）	即
	$\dfrac{\sum\limits_{j} n_j(\overline{X}_j - \overline{X})^2}{k-1}$	$\dfrac{\sum\limits_{j}\sum\limits_{i}(X_{ij} - \overline{X}_j)^2}{N-k}$	$MS_b = \dfrac{SS_b}{k-1}$ $MS_w = \dfrac{SS_w}{N-k}$

表中組間變異的自由度為 $k-1$，因為 k 個 $\overline{X}_j$ 以 $\overline{X}$ 為中心求得平方和，故自由度為 $k-1$。組內變異之自由度為 $N-k$，因為各組均以其組平均數 $\overline{X}_j$ 為中心而求得平方和，共失去 k 個自由度，故自由度為 $N-k$。全體變異或總變異之自由度為 $N-1$，因為所有分數均以總平均數 $\overline{X}$ 為中心求得平方和，故自由度為 $N-1$。所以總變異的自由度等於組間變異的自由度加上組內變異的自由度，即 $N-1 = (k-1) + (N-k)$。

5. 取

$$F = \frac{MS_b}{MS_w} = \frac{SS_b}{k-1} \bigg/ \frac{SS_w}{N-k} = \frac{SS_b/(k-1)}{SS_w/(N-k)} \qquad （公式 12-7）$$

為自由度 $k-1$，$N-k$ 的 F 分配。變異數分析的基本假定為各組母體

變異數相同，即 $\sigma_1^2 = \sigma_2^2 = \cdots\cdots = \sigma_k^2$。而當 $H_0: \mu_1 = \mu_2 = \cdots\cdots = \mu_k$ 爲眞時，MS_b 與 MS_w 都是 σ^2 的不偏估計數。所以若公式 12-7 計算得到之 F 值小於或等於 1 時，就表示組間差異不顯著，此時即接受 H_0。若計算得到的值大於 1 時，則需依照顯著水準 α，查附錄表 D 得到 $F_{\alpha(k-1, N-k)}$ 即關鍵值。若計算得到的 F 值大於此關鍵值，則推翻 H_0。即各母體平均數並不完全相同。圖 12-1 說明 F 分配之關鍵值與推翻區：

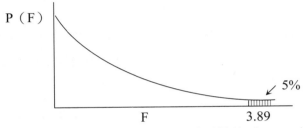

圖 12-2　自由度（2,12）之分配及關鍵值（$\alpha = .05$）

‖ 例 12-1 ‖

　　下爲隨機分派的三組學生參加教學方法的實驗後，所得到的考試分數，因受試者流失故三組人數略有不同，試在 $\alpha = .01$ 之下，檢定三種教學方法之成績有無顯著差異？

演講法	討論法	電腦輔助教學法
75	78	81
77	79	87
72	77	89
74	75	79
70	78	80
	80	86
		82

　　在第四章介紹變異數時，我們學習過每個分數同減一常數，變異數不變。因此可將上列資料同減 70，較方便進行變異數分析。下表中數字已同減 70，而括號內數字為平方數（X^2），其總和 $\Sigma\Sigma X^2 = 1829$。

	演講法	討論法	電腦輔助教學法	
	5(25)	8(64)	11(121)	
	7(49)	9(81)	17(289)	
	2(4)	7(49)	19(361)	
	4(16)	5(25)	9(81)	
	0(0)	8(64)	10(100)	
		10(100)	16(256)	
			12(144)	
樣本數（n_j）	5	6	7	N=18
平均數（$\overline{X}_j$）	3.6	7.83	13.43	$\overline{X}=8.83$
總　和（T_j）	18	47	94	T=159

(1) $H_0：\mu_1 = \mu_2 = \mu_3$

　　$H_1：$ 至少兩組平均數不相等

(2) F 檢定，$F = \dfrac{MS_b}{MS_w} = \dfrac{SS_b/(k-1)}{SS_w/(N-k)}$

(3) $\alpha = .01$，自由度為 $K-1$，$N-K$

　　$K-1 = 3-1 = 2$，$N-K = 18-3 = 15$，關鍵值 $F_{.01(2,15)} = 6.36$。

(4) 計算 SS_t，SS_b，SS_w 及 F 值：

$$SS_t = \Sigma\Sigma X^2 - \frac{T^2}{N} = 1829 - \frac{(159)^2}{18} = 424.5$$

$$SS_b = \Sigma\frac{T_j^2}{n_j} - \frac{T^2}{N} = \left(\frac{18^2}{5} + \frac{47^2}{6} + \frac{94^2}{7}\right) - \frac{159^2}{18} = 290.75$$

$$SS_w = 424.5 - 290.75 = 133.75$$

$$F = \frac{290.75/2}{133.75/15} = 16.30$$

(5) F = 16.30 > 6.36，因此推翻 H_0，即至少有兩組平均數不等。

(6) 製作下列變異數分析摘要表：

表 12-2　三種教學方法實驗結果變異數分析摘要表

變異來源	SS	df	MS	F
組間	290.75	2	145.38	16.30**
組內	133.75	15	8.92	
全體	424.5	17		

**p < .01

12-3　多重比較

當變異數分析結果 F 值達到顯著水準時，需推翻各組平均數相等之虛無假設，即至少有兩組平均數之間有顯著差異。此時可進行事後多重比較（a posteriori multiple comparison），以檢定各組平均數之間差異的情形。我們也許會想到用第十章的 t 分配檢定各個兩組平均數之間的差異是否達到顯著。但是，獨立樣本 t 檢定之自由度為 $n_1 + n_2 - 2$，而變異數分析的事後多重比較的自由度為 MS_w 的自由度即 $N - K$ 或 $\sum_j n_j - K$。因此 t 檢定之自由度較少，其檢定力（power of test）較差。另外單因子變異數分析的事後比較如果進行 C 次，每個比較之顯著水準或錯誤率定為 α，則 C 個比較均不犯第一類錯誤的機率為 $(1 - \alpha)^C$，而此一變異數分析或整個實驗至少有一事後比較犯第一類錯誤的機率便是 $1 - (1 - \alpha)^C$。$1 - (1 - \alpha)^C$ 稱為整個實驗錯誤率（error rate experimentwise），或同一族屬錯誤率 [*]（error rate family wise），以 α_{EW} 或 α_{FW} 表示。若進行三次事後考驗，每次 α 定為 .05，則 $\alpha_{FW} = 1 - (1 - .05)^3 = .143$，較我們原定之 α 為高。因此為減少自由度的損失及誤差的增加，事後考驗我們通常不用 t 檢定。而採

用以 α_{FW} 為錯誤率的事後多重比較方法，也就是事後多重比較訂定的 α 係指 α_{FW} 而言，則實際上每一事後比較之錯誤率應小於 α。茲將幾種主要多重比較方法說明如下：(*註：單因子變異數分析之 $\alpha_{EW} = \alpha_{FW}$)

(一)薛費法（Scheffé method）

係 H. Scheffé 於 1959 年發展而來，無論各組樣本人數相等或不相等均可適用。其檢定公式為：

$$F = \frac{(\overline{X}_i - \overline{X}_j)^2}{MS_w(\frac{1}{n_i} + \frac{1}{n_j})(k-1)} \qquad （公式 12-7）$$

$$df = K-1, N-K$$

式中 $\overline{X}_i$ 與 $\overline{X}_j$ 為兩不同組平均數，n_i 與 n_j 分別為其樣本人數，N 為總人數，K 為組數。利用公式 12-7，進行多重比較如下：

演講法	討論法	電腦輔助教學法
$\overline{X}_1 = 3.6$	$\overline{X}_2 = 7.83$	$\overline{X}_3 = 13.43$
$n_1 = 5$	$n_2 = 6$	$n_3 = 7$

(1)演講法對討論法

$$F = \frac{(3.6 - 7.83)^2}{8.92(\frac{1}{5} + \frac{1}{6})(3-1)} = 2.74$$

(2)演講法對電腦輔助教學法

$$F = \frac{(3.6 - 13.43)^2}{8.92(\frac{1}{5} + \frac{1}{7})(3-1)} = 15.8** \qquad (F_{.01(2,15)} = 6.36)$$

(3)討論法對電腦輔助教學法

$$F = \frac{(7.83 - 13.43)^2}{8.92(\frac{1}{6} + \frac{1}{7})(3-1)} = 5.68* \qquad (F_{.05(2,15)} = 3.68)$$

結論：演講對電腦輔助教學法之差異達到非常顯著水準（**p <
.01），討論法對電腦輔助法之差異達到顯著水準（*p < .05），而演講法
對討論法之差異未達顯著水準（p > .05）。如表 12-3 所示：

表 12-3　薛費法多重比較結果

	討論法	電腦輔助教學法
演講法	2.74	15.8**
討論法		5.68*

*p＜.05　　**p＜.01

薛費法除可進行上述簡單的成對比較（pairwise comparison）外，尚
可進行複雜之多重比較，例如兩組平均數之平均與另一組平均數比較。就
簡單成對比較而言，薛費法較難推翻虛無假設，即較不易達到顯著水準。
因此犯第二類錯誤之機率較大而犯第一類錯誤之機率較小。所以在進行薛
費法事後成對比較時，可 α 將定在 .10 較易達到顯著水準。

(二)涂凱法（Tukey method）

就簡單成對比較而言，此法較為合適。Tukey 法又稱為 honestly
significant difference method，簡稱 HSD，係 J. W. Tukey（1949，引自簡茂
發，2002）研究發展而來。其檢定公式為：

$$q = \frac{\overline{X}_L - \overline{X}_S}{\sqrt{\dfrac{MS_W}{n}}} \qquad （公式 12-8）$$

式中 $\overline{X}_L$ 為較大平均數，$\overline{X}_S$ 為較小平均數，n 為各組次數相同時的次數（n_1
$= n_2 = \cdots\cdots = n$）。但各組次數有時不會相等，以 n_L 表 $\overline{X}_L$ 組次數，以 n_S
表 $\overline{X}_S$ 組次數，可用下列公式：

$$q = \frac{\overline{X}_L - \overline{X}_S}{\sqrt{\dfrac{MS_W}{2}\left(\dfrac{1}{n_L} + \dfrac{1}{n_S}\right)}}$$

計算出來的 q 值，請查附錄表 G，自由度爲 N－K，N 爲總次數，K 爲組數。若 q 值大於表中所列之關鍵值（critical value），即表示兩組差異達到顯著水準。現就上例進行多重比較如下：

演講法	討論法	電腦輔助教學法
$\overline{X}_1 = 3.6$	$\overline{X}_2 = 7.83$	$\overline{X}_3 = 13.43$
$n_1 = 5$	$n_2 = 6$	$n_3 = 7$

(1)討論法對演講法

$$q = \frac{7.83 - 3.6}{\sqrt{\dfrac{8.92}{2}\left(\dfrac{1}{6} + \dfrac{1}{5}\right)}} = 3.31$$

(2)電腦輔助教學法對演講法

$$q = \frac{13.43 - 3.6}{\sqrt{\dfrac{8.92}{2}\left(\dfrac{1}{7} + \dfrac{1}{5}\right)}} = 7.95** \quad （\alpha = .01時，關鍵值為 4.89）$$

(3)電腦輔助教學法對討論法

$$q = \frac{13.43 - 7.83}{\sqrt{\dfrac{8.92}{2}\left(\dfrac{1}{7} + \dfrac{1}{6}\right)}} = 4.77* \quad （\alpha = .05時，關鍵值為 3.70）$$

以上用涂凱法檢定結果與用薛費法相同。與涂凱法類似的檢定方法有紐曼─庫爾法（Newman-Keuls method）和鄧肯法（Duncan method），請參閱簡茂發（2002）。這三種方法，以涂凱法對 α_{FW} 的控制較好。

(三)杜納德法（Dunnette method）

係 C. W. Dunnette 於 1955 年發展出來，適用於各實驗組與單一控制組相比較的情形。其公式為：

$$t_D = \frac{\overline{X}_E - \overline{X}_C}{\sqrt{MS_W(\frac{1}{n_E} + \frac{1}{n_C})}}$$　　　　　（公式 12-9）

式中 $\overline{X}_E$ 為實驗組平均數，$\overline{X}_C$ 為控制組平均數，n_E 為實驗組人數，n_C 為控制組人數。計算出來的 t_D 要查附錄表 H，自由度為 N – K，若 t_D 的絕對值大於表中之關鍵值，即表示差異達到顯著。

仍以例 12-1 為例，以演講法為控制組，而討論法與電腦輔助教學法為實驗組說明如下：

演講法	討論法	電腦輔助教學法
$\overline{X}_1 = 3.6$	$\overline{X}_2 = 7.83$	$\overline{X}_3 = 13.43$
$n_1 = 5$	$n_2 = 6$	$n_3 = 7$

(1)討論法對演講法

$$t_D = \frac{7.83 - 3.6}{\sqrt{8.92\left(\frac{1}{6} + \frac{1}{5}\right)}} = 2.34$$

(2)電腦輔助教學法對演講法

$$t_D = \frac{13.43 - 3.6}{\sqrt{8.92\left(\frac{1}{7} + \frac{1}{5}\right)}} = 5.62^{**}$$　　（$\alpha = .01$時，關鍵值為 3.25）

最後要說明的是：進行事後多重比較，有時候會有變異數分析的 F 檢定達到顯著水準，而事後多重比較卻沒有一個達到顯著的情形。這種情

形並非不可能，尤其是使用較嚴格的薛費法時。

12-4　變異數分析的基本假設

1. 各樣本之母體為常態分配。若分配偏離常態太多，則較易達到顯著，此時需將 α 定嚴一點，即小一點。

2. 各組樣本之母體變異數相同，即 $\sigma_1^2 = \sigma_2^2 = \cdots\cdots = \sigma_k^2$，稱為變異數同質性（homogeneity of variance）圖 12-3 表示變異數分析的基本假設 1 和 2：

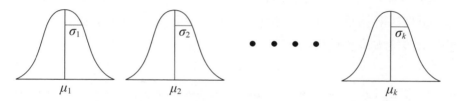

圖 12-3　變異數分析的基本假設：各樣本之母體為常態分配及變異數相等

若發現變異數異質情形嚴重時，需將原始分數加以轉換以使變異數接近同質。常用的轉換方法有平方根轉換（$\sqrt{X}$），對數轉換（log X），倒數轉換（$\frac{1}{X}$），及反正弦轉換（arcsin $\sqrt{X}$）等。至於變異數是否同質可採用哈特萊的 F_{max} 檢定法（Hartley's F_{max}），其公式為：

$$F_{max} = \frac{最大\ \hat{S}^2}{最小\ \hat{S}^2}$$

（公式 12-10）

式中最大 $\hat{S}^2$ 指 K 組中變異數最大組的不偏變異數，而最小 $\hat{S}^2$ 係指變異數最小組的不偏變異數。F_{max} 的自由度為（K, n–1），n 指各組次數（$n_1 = n_2 = \cdots\cdots = n$）。若 F_{max} 大於附錄表 O 中之關鍵值，即推翻變異數同質之假設。

3. 變異的獨立性（independence）及可加性（additivity），如 $SS_t =$

$SS_b + SS_w$，SS_b 和 SS_w 彼此獨立不重疊。若受試者分數係互相討論所得，則各分數彼此有關，即違反獨立性假設。

12-5　重複量數變異數分析

第十章介紹兩個平均數差異之檢定，有獨立樣本與關聯樣本之分。變異數分析亦有獨立樣本變異數分析與重複樣本變異數分析。前面介紹之變異數分析為獨立樣本變異數分析，即各組實驗對象並不相同，彼此獨立。有時候同樣的樣本接受數種實驗，以檢定各種實驗之結果是否有顯著差異，這種設計稱為重複測量設計（repeated measures design），此時就需進行重複樣本變異數分析。

|| 例 12-2 ||

表 12-4 為隨機抽得的五位同學在四種測驗上的成績，試檢定四種測驗之難易程度是否有差別？（$\alpha = .05$）

表 12-4

	I	II	III	IV
甲	21	22	20	22
乙	22	16	23	19
丙	14	14	23	24
丁	29	24	24	24
戊	16	15	14	14

將表 12-4 中每個分數同減 20 則成為：

	I	II	III	IV	T_i
甲	1(1)	2(4)	0(0)	2(4)	5
乙	2(4)	−4(16)	3(9)	−1(1)	0
丙	−6(36)	−6(36)	3(9)	4(16)	−5
丁	9(81)	4(16)	4(16)	4(16)	21
戊	−4(16)	−5(25)	−6(36)	−6(36)	−21
T_j	2	−9	4	3	T=0

$$\Sigma\Sigma X^2 = 378$$

上表中 T_i 表各列（受試者）、T_j 表各行（測驗）之總和，而 T 則表全部之總和，即 $T = \sum_i T_i = \sum_j T_j$。而括號內之數字為平方數（$X^2$）。各種變異之計算公式如下所示：

(1)行間變異（一般指不同實驗處理間之變異）以 SS_c 或 $SS_{b \cdot treatments}$ 表示。

$$SS_c = \Sigma \frac{T_j^2}{n} - \frac{T^2}{N}，自由度為 K-1 （K 為處理數，本例 K=4）$$

式中 n 表示樣本數，本例之 n 為 5，而 N 則指全部分數的個數，本例 N = 20。

(2)列間變異（一般指受試者間之變異）以 SS_r 或 $SS_{b \cdot Subjects}$ 表示。

$$SS_r = \Sigma \frac{T_i^2}{K} - \frac{T^2}{N}，自由度為 n-1$$

(3)總變異以 SS_t 表示。

$$SS_t = \Sigma\Sigma X^2 - \frac{T^2}{N}，自由度為 N-1$$

(4)誤差變異，以 $SS_{residual}$ 或 SS_{res} 表示，指殘餘誤差。

$$SS_{res} = SS_t - SS_r - SS_c，自由度為 (n-1)(k-1)$$

現根據例 12-2 之資料進行重複樣本變異數分析：

(1) $H_0：\mu_1 = \mu_2 = \mu_3 = \mu_4：$（即各測驗之難易無差異）

$\quad H_1：$ 至少兩個測驗之難易有差異。

$(2) SS_c = \Sigma \dfrac{T_j^2}{n} - \dfrac{T^2}{N}$

$\quad\quad = \left(\dfrac{2^2 + (-9)^2 + 4^2 + 3^2}{5} \right) - \dfrac{0^2}{20} = 22$

$\quad SS_r = \Sigma \dfrac{T_i^2}{K} - \dfrac{T^2}{N}$

$\quad\quad = \left(\dfrac{5^2 + 0^2 + (-5)^2 + 21^2 + (-21)^2}{4} \right) - \dfrac{0^2}{20} = 233$

$\quad SS_t = \Sigma\Sigma X^2 - \dfrac{T^2}{N}$

$\quad\quad = 378 - \dfrac{0^2}{20} = 378$

$\quad SS_{res} = SS_t - SS_r - SS_c$

$\quad\quad = 378 - 233 - 22 = 123$

$(3) F = \dfrac{MS_c}{MS_{res}}$

$\quad\quad = \dfrac{SS_c / (k-1)}{SS_{res} / (n-1)(k-1)}$

$\quad\quad = \dfrac{22 / (4-1)}{123 / (5-1)(4-1)}$

$\quad\quad = .72$

$(4) F = .72 < F_{.05(3,12)} = 3.49$

$\quad$ 因此保留 H_0，即各測驗之難易程度無顯著差異。

(5)

表 12-5　重複量數變異數分析摘要表

變異來源	SS	df	MS	F
處理間	22	3	7.33	.72
受試者間	233	4	58.25	
誤差	123	12	10.25	
全體	378	19		

p＞.05

(6)由於未達到顯著水準，因此不用進行事後多重比較。如果達到顯著水準，可以涂凱法進行事後多重比較，其公式為：

$$q = \frac{\overline{X}_L - \overline{X}_S}{\sqrt{\dfrac{MS_{residual}}{n}}}，自由度為 K，(n-1)(k-1)$$

　　式中 $\overline{X}_L$ 為較大平均數，$\overline{X}_S$ 為較小平均數，計算得到的 q 值若大於附錄表 G 中的關鍵值時，則表示兩平均數之間有顯著差異。

習題十二

1. 進行獨立樣本單因子變異數分析，若有三組而抽樣人數 $n_1 = 7$，$n_2 = 5$，$n_3 = 8$。請問 F 值要多少以上，才會達到 .05 顯著水準？

2. 進行重複樣本單因子變異數分析，若有四種處理水準，而樣本人數為 10 人，問 F 值要多少以上，才會達到 .01 顯著水準？

3. 隨機分派學生接受三種不同的教學實驗，一年後發現三組學生進步的分數如下表所示。試檢定三種實驗之效果是否有顯著差異？（$\alpha = .05$）

第一組	第二組	第三組
3	10	14
2	4	25
6	1	10
0	14	19
1	5	15
5	3	9
	9	18

4. 隨機抽取九位同學接受四種實驗處理得到的分數如下表，試檢定四種實驗結果是否有顯著差異？（$\alpha = .05$）

學 生	I	II	III	IV
A	8	13	18	21
B	22	24	24	14
C	18	13	14	11
D	17	17	26	28
E	12	23	31	18
F	27	24	28	33
G	24	8	20	28
H	19	11	16	10
I	24	20	30	26

第十三章

多因子變異數分析

13-1　二因子變異數分析基本概念

　　單因子變異數分析是研究一個因素或自變數對依變數的影響，例如不同教學方法對學業成績的影響是否有顯著差異。而二因子變異數分析就是研究兩種因素對依變數的影響，例如教學方法與智商對學業成績的影響。表 13-1 列出不同教學方法與智商之下學業成績的平均數（$\overline{X}$）：

表 13-1

	甲教學法	乙教學法	丙教學法	
智優	$\overline{X}_{11}$	$\overline{X}_{12}$	$\overline{X}_{13}$	$\overline{X}_優$
中等	$\overline{X}_{21}$	$\overline{X}_{22}$	$\overline{X}_{23}$	$\overline{X}_中$
	$\overline{X}_甲$	$\overline{X}_乙$	$\overline{X}_丙$	

　　二因子變異數分析可以檢定各因子的主要效果及其交互作用：

㈠ 主要效果（main effect）

　　各因子個別產生的影響，稱為主要效果。例如要檢定教學方法的主要效果，可檢定 $\overline{X}_甲$、$\overline{X}_乙$、$\overline{X}_丙$ 之差異是否達到顯著。而檢定智商的主要效果，則要檢定 $\overline{X}_優$ 與 $\overline{X}_中$ 之差異是否達到顯著。

㈡ 交互作用（interaction）

　　多因子變異數分析的目的之一，就是研究因子之間是否有交互作用。有交互作用意指：一個因素對另一因素的不同水準有不同的效果。例如甲教學法對智優學生的效果比對中等學生好；而乙教學方法對中等學生的效果比智優學生好。這種情形表示教學方法與學生智商有交互作用。當

有交互作用時，主要效果較無意義，因爲一個因素的效果要視另一因素的水準而定。也就是說，當有交互作用時，我們很難說哪一種教學方法較優，因爲教學方法的優劣要視學生的智力水準而定。此時研究者可檢定單純效果（simple effect），即檢定智優者哪一種教學方法較有利？而中等智力者哪一種教學方法較有利？

交互作用的情形有下列幾種：

1. 沒有交互作用的情形

表 13-2　沒有交互作用時的各細格 $\overline{X}$

	甲教學法	乙教學法	丙教學法	
智優	$\overline{X}_{11}=79$	$\overline{X}_{12}=90$	$\overline{X}_{13}=95$	$\overline{X}_{優}=88$
中等	$\overline{X}_{21}=69$	$\overline{X}_{22}=80$	$\overline{X}_{23}=85$	$\overline{X}_{中}=78$
	$\overline{X}_{甲}=74$	$\overline{X}_{乙}=85$	$\overline{X}_{丙}=90$	

在表 13-2 及圖 13-1 中，不論智力水準如何，教學法之優劣依序均爲丙、乙、甲。也就是教學法與智力無交互作用，因此可檢定主要效果。即檢定 $\overline{X}_{甲}$、$\overline{X}_{乙}$ 與 $\overline{X}_{丙}$ 之差別及 $\overline{X}_{優}$ 與 $\overline{X}_{中}$ 之差別是否顯著。

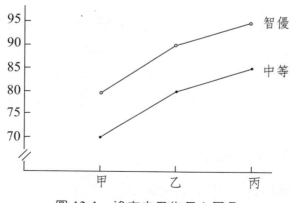

圖 13-1　沒有交互作用之圖示

2. 次序性交互作用情形

表 13-3 次序性交互作用各細格 $\overline{X}$

	甲教學法	乙教學法	丙教學法
智優	$\overline{X}_{11} = 85$	$\overline{X}_{12} = 90$	$\overline{X}_{13} = 95$
中等	$\overline{X}_{21} = 80$	$\overline{X}_{22} = 70$	$\overline{X}_{23} = 65$

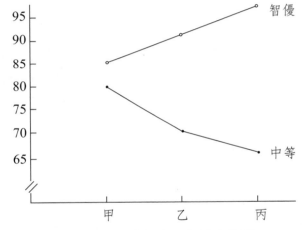

圖 13-2 次序性交互作用之圖示

　　由表 13-3 及圖 13-2 中，可看出甲教學法時，智優者與中等智商者之分數相差不多，但丙教學法時，兩者相差甚多。也就是甲教學法較適合中等智商者，而丙教學法較適合智優者。這表示教學法與智商有交互作用，因圖 13-2 中，兩條線並未相交，故稱爲次序性交互作用（ordinal interaction）。

3. 無次序性交互作用情形

表 13-4 以性別與教學法爲自變數說明無次序性交互作用情形。

表 13-4　無次序性交互作用各細格 $\overline{X}$

	甲教學法	乙教學法	丙教學法
男	80	85	90
女	90	85	80

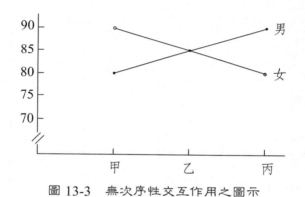

圖 13-3　無次序性交互作用之圖示

　　由圖 13-3 中可看出甲教學法女生成績較優，而丙教學法則男生成績較優，因此教學法與性別有交互作用。因為兩條線相交，故稱為無次序性交互作用（disordinal interaction）。

13-2　各細格 n 相同二因子變異數分析

表 13-5　二因子變異數分析使用的符號

	1	2	......	C		
1	$\overline{X}_{11}$ X_{111} X_{112} $\vdots$ T_{11} X_{11n}	$\overline{X}_{12}$ X_{121} X_{122} $\vdots$ T_{12} X_{12n}	......	$\overline{X}_{1C}$ X_{1C1} X_{1C2} $\vdots$ T_{1C} X_{1Cn}	$\overline{X}_{1.}$	$T_{1.}$
2	$\overline{X}_{21}$ X_{211} X_{212} $\vdots$ T_{21} X_{21n}	$\overline{X}_{22}$ X_{221} X_{222} $\vdots$ T_{22} X_{22n}	......	$\overline{X}_{2C}$ X_{2C1} X_{2C2} $\vdots$ T_{2C} X_{2Cn}	$\overline{X}_{2.}$	$T_{2.}$
$\vdots$	......	......	......	......	$\vdots$	$\vdots$
R	$\overline{X}_{R1}$ X_{R11} X_{R12} $\vdots$ T_{R1} X_{R1n}	$\overline{X}_{R2}$ X_{R21} X_{R22} $\vdots$ T_{R2} X_{R2n}	......	$\overline{X}_{RC}$ X_{RC1} X_{RC2} $\vdots$ T_{RC} X_{RCn}	$\overline{X}_{R.}$	$T_{R.}$
	$\overline{X}_{.1}$ $T_{.1}$	$\overline{X}_{.2}$ $T_{.2}$	......	$\overline{X}_{.C}$ $T_{.C}$	$\overline{X}$ T	

　　表 13-5 中,第一(橫)列(row)之平均數為 $\overline{X}_{1.}$,第二(橫)列之平均數為 $\overline{X}_{2.}$,依此類推第 R(橫)列之平均數為 $\overline{X}_{R.}$。第一(直)行(column)之平均數為 $\overline{X}_{.1}$,第二(直)行之平均數為 $\overline{X}_{.2}$,依此類推第 C(直)行之平均數為 $\overline{X}_{.C}$。各個細格(cell)之平均數為 $\overline{X}_{ij}$,第一列第一行之平均數為 $\overline{X}_{11}$,第一列第 C 行之平均數為 $\overline{X}_{1C}$,第 R 列第二行之平均數為 $\overline{X}_{R2}$,依此類推。總平均數或全體平均數為 $\overline{X}$。每一細格之人數均為 n,細格內之變量以 X_{ijk} 表示。例如 X_{123} 表示第一列第二行細格內的第三個變量。

第一列的總和為 $T_{1.}$，第二列之總和為 $T_{2.}$ 依此類推。第一行之總和為 $T_{.1}$，第二行之總和為 $T_{.2}$，依此類推。T 為全體之總和，即 $T = \Sigma T_{i.} = \Sigma T_{.j}$。$T_{11}$ 為第一列第一行細格內變量之總和，T_{12} 為第一列第二行細格內變量之總和，依此類推。

13-2-1　計算各種變異之公式

1. 總變異以 SS_t 表示

$$SS_t = \sum_i \sum_j \sum_k (X - \overline{X})^2 = \Sigma\Sigma\Sigma X^2 - \frac{T^2}{N}$$

　　自由度為 N－1，N 為總次數

2. 列間變異以 SS_r 表示

$$SS_r = nC\Sigma(\overline{X}_{i.} - \overline{X})^2 = \frac{1}{nC}\Sigma T_{i.}^2 - \frac{T^2}{N}$$

　　自由度為 R－1，R 為列數

3. 行間變異以 SS_c 表示

$$SS_c = nR\Sigma(\overline{X}_{.j} - \overline{X})^2 = \frac{1}{nR}\Sigma T_{.j}^2 - \frac{T^2}{N}$$

　　自由度為 C－1，C 為行數

4. 細格間變異以 SS_{cells} 表示

$$SS_{cells} = n\Sigma\Sigma(\overline{X}_{ij} - \overline{X})^2 = \frac{1}{n}\Sigma\Sigma T_{ij}^2 - \frac{T^2}{N}，自由度為 RC－1$$

5. 行與列的交互作用以 $SS_{r \times c}$ 表示

$$SS_{r \times c} = n\Sigma\Sigma(\overline{X}_{ij} - \overline{X}_{i.} - \overline{X}_{.j} + \overline{X})^2 = SS_{cells} - SS_r - SS_c$$
　　自由度為 (R－1)(C－1)

6. 誤差變異以 SS_w 表示

$$SS_w = \sum_i \sum_j \sum_k (X - \overline{X}_{ij})^2 = \Sigma\Sigma\Sigma X^2 - \frac{1}{n}\Sigma\Sigma T_{ij}^2$$

$$= SS_t - SS_{cells}$$

自由度為 $RC(n-1)$

圖 13-4 呈現總變異（SS_t）之組成：

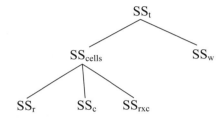

圖 13-4　獨立樣本二因子變異數分析總變異（SS_t）之組成

13-2-2　計算實例

‖ 例 13-1 ‖

　　某研究者以新舊兩種教材，給三種不同閱讀能力隨機抽得的學生閱讀，一個月後加以考試，其成績如表 13-6 所示，試檢定 (1) 兩種教材之間是否有差異？(2) 不同閱讀能力的學生間成績是否有差異？(3) 新舊教材與閱讀能力是否有交互作用？

表 13-6

	新教材	舊教材
閱讀能力 高	56, 54, 56, 53, 51	50, 50, 54, 52, 54
中	58, 50, 54, 48, 50	42, 44, 48, 44, 48
低	52, 50, 48, 50, 50	44, 40, 42, 42, 42

將表 13-6 之分數同減 50，如表 13-7。

表 13-7

	新	舊	
高	6,4,6,3,1 $T_{11}=20$	0,0,4,2,4 $T_{12}=10$	$T_{1.}=30$
中	8,0,4,$-$2,0 $T_{21}=10$	$-8,-6,-2,-6,-2$ $T_{22}=-24$	$T_{2.}=-14$
低	2,0,$-$2,0,0 $T_{31}=0$	$-6,-10,-8,-8,-8$ $T_{32}=-40$	$T_{3.}=-40$
	$T_{.1}=30$	$T_{.2}=-54$	$T=-24$

$$\Sigma\Sigma\Sigma X^2=698,\ n=5,\ N=5\times6=30$$

(1) H_{01}：教材間無差異

　　H_{02}：不同閱讀能力之學生成績無差異

　　H_{03}：教材與閱讀能力無交互作用

(2)計算各種變異：

$$SS_t = \Sigma\Sigma\Sigma X^2 - \frac{T^2}{N} = 698 - \frac{(-24)^2}{30} = 678.8$$

$$SS_r = \frac{1}{nC}\Sigma T_{i.}^2 - \frac{T^2}{N} = \frac{1}{5\times 2}[30^2 + (-14)^2 + (-40)^2] - \frac{(-24)^2}{30}$$
$$= 250.4$$

$$SS_c = \frac{1}{nR}\Sigma T_{.j}^2 - \frac{T^2}{N} = \frac{1}{5\times 3}[30^2 + (-54)^2] - \frac{(-24)^2}{30} = 235.2$$

$$SS_{cells} = \frac{1}{n}\Sigma\Sigma T_{ij}^2 - \frac{T^2}{N} = \frac{1}{5}[20^2 + 10^2 + 10^2 + (-24)^2 + 0^2 + (-40)^2] - \frac{(-24)^2}{30}$$
$$= 536$$

$$SS_{r\times c} = SS_{cells} - SS_r - SS_c = 536 - 250.4 - 235.2 = 50.4$$

$$SS_w = SS_t - SS_{cells} = 678.8 - 536 = 142.8$$

(3)計算自由度：

SS_t 之自由度為	$N-1 = 30-1 = 29$
SS_r 之自由度為	$R-1 = 3-1 = 2$
SS_c 之自由度為	$C-1 = 2-1 = 1$
$SS_{r\times c}$ 之自由度為	$(R-1)(C-1) = (3-1)(2-1) = 2$
SS_w 之自由度為	$RC(n-1) = 3\times 2(5-1) = 24$

(4)計算 F 值：

$$F_r = \frac{MS_r}{MS_w} = \frac{SS_r/(R-1)}{SS_w/RC(n-1)} = \frac{250.4/2}{142.8/24} = 21.04** (F_{.01(2,24)}=5.61)$$

$$F_c = \frac{MS_c}{MS_w} = \frac{SS_c/(C-1)}{SS_w/RC(n-1)} = \frac{235.2/1}{142.8/24} = 39.5** (F_{.01(1,24)}=7.82)$$

$$F_{r\times c} = \frac{MS_{r\times c}}{MS_w} = \frac{SS_{r\times c}/(R-1)(C-1)}{SS_w/RC(n-1)} = \frac{50.4/2}{142.8/24} = 4.24* (F_{.05(2,24)}=3.40)$$

(5)製作二因子變異數分析摘要表如下：

表 13-8　二因子變異數分析摘要表

變異來源	SS	df	MS	F
閱讀能力間(r)	250.4	2	125.2	21.04**
教材間(c)	235.2	1	235.2	39.5**
交互作用（r×c）	50.4	2	25.2	4.24*
誤差	142.8	24	5.95	
全體	678.8	29		

*p＜.05　**p＜.01

表 13-8 中，閱讀能力與新舊教材之主要效果均達顯著水準，兩者之交互作用亦達顯著水準。通常交互作用達到顯著水準，主要效果較無意義，這時可進行單純效果分析。

13-2-3　單純效果

因新舊教材與閱讀能力有交互作用，因此可以進行單純效果 simple effects 之分析：

㈠新舊教材的單純效果

對照表13-7的各 T 值，計算新舊教材分別在各能力組所造成的變異。

1. 高閱讀能力組

$$SS_b = \frac{(20)^2+(10)^2}{5} - \frac{(30)^2}{10} = 10，自由度\ C-1=2-1=1$$

2. 中閱讀能力組

$$SS_b = \frac{(10)^2+(-24)^2}{5} - \frac{(-14)^2}{10} = 115.6，自由度\ C-1=2-1=1$$

3. 低閱讀能力組

$$SS_b=\frac{(0)^2+(-40)^2}{5}-\frac{(-40)^2}{10}=160，自由度\ C-1=2-1=1$$

㈡閱讀能力的單純效果

計算不同閱讀能力分別在新舊教材所造成的變異。

1. 新教材

$$SS_b=\frac{(20)^2+(10)^2+(0)^2}{5}-\frac{(30)^2}{15}=40，自由度\ R-1=2$$

2. 舊教材

$$SS_b=\frac{(10)^2+(-24)^2+(-40)^2}{5}-\frac{(-54)^2}{15}=260.8，自由度\ R-1=2$$

㈢製作單純效果變異數分析摘要表

表 13-9　單純效果變異數分析摘要表

變異來源	SS	df	MS	F
新舊教材之單純效果				
在高閱讀能力組	10	1	10	1.68
在中閱讀能力組	115.6	1	115.6	19.43**
在低閱讀能力組	160	1	160	26.89**
閱讀能力的單純效果				
在新教材	40	2	20	3.36
在舊教材	260.8	2	130.4	21.92**
誤差	142.8	24	5.95	

**p＜.01

　　由表 13-9 可知，除了高閱讀能力組外，新舊教材之差異均達到顯著水準。不同閱讀能力之學生在新教材之成績差異未達顯著水準，但在舊教材之差異達到非常顯著水準。不過我們要注意的是，如果每一 F 檢定，其 α 均定為 .05，即犯錯機率為 .05，則新舊教材之單純效果，因有三個 F 檢定，其錯誤率為 3(.05) = .15，而閱讀能力之單純效果，因有二個 F 檢定，其錯誤率為 2(.05) = .10。所以新舊教材之單純效果檢定，錯誤率應定為 $\frac{.05}{3}$ = .0167，而閱讀能力之單純效果檢定，錯誤率應定為 $\frac{.05}{2}$ = .025。由於表 13-9 中，有三個 F 值達到非常顯著水準，其 α 為 .01，小於 .0167 或 .025，故這三個 F 仍然顯著。另外，我們亦可進行事後比較如下。

13-2-4　事後比較

　　我們採用涂凱法來進行二因子變異分析後的多重比較。為了便於說明，所以列出各行、列及細格平均數如下：

閱讀能力	新教材	舊教材	
高	4	2	3
中	2	− 4.8	− 1.4
低	0	− 8	− 4
	2	− 3.6	

　　細格人數 n = 5，列數 R = 3，行數 C = 2

㈠新舊教材（行間）主要效果比較

$$q = \frac{\overline{X}_{.L} - \overline{X}_{.S}}{\sqrt{\dfrac{MS_w}{nR}}}$$

式中 $\overline{X}_{.L}$ 代表較大之行平均數，$\overline{X}_{.S}$ 代表較小之行平均數，n 爲細格人數，R 爲列數。

$$q = \frac{2-(-3.6)}{\sqrt{\dfrac{5.95}{5 \times 3}}} = 8.89^{**}$$

查附錄表 G，$q_{.01(2,24)}$ = 3.96，因 8.89 > 3.96，故新舊教材之間差異達到非常顯著水準。

㈡閱讀能力之間（列間）主要效果比較

$$q = \frac{\overline{X}_{L.} - \overline{X}_{S.}}{\sqrt{\dfrac{MS_w}{nC}}}$$

式中 $\overline{X}_{L.}$ 表較大之列平均數，$\overline{X}_{S.}$ 表較小之列平均數，n 爲細格人數，C 爲行數。

$$q = \frac{3-(-1.4)}{\sqrt{\dfrac{5.95}{5 \times 2}}} = 5.704^{**}$$

$$q = \frac{3-(-4)}{\sqrt{\dfrac{5.95}{5 \times 2}}} = 9.08^{**}$$

$$q = \frac{(-1.4)-(-4)}{\sqrt{\dfrac{5.95}{5 \times 2}}} = 3.37$$

查附錄表 G，$q_{.05(3,\ 24)} = 3.53$，$q_{.01(3,24)} = 4.54$，因此閱讀能力高與中之間，以及閱讀能力高與低之間差異均達到非常顯著水準，而閱讀能力中與低之間則差異未達顯著。

㈢新舊教材在各種閱讀能力組之比較

$$q = \frac{\overline{X}_{L.} - \overline{X}_{S.}}{\sqrt{\dfrac{MS_w}{n}}}$$

式中 $\overline{X}_{L.}$ 表較大之細格平均數，$\overline{X}_{S.}$ 表較小之細格平均數，n 表細格人數。

高能力組：$q = \dfrac{4-2}{\sqrt{\dfrac{5.95}{5}}} = 1.83$

中能力組：$q = \dfrac{2-(-4.8)}{\sqrt{\dfrac{5.95}{5}}} = 6.23**$

低能力組：$q = \dfrac{0-(-8)}{\sqrt{\dfrac{5.95}{5}}} = 7.33**$

查附錄表 G，$q_{.05(2,\ 24)} = 2.92$，$q_{.01(2,\ 24)} = 3.96$，因此除了高能力組外，新舊教材之差異均達到非常顯著水準。

13-3　各細格 n 不等之二因子變異數分析

當各細格 n 不等，n 較大的細格對各行及各列平均數影響較大，如表 13-10 所示。這違反了變異數分析各變異獨立的基本假定，此時列間的 SS_r 和行間的 SS_c 會產生重疊，如圖 13-5 所示。

表 13-10　各行列平均數受細格 n 不等影響

$\overline{X}_{11}=20$ $n=8$	$\overline{X}_{12}=10$ $n=2$	$\overline{X}_{1.}=18$
$\overline{X}_{21}=40$ $n=2$	$\overline{X}_{22}=0$ $n=8$	$\overline{X}_{2.}=8$
$\overline{X}_{.1}=24$	$\overline{X}_{.2}=2$	

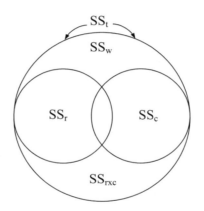

圖 13-5　細格 n 不等使 SS_r 與 SS_c 重疊各變異相加會超過 SS_t

　　各細格 n 不等，但差別不大時，可用不加權平均數法（method of unweighted means）計算二因子變異數分析。就是用各細格 n 的調和平均數去代替原來各組的 n。調和平均數的計算公式為：

$$\bar{n}_h = \frac{RC}{\dfrac{1}{n_{11}}+\dfrac{1}{n_{12}}+\cdots\cdots+\dfrac{1}{n_{rc}}}$$

式中 n_{11}，n_{12}，……，n_{rc} 為各細格內原次數，而 RC 為細格數，為列數乘行數（R×C）。此處使用調和平均數，而不用一般的算術平均數，是因

為平均數的抽樣分配的變異數為原變異數的 $\frac{1}{n}$ 倍，即 $\sigma_{\bar{x}}^2 = \sigma_x^2/n$。而變異數分析與各細格或各行列平均數之間的變異有關，因此使用調和平均數，即 $\frac{1}{n_{ij}}$ 的平均數之倒數。

　　現以表 13-11-1、13-11-2 中資料，說明各細格 n 不等之變異數分析計算過程：

表 13-11-1

	C_1		C_2		C_3	
R_1	4	0	12	9	4	13
	0	0	10	11	8	15
	2	4	8		12	17
					20	18
R_2	19	14	7	22	5	12
	10	11	11	10	23	13
	18	16	22	9	27	14
			27		38	16

表 13-11-2

	C_1	C_2	C_3	
R_1	$\overline{X}_{11}=1.67$	$\overline{X}_{12}=10$	$\overline{X}_{13}=13.38$	$T\overline{X}_{1.}=25.05$
	$n_{11}=6$	$n_{12}=5$	$n_{13}=8$	
R_2	$\overline{X}_{21}=14.67$	$\overline{X}_{22}=15.43$	$\overline{X}_{23}=18.50$	$T\overline{X}_{2.}=48.60$
	$n_{21}=6$	$n_{22}=7$	$n_{23}=8$	
	$T\overline{X}_{.1}=16.34$	$T\overline{X}_{.2}=25.43$	$T\overline{X}_{.3}=31.88$	$T\overline{X}=73.65$

　　表中 $\overline{X}_{ij}$ 代表各細格平均數，$T\overline{X}_{i.}$ 代表同列平均數之和，而 $T\overline{X}_{.j}$ 代表同行平均數之和，$T\overline{X}$ 則為所有平均數之和。

$$\bar{n}_h = \frac{RC}{\frac{1}{n_{11}}+\frac{1}{n_{12}}+\cdots\cdots+\frac{1}{n_{rc}}} = \frac{6}{\frac{1}{6}+\frac{1}{5}+\frac{1}{8}+\frac{1}{6}+\frac{1}{7}+\frac{1}{8}}$$

$$= 6.48$$

$$SS_r = \bar{n}_h(\frac{1}{C}\Sigma T\bar{X}_{i.}^2 - \frac{T\bar{X}^2}{RC})$$

$$= 6.48(\frac{1}{3}((25.05)^2 + (48.60)^2) - \frac{(73.65)^2}{6}) = 607 \text{，自由度為}$$

$$R - 1 = 2 - 1 = 1$$

$$SS_c = \bar{n}_h(\frac{1}{R}\Sigma T\bar{X}_{.j}^2 - \frac{T\bar{X}^2}{RC})$$

$$= 6.48(\frac{1}{2}((16.34)^2 + (25.43)^2 + (31.88)^2) - \frac{(73.65)^2}{6})$$

$$= 394.98 \text{，自由度 } C - 1 = 3 - 1 = 2$$

$$SS_{r\times c} = \bar{n}_h(\Sigma\Sigma\bar{X}_{ij}^2 - \frac{1}{C}\Sigma T\bar{X}_{i.}^2 - \frac{1}{R}\Sigma T\bar{X}_{.j}^2 + \frac{T\bar{X}^2}{RC})$$

$$= 6.48 \left[((1.67)^2 + 10^2 + (13.38)^2 + (14.67)^2 + (15.43)^2 + (18.50)^2) \right.$$

$$- \frac{1}{3}((25.05)^2 + (48.60)^2) - \frac{1}{2}((16.34)^2 + (25.43)^2 + (31.88)^2)$$

$$\left. + \frac{(73.65)^2}{6} \right]$$

$$= 129.06 \text{，自由度 } (R - 1)(C - 1) = (2 - 1)(3 - 1) = 2$$

$$SS_w = \Sigma\Sigma\Sigma X^2 - \Sigma\Sigma(\frac{T_{ij}^2}{n_{ij}})$$

式中 $\Sigma\Sigma\Sigma X^2$ 為所有分數之平方和，本例之 $\Sigma\Sigma\Sigma X^2 = 9,075$，$T_{ij}$ 為各細格內分數之和，各細格內分數之和分別為 10，50，107，88，108，148。

$$SS_w = 9,075 - (\frac{10^2}{6} + \frac{50^2}{5} + \frac{107^2}{8} + \frac{88^2}{6} + \frac{108^2}{7} + \frac{148^2}{8})$$

$$= 9,075 - 7,642.74 = 1,432.26 \text{，自由度為 } N - RC = 40 - 6 = 34$$

$$F_r = \frac{MS_r}{MS_w} = \frac{SS_r/(R-1)}{SS_w/(N-RC)} = \frac{607/1}{1,432.26/34} = 14.41** (F_{.01(1,34)} = 7.44)$$

$$F_c = \frac{MS_c}{MS_w} = \frac{SS_c/(C-1)}{SS_w/(N-RC)} = \frac{394.98/2}{1,432.26/34} = 4.69* (F_{.05(2,34)} = 3.28)$$

$$F_{r\times c} = \frac{MS_{r\times c}}{MS_w} = \frac{SS_{r\times c}/(R-1)(C-1)}{SS_w/(N-RC)} = \frac{129.06/2}{1,432.26/34} = 1.53$$

表 13-12 之交互作用未達顯著水準，因此不用作單純效果之分析。

若需進行單純效果之分析，則各細格及各行、列 T 值需以 $\bar{n}_h$ 乘表 13-11-2 各平均數求得，再參照 13-2-3 節進行單純效果分析。事後比較則參照 13-2-4 節進行，惟需以 $\bar{n}_h$ 代替原公式中的 n，而各行、列平均數爲同行、列中細格平均數之平均。以上不加權平均數法，事實上是平均數相等加權（equally weighted means），也就是以 $\bar{n}_h$ 對平均數相等加權。SPSS 在進行變異數分析時，其預設之平方和計算方法近似此法，稱爲型三平方和（Type III SS）。故本例以 SPSS 分析將得到與表 13-12 相同的結果：

表 13-12　變異數分析摘要表

變異來源	SS	df	MS	F
列間(r)	607	1	607	14.41**
行間(c)	394.98	2	197.5	4.69*
交互作用 (r × c)	129.06	2	64.53	1.53
誤差	1,432.26	34	42.13	

*p＜.05　**p＜.01

13-4　固定、混合和隨機模式

在教育及心理研究上，絕大部分的變異數分析均屬固定模式（fixed model），也就是各因子的不同水準或類別係研究者感到興趣而加以選擇，並非隨機產生的。例如教學方法這個因子而言，研究者選擇三種教學法，而分析此三種教學法之差異。雖然教學方法不只三種，但研究者只想研究此三種之差異，而不想推論到其他教學方法。另外，如性別因子，因只有男性與女性兩種，自然是固定的。

所謂隨機模式（random model），是指各因子之類別或水準係隨機產生。例如某研究者研究老師之間的評分是否有差異，因而隨機抽取五位老

師，以變異數分析方式檢定老師之間評分是否有差異。此時研究者感興趣的不是這五位老師之間是否有差異而已，而是想推論所有老師之間評分是否有差異。在二因子變異數分析中，若一個因子為固定模式，另一因子為隨機模式，則稱為混合模式（mixed model）。

本章所介紹計算變異數分析的方法，均屬固定模式。隨機模式與混合模式計算 MS_r，MS_c，$MS_{r \times c}$ 及 MS_w 之方法與固定模式相同，但計算 F 值則有不同：

1. 固定模式

$$F_{r \times c} = \frac{MS_{r \times c}}{MS_w}$$

$$F_r = \frac{MS_r}{MS_w}$$

$$F_c = \frac{MS_c}{MS_w}$$

2. 隨機模式

$$F_{r \times c} = \frac{MS_{r \times c}}{MS_w}$$

$$F_r = \frac{MS_r}{MS_{r \times c}}$$

$$F_c = \frac{MS_c}{MS_{r \times c}}$$

3. 混合模式

$$F_{r \times c} = \frac{MS_{r \times c}}{MS_w}$$

(1) 列 (r) 隨機，行 (c) 固定

$$F_r = \frac{MS_r}{MS_w}$$

$$F_c = \frac{MS_c}{MS_{r \times c}}$$

⑵ 列 (r) 固定，行 (c) 隨機

$$F_r = \frac{MS_r}{MS_{r \times c}}$$

$$F_c = \frac{MS_c}{MS_w}$$

若列爲新舊兩種教材，行爲隨機抽得之五所學校，即屬此模式。

13-5　重複量數二因子變異數分析

重複樣本二因子變異數分析有兩種情形：⑴ 兩因子中有一因子重複測量，⑵ 兩因子皆重複測量。分別說明如下：

㈠二因子中有一因子重複測量

又稱爲混合設計（mixed design）二因子變異數分析，一因子爲受試者間（between subjects），另一因子爲受試者內（within subjects）。

表 13-13

		b_1	b_2	b_3	b_4	T_S
a_1	S_1	3	4	7	3	17
	S_2	6	8	12	9	35
	S_3	7	13	11	11	42
	S_4	0	3	6	6	15
a_2	S_5	5	6	11	7	29
	S_6	10	12	18	15	55
	S_7	10	15	15	14	54
	S_8	5	7	11	9	32

T = 279

$\Sigma\Sigma\Sigma X^2 = 2,995$

表 13-14

	b_1	b_2	b_3	b_4	T_a
a_1	16	28	36	29	109
a_2	30	40	55	45	170
T_b	46	68	91	74	279

　　表 13-13 中 a_1 的受試者爲 S_1 至 S_4，而 a_2 的受試者爲 S_5 至 S_8，所以 A 因子並非重複測量，但 B 因子則爲重複測量。表中 A 因子代表男生與女生，B 因子代表某教學實驗的基線期、處理期、保留期及類化期。A 因子爲兩組不同受試，故爲受試者間，B 因子爲相同受試接受重複測量，故爲受試者內。T_s 爲各個受試（S）各自分數之和，T 爲所有分數之和，$\Sigma\Sigma X^2$ 爲所有分數平方和。表 13-14 中，T_a 爲 a_1 及 a_2 各分數和，T_b 爲 b_1 至 b_4 各分數和，各細格分數和以 T_{ab} 表示。

$$SS_t = \Sigma\Sigma\Sigma (X-\overline{X})^2 = \Sigma\Sigma\Sigma X^2 - \frac{T^2}{abn} = 2,995 - \frac{279^2}{2\times 4\times 4} = 562.47$$

$$SS_{b.subjects} = b\Sigma\Sigma (\overline{X}_s-\overline{X})^2 = \frac{\Sigma T_s^2}{b} - \frac{T^2}{abn}$$

$$= \frac{17^2+35^2+42^2+15^2+29^2+55^2+54^2+32^2}{4} - \frac{279^2}{2\times 4\times 4} = 394.72$$

$$SS_A = bn\Sigma (\overline{X}_a-\overline{X})^2 = \frac{\Sigma T_a^2}{bn} - \frac{T^2}{abn} = \frac{109^2+170^2}{4\times 4} - \frac{279^2}{2\times 4\times 4} = 116.28$$

$$SS_{S/A} = b\Sigma\Sigma (\overline{X}_s-\overline{X}_a)^2 = \frac{\Sigma T_s^2}{b} - \frac{\Sigma T_a^2}{bn}$$

$$= \frac{17^2+35^2+42^2+15^2+29^2+55^2+54^2+32^2}{4} - \frac{109^2+170^2}{4\times 4} = 278.44$$

$$SS_{w.subjects} = \Sigma\Sigma\Sigma (X-\overline{X}_s)^2 = \Sigma\Sigma\Sigma X^2 - \frac{\Sigma T_s^2}{b}$$

$$= 2,995 - \frac{17^2+35^2+42^2+15^2+29^2+55^2+54^2+32^2}{4} = 167.75$$

$$SS_B = an\Sigma (\overline{X}_b-\overline{X})^2 = \frac{\Sigma T_b^2}{an} - \frac{T^2}{abn}$$

$$= \frac{46^2 + 68^2 + 91^2 + 74^2}{2 \times 4} - \frac{279^2}{2 \times 4 \times 4} = 129.59$$

$$SS_{A \times B} = n\Sigma\Sigma\,(\overline{X}_{ab} - \overline{X}_a - \overline{X}_b + \overline{X})^2 = \frac{\Sigma\Sigma T_{ab}^2}{n} - \frac{\Sigma T_a^2}{bn} - \frac{\Sigma T_b^2}{an} + \frac{T^2}{abn}$$

$$= \frac{16^2 + 28^2 + 36^2 + 29^2 + 30^2 + 40^2 + 55^2 + 45^2}{4} - \frac{109^2 + 170^2}{4 \times 4} -$$

$$- \frac{46^2 + 68^2 + 91^2 + 74^2}{2 \times 4} + \frac{279^2}{2 \times 4 \times 4} = 3.34$$

$$SS_{B \times S/A} = \Sigma\Sigma\Sigma\,(X - \overline{X}_s - \overline{X}_{ab} + \overline{X}_a)^2 = \Sigma\Sigma\Sigma X^2 - \frac{\Sigma T_s^2}{b} - \frac{\Sigma\Sigma T_{ab}^2}{n} + \frac{\Sigma T_a^2}{bn}$$

$$= 2{,}995 - \frac{17^2 + 35^2 + 42^2 + 15^2 + 29^2 + 55^2 + 54^2 + 32^2}{4}$$

$$- \frac{16^2 + 28^2 + 36^2 + 29^2 + 30^2 + 40^2 + 55^2 + 45^2}{4} + \frac{109^2 + 170^2}{4 \times 4}$$

$$= 34.81$$

圖 13-6 顯示混合設計二因子變異數分析總變異（SS_t）分爲受試者間及受試者內兩大部分：

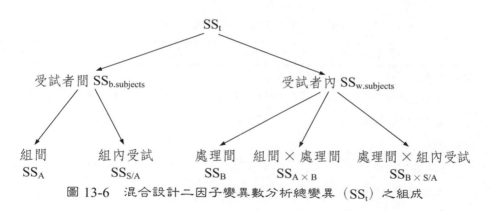

圖 13-6　混合設計二因子變異數分析總變異（SS_t）之組成

表 13-15 顯示變異來源、自由度及 F 值的計算公式：

表 13-15

變異來源	自由度	F
受試者間：		
A（因子）	$a - 1 = 2 - 1 = 1$	$F_A = \dfrac{MS_A}{MS_{S/A}}$
組內受試（S/A）	$a(n-1) = 2(4-1) = 6$	
受試者內：		
B（因子）	$b - 1 = 4 - 1 = 3$	$F_B = \dfrac{MS_B}{MS_{B \times S/A}}$
A × B	$(a - 1)(b - 1) = (1)(3) = 3$	$F_{AB} = \dfrac{MS_{AB}}{MS_{B \times S/A}}$
B×組內受試（B×S/A）	$(b-1)a(n-1) = (3)2(4-1) = 18$	

根據表 13-15，製作變異數分析摘要表如表 13-16：

表 13-16　二因子混合設計變異數分析摘要表

變異來源	SS	df	MS	F
受試者間：				
A（因子）	116.28	1	116.28	2.51
組內受試（S/A）	278.44	6	46.41	
受試者內：				
B（因子）	129.59	3	43.20	22.34**
A × B	3.34	3	1.11	.58
B×組內受試（B×S/A）	34.81	18	1.93	

**p<.01

$F_{.05(1,6)} = 5.99$，$F_{.01(3,18)} = 5.09$，因此 A 因子的主要效果未達顯著水準（p > .05），而 B 因子的主要效果則達到非常顯著水準（**p < .01），交互作用則不顯著。

(二)兩因子皆重複測量

表 13-17

受　試　者＼因子	a_1			a_2		
	b_1	b_2	b_3	b_1	b_2	b_3
S_1	7	7	9	3	6	4
S_2	8	10	12	5	8	8
S_3	3	8	7	5	7	6
S_4	4	12	14	3	6	9
S_5	7	12	12	7	8	7
S_6	3	9	10	4	10	9

　　表 13-17 有六位受試者（subjects）接受重複測量，A 因子中 a_1，a_2，B 因子中 b_1，b_2，b_3 均有這六位受試，故為二因子受試者內設計或兩因子均重複測量之二因子變異數分析。表中數字代表反應時間，本例為假設，一般反應時間為毫秒，數字較大。A 因子代表左手和右手，B 因子代表三種色光。

圖 13-7

由於其計算過程較爲複雜，我們以 SPSS 處理，先建立資料檔如圖 13-7 並選取一般線性模式的單變量；並以分數爲依變數，A，B 和 S 爲固定因子如圖 13-8：

圖 13-8

按確定後，得到結果如表 13-18：

表 13-18

來　源	型 III 平方和	自由度	平均平方和	F 檢定	顯著性
模式	2,301.000[a]	36	63.917	.	.
A	42.250	1	42.250	.	.
B	118.222	2	59.111	.	.
S	45.139	5	9.028	.	.
A*B	10.667	2	5.333	.	.
A*S	25.583	5	5.117	.	.

B*S	36.111	10	3.611	.	.
A*B*S	13.000	10	1.300	.	.
誤差	.000	0			
總和	2,301.000	36			

(a) R 平方 = 1.000（調過後的 R 平方 = .）

表 13-19 顯示變異來源、自由度及 F 值的計算公式：

表 13-19

變異來源	自由度	F 值
A（因子）	$a - 1 = 2 - 1 = 1$	$F_A = \dfrac{MS_A}{MS_{A \times S}}$
B（因子）	$b - 1 = 3 - 1 = 2$	$F_B = \dfrac{MS_B}{MS_{B \times S}}$
S（受試者）	$n - 1 = 6 - 1 = 5$	
A × B	$(a - 1)(b - 1) = 2$	$F_{A \times B} = \dfrac{MS_{A \times B}}{MS_{A \times B \times S}}$
A × S	$(a - 1)(n - 1) = 5$	
B × S	$(b - 1)(n - 1) = 10$	
A × B × S	$(a - 1)(b - 1)(n - 1) = 10$	

根據表 13-18 和表 13-19 製作變異數分析摘要表如表 13-20：

表 13-20　二因子重複量數變異數分析摘要表

變異來源	SS	df	MS	F
A（因子）	42.25	1	42.25	8.26*
B（因子）	118.22	2	59.11	16.37**
S（受試者）	45.14	5	9.03	
A × B	10.67	2	5.33	4.10
A × S	25.58	5	5.12	

B × S	36.11	10	3.61
A × B × S	13	10	1.30

*p<.05　**p<.01

　　$F_{.05(1,5)}=6.61$，$F_{.01(2,10)}=7.56$，$F_{.05(2,10)}=4.10$，因此 A 因子之主要效果達到顯著（*p<.05），B 因子之主要效果達到非常顯著（**p<.01）。本例以 SPSS 分析也可選用一般線性模式的重複量數，如此即不用人工計算 F 值，請見本書最後一章「高等統計與套裝軟體」，20-1 節之 (二)。

13-6　二因子變異數分析和單因子變異數分析的比較

　　下表資料可以二因子變異數分析加以檢定：

表 13-21

	B1	B2
A1	82	95
	71	89
	73	92
	63	77
	60	69
A2	58	72
	76	80
	69	65
	65	84
	62	66
A3	46	53
	57	63
	42	61
	54	47
	56	48

得到變異數分析摘要表如下：

表 13-22

變異來源	SS	df	MS	F
A 因子間	3,130.40	2	1,565.20	22.76**
B 因子間	537.63	1	537.63	7.82**
A×B	161.07	2	80.53	1.71
誤差	1,650.40	24	68.77	
全體	5,479.50	29		

**p<.01

但若只以 B 因子進行單因子變異數分析，則結果如下：

表 13-23

變異來源	SS	df	MS	F
組間	537.63	1	537.63	3.05
組內（誤差）	4,941.87	28	176.50	
全體	5,479.50	29		

p>.05

　　比較上列兩表資料可知，二因子變異數分析之誤差較小，精確性提高，F 值較大。故資料若能進行二因子變異數分析，則不宜採單因子變異數分析。

13-7 獨立樣本三因子變異數分析

三因子變異數分析為研究三個因子對依變項影響，為 $a \times b \times c$ 的設計。表 13-24 為一 $2 \times 3 \times 2$ 的三因子變異數分析資料：

表 13-24

	c_1			c_2		
	b_1	b_2	b_3	b_1	b_2	b_3
a_1	0	16	12	17	24	28
	14	8	23	10	32	38
	4	14	19	15	29	42
	6	6	10	22	19	36
a_2	2	1	16	7	16	13
	0	5	11	3	7	12
	9	7	4	2	6	21
	3	11	13	12	5	8

表 13-24 中，共有樣本數 N = 48，A 因子有 2 個水準，B 因子有 3 個水準，C 因子有 2 個水準。其變異來源，自由度及 F 值如下：

表 13-25

變異來源	自由度	F 值
A 因子	$a - 1 = 2 - 1 = 1$	$F_A = \dfrac{MS_A}{MS_e}$
B 因子	$b - 1 = 3 - 1 = 2$	$F_B = \dfrac{MS_B}{MS_e}$
C 因子	$c - 1 = 2 - 1 = 1$	$F_C = \dfrac{MS_C}{MS_e}$

$A \times B$	$(a-1)(b-1)=2$	$F_{AB}=\dfrac{MS_{AB}}{MS_e}$
$A \times C$	$(a-1)(c-1)=1$	$F_{AC}=\dfrac{MS_{AC}}{MS_e}$
$B \times C$	$(b-1)(c-1)=2$	$F_{BC}=\dfrac{MS_{BC}}{MS_e}$
$A \times B \times C$	$(a-1)(b-1)(c-1)=2$	$F_{ABC}=\dfrac{MS_{ABC}}{MS_e}$
細格內或誤差(e)	$N-abc=48-12=36$	
全　　體	$N-1=47$	

　　以 SPSS 處理，首先建資料檔並選取一般線性模式的單變量如圖 13-9，再設分數為依變數，A，B，C 為固定因子如圖 13-10，得到結果如表 13-26。

圖 13-9

	A	B		
31	2.00	1.00		
32	2.00	2.00		
33	2.00	3.00		
34	2.00	1.00		
35	2.00	2.00		
36	2.00	3.00		
37	2.00	1.00		
38	2.00	2.00		
39	2.00	3.00		
40	2.00	1.00		
41	2.00	2.00		
42	2.00	3.00		
43	2.00	1.00		
44	2.00	2.00		
45	2.00	3.00		
46	2.00	1.00		
47	2.00	2.00	2.00	5.00
48	2.00	3.00	2.00	8.00

圖 13-10

表 13-26

來源	型 III 平方和	自由度	平均平方和	F 檢定	顯著性
模式	12,403.000(a)	12	1,033.583	38.719	.000
A	1,302.083	1	1,302.083	48.777	.000
B	1,016.667	2	508.333	19.043	.000
C	918.750	1	918.750	34.417	.000
A * B	116.667	2	58.333	2.185	.127
A * C	468.750	1	468.750	17.560	.000
B * C	50.000	2	25.000	.937	.401
A * B * C	50.000	2	25.000	.937	.401
誤差	961.000	36	26.694		
總和	13,364.000	48			

(a) R 平方 = .928（調過後的 R 平方 = .904）

根據以上之處理結果，製作變異數分析摘要表如下：

表 13-27　獨立樣本三因子變異數分析摘要表

變異來源	SS	df	MS	F
A 因子	1,302.08	1	1,302.08	48.78**
B 因子	1,016.67	2	508.33	19.04**
C 因子	918.75	1	918.75	34.42**
A × B	116.67	2	58.33	2.19
A × C	468.75	1	468.75	17.56**
B × C	50.00	2	25.00	.94
A×B×C	50.00	2	25.00	.94
誤差	961.00	36	26.69	
全體	4,883.92	47		

**p<.01

13-8　重複量數三因子變異數分析

前面獨立樣本三因子變異數分析所有的 F 值，其誤差項都是 MS_e。重複量數三因子變異數分析各部分的 F 值，其誤差項則不相同。現依 ㈠ 三因子皆重複測量，㈡ 三因子有二因子重複測量，及 ㈢ 三因子有一因子重複測量，說明其各 F 值計算公式。

㈠三因子皆重複測量

又稱完全受試者內設計，若測量同一群受試（S），以左右手（A），對三種色光（B）在明暗環境（C）下的反應時間，即為三因子受試者內設計，以（A×B×C×S）表示。其各 F 值計算公式如下：

$$F_A = MS_A/MS_{A \times S}$$
$$F_B = MS_B/MS_{B \times S}$$

$$F_C = MS_C/MS_{C \times S}$$

$$F_{A \times B} = MS_{A \times B}/MS_{A \times B \times S}$$

$$F_{A \times C} = MS_{A \times C}/MS_{A \times C \times S}$$

$$F_{B \times C} = MS_{B \times C}/MS_{B \times C \times S}$$

$$F_{A \times B \times C} = MS_{A \times B \times C}/MS_{A \times B \times C \times S}$$

我們由這些公式可知，受試者內設計的各 F 值，其誤差項均有 ×S 部分，係以各因子與受試（S）的交互作用（×S）做為誤差項。第十二章單因子重複量數變異數分析之誤差項，以及本章二因子皆重複測量變異數分析之誤差項，均係各因子與受試的交互作用（×S）。三因子皆重複測量之三因子變異數分析進行 SPSS 分析，仍可與前面二因子皆重複測量一樣，選取一般線性模式的單變量，只是多一個因子 C 而已。下面兩種重複量數三因子變異數分析以 SPSS 進行分析時，通常選取一般線性模式的重複量數，因混合設計之誤差項較複雜。

㈡三因子有二因子重複測量

又稱一個受試者間二個受試者內（one between subjects variable and two within-subjects variables）混合設計，若測量男女生（A）兩組受試（S），對三種色光（B）在明暗環境（C）下的反應時間，即爲本設計，以 A×(B×C×S) 表示。

其 F 值計算公式如下：

受試者間：

$$F_A = MS_A/MS_{S/A}$$

受試者內：

$$F_B = MS_B/MS_{B \times S/A}$$

$$F_{A \times B} = MS_{A \times B}/MS_{B \times S/A}$$

$$F_C = MS_C/MS_{C \times S/A}$$

$$F_{A \times C} = MS_{A \times C}/MS_{C \times S/A}$$

$$F_{B \times C} = MS_{B \times C}/MS_{B \times C \times S/A}$$

$$F_{A \times B \times C} = MS_{A \times B \times C}/MS_{B \times C \times S/A}$$

上面受試者間 F 值的誤差項 $MS_{S/A}$，表示受試（S）在組（A）內之變異，故為 S/A，這部分為一個獨立樣本單因子變異分析。而受試者內各 F 值誤差項，則都有 ×S/A，表示各因子與各組受試的交互作用。

㈢三因子中有一因子重複測量

又稱二個受試者間一個受試者內（two between-subjects variables and one within-subjects variable）混合設計，以 A×B×(C×S) 表示。

其 F 值計算公式如下：

受試者間：

$$F_A = MS_A/MS_{S/AB}$$

$$F_B = MS_B/MS_{S/AB}$$

$$F_{A \times B} = MS_{A \times B}/MS_{S/AB}$$

受試者內：

$$F_C = MS_C/MS_{C \times S/AB}$$

$$F_{A \times C} = MS_{A \times C}/MS_{C \times S/AB}$$

$$F_{B \times C} = MS_{B \times C}/MS_{C \times S/AB}$$

$$F_{A \times B \times C} = MS_{A \times B \times C}/MS_{C \times S/AB}$$

上面受試者間 F 值的誤差項 $MS_{S/AB}$ 表示受試（S）在 AB 細格內變異，故為 S/AB，這部分為一個獨立樣本二因子變異數分析。受試者內部分誤差項都是 $MS_{C \times S/AB}$，表示重複測量的 C 因子和細格內受試（S/AB）的交互作用。

綜合以上三種重複量數三因子變異數，可獲得兩點原則：⑴受試者間的 F 值誤差項均有 S/，表示組內或細格內受試之變異。⑵受試內的誤差項均有 ×S，表示各處理因子與受試的交互作用。

13-9　拉丁方格設計

重複量數設計中處理（treatment）的先後順序，有時會對實驗結果產生影響。例如實驗的先後順序為 b_1，b_2，b_3，b_4，則實驗結果不見得是 b 因子的不同處理所造成，而是先後順序的造成，也就是實驗的學習效果或疲勞效果等所產生的累進誤差（progressive error）。這時可使用拉丁方格設計（Latin square designs）將處理順序的影響予以平衡對抗（coounterbalance）。要進行拉丁方格設計，必須行數與列數相同，如 2×2，3×3，4×4 或 5×5 等。同時各因子的交互作用必須未達到顯著水準或很小，因為拉丁方格設計通常無法算出交互作用或僅能算出部分交互作用。現舉若干拉丁方格設計之例如下：

2 × 2

b_1	b_2
b_2	b_1

3 × 3

b_1	b_2	b_3
b_2	b_3	b_1
b_3	b_1	b_2

4 × 4

b_1	b_2	b_3	b_4
b_2	b_3	b_4	b_1
b_3	b_4	b_1	b_2
b_4	b_1	b_2	b_3

5 × 5

b₁	b₂	b₃	b₄	b₅
b₂	b₃	b₄	b₅	b₁
b₃	b₄	b₅	b₁	b₂
b₄	b₅	b₁	b₂	b₃
b₅	b₁	b₂	b₃	b₄

　　拉丁方格設計的排列方式並不只上列幾種，如 3×3 有 12 種，而 4×4 有 576 種。要注意的是：每個數字或符號在每行和每列均只出現一次，如此可達到平衡對抗的效果。

　　表 13-28 為 4 位學障受試（S_1 到 S_4）對中文（b_1）、英文（b_2）、影像（b_3）及動畫（b_4）四種算術應用題的解題成績。羅馬數字Ⅰ，Ⅱ，Ⅲ，Ⅳ為施測順序。

表 13-28

	Ⅰ	Ⅱ	Ⅲ	Ⅳ	$T_{i.}$
S_1	b_1 4	b_2 1	b_3 7	b_4 8	20
S_2	b_2 2	b_3 5	b_4 7	b_1 7	21
S_3	b_3 6	b_4 4	b_1 5	b_2 2	17
S_4	b_4 7	b_1 6	b_2 2	b_3 7	22
$T_{.j}$	19	16	21	24	T＝80　$\Sigma\Sigma X^2＝476$

b_1	b_2	b_3	b_4
22	7	25	26

㈠計算各種變異及自由度

1. 總變異

$$SS_t = \Sigma\Sigma(X - \overline{X})^2 = \Sigma\Sigma X^2 - \frac{T^2}{N}$$

$$= 476 - \frac{(80)^2}{16} = 76$$

SS_t 之自由度為 $N - 1 = 16 - 1 = 15$

2. 列間變異

本例之列間為受試者間

$$SS_r = n\Sigma\,(\overline{X}_{i.} - \overline{X})^2 = \Sigma\frac{T_{i.}^2}{n} - \frac{T^2}{N}$$

$$= \frac{(20)^2 + (21)^2 + (17)^2 + (22)^2}{4} - \frac{(80)^2}{16} = 3.5$$

SS_r 之自由度為 $n - 1 = 4 - 1 = 3$

3. 行間變異

本例之行間為施測順序

$$SS_c = n\Sigma\,(\overline{X}_{.j} - \overline{X})^2 = \Sigma\frac{T_{.j}^2}{n} - \frac{T^2}{N}$$

$$= \frac{(19)^2 + (16)^2 + (21)^2 + (24)^2}{4} - \frac{(80)^2}{16} = 8.5$$

SS_c 之自由度為 $n - 1 = 4 - 1 = 3$

4. 處理間變異

本例之處理間為題目形式

$$SS_{b.treatments} = n\Sigma\,(\overline{X}_{b.} - \overline{X})^2 = \Sigma\frac{T_{b.}^2}{n} - \frac{T^2}{N}$$

$$= \frac{(22)^2 + (7)^2 + (25)^2 + (26)^2}{4} - \frac{(80)^2}{16} = 58.5$$

$SS_{b.treatments}$ 之自由度為 $n - 1 = 4 - 1 = 3$

5. 誤差差異

$$SS_{error} = \Sigma\Sigma(X - \overline{X}_{i.} - \overline{X}_{.j} - \overline{X}_{b.} + 2\overline{X})^2$$
$$= SS_t - SS_r - SS_c - SS_{b.treatments}$$
$$= 5.5$$

SS_{error} 之自由度為 $(n-1)(n-2) = (4-1)(4-2) = 6$

(二)製作變異數分析摘要表

表 13-29

變異來源	SS	df	MS	F
受試者	3.5	3	1.17	1.27
施測順序	8.5	3	2.83	3.1
題目形式	58.5	3	19.5	21.27**
誤差	5.5	6	.92	
全體	76	15		

**p < .01

(三)其他應用

在教育及心理的研究，雖然拉丁方格設計較常用於重複量數，但有時亦可用於獨立樣本，有時各細格次數也不限為 1。另外，拉丁方格設計若再加上一個平衡對抗的因子或變數即成為希臘—拉丁方格設計（Greco-Latin Design）。表 13-30 為一 4×4 的希臘—拉丁方格設計。英文字母 A，B，C，D 代表一個因子，而希臘字母 α，β，γ 和 δ 代表另一個因子。注意每行每列英文字母及希臘字母均只出現一次。

表 13-30　4×4 希臘－拉丁方格設計

Aα	Bβ	Cγ	Dδ
Bδ	Aγ	Dβ	Cα
Cβ	Dα	Aδ	Bγ
Dγ	Cδ	Bα	Aβ

㈣以 SPSS 分析拉丁方格設計

以 SPSS 進行拉丁方格設計統計分析與前面三因子獨立樣本變異數分析類似，也是選擇一般線性模式的單變量如圖 13-11。要注意的是需點選模式，再點選自訂而不是預設的完全因子設計。因為拉丁方格設計各細格次數為 1 時，無法算出交互作用，而各細格次數大於 1 時，只能算出部分交互作用。圖 13-12 顯示選取模式的自訂和新增三個因子：受試者、施測順序和題目形式於模型中。

圖 13-11

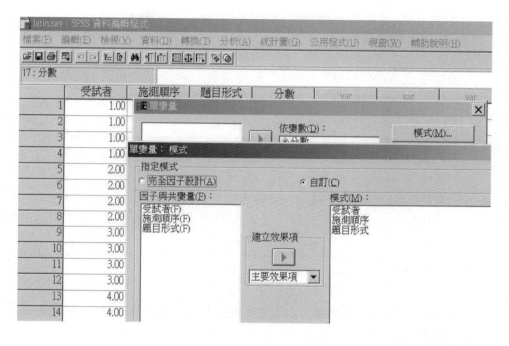

圖 13-12

13-10　η^2（Eta Squared）和 $\hat{\omega}^2$（Omega Squared）

　　一般教育與心理的學術論文，都是依照美國心理學會（American Psychological Association，簡稱 APA）的格式。APA 變異數分析摘要表的範例，列有 η^2。η^2 可表示變異數分析中的各因子及其交互作用的實驗效果，η^2 稱為相關比（correlation ratio），為各因子的 SS 占總變異 SS_t 的比率。現根據表 13-29，計算各因子的 η^2 如下：

$$受 試 者 \quad \eta^2 = \frac{3.5}{76} = .046$$

$$施測順序 \quad \eta^2 = \frac{8.5}{76} = .112$$

題目形式　$\eta^2 = \dfrac{58.5}{76} = .770$

製作符合 APA 第七版（2019）的變異數分析摘要表如表 13-30。

表 13-30

變異來源	df	F	P	η^2
受試者	3	1.27	.365	.05
施測順序	3	3.1	.111	.11
題目形式	3	21.37**	.001	.77
誤差	6	（.92）		

**P＜.01

表 13-30 中，括號內的 .92 為誤差項的 MS，而 P 值則由 SPSS 算出，P 值通常要小於 0.5 才會達到顯著水準。

另以例 12-1 三種教學方法的變異數分析計算其 η^2，首先列出其變異數摘要表如下：

變異來源	SS	df	MS	F
組間	290.75	2	145.38	16.30**
組內	133.75	15	8.92	
全體	424.5			

**P＜.01

$$\eta^2 = \dfrac{SS_b}{SS_t} = \dfrac{290.75}{424.5} = .685$$

　　η^2 雖然容易計算與理解，但係由各組樣本平均數之間變異所算出，若用於推估母群體的 η^2，通常會偏高。就推論統計而言，用 $\hat{\omega}^2$（omega squared）來表示自變數與依變數的關連強度（strength of association），其偏斜程度較小。$\hat{\omega}^2$ 之計算公式如下：

$$\hat{\omega}^2 = \frac{SS_b - (k-1)MS_w}{SS_t + MS_w}$$

本例之

$$\hat{\omega}^2 = \frac{290.75 - (3-1)8.92}{424.5 + 8.92}$$

$$= \cdot 63$$

習題十三 🖩

1.下為有關兩固定變數之實驗結果的資料，請檢定行間、列間及交互作用之顯著性。

	C_1		C_2		C_3	
	40	42	34	73	28	43
R_1	37	61	42	71	29	60
	53	36	29	31	61	69
	28	73	46	94	28	39
R_2	38	73	61	53	25	69
	61	40	73	30	60	73

2.下列各細格內 n 並不相等，請以不加權平均數法進行二因子變異數分析。

	C_1	C_2	C_3	C_4
R_1	6,8,10,9	3,6,8,4,10	9,12,13,15	12,16,17,11,10
R_2	8,10,11,10	4,9,10,12	10,13,15,9,8	12,15,11,13,14

3.下為兩組受試參加三種實驗之重複測量結果，請進行混合設計二因子變異數分析。

實驗處理

組　別	受試	B₁	B₂	B₃
A₁	S₁	3	8	13
	S₂	7	11	18
	S₃	5	9	12
	S₄	2	5	10
A₂	S₅	4	5	8
	S₆	2	2	2
	S₇	7	9	8
	S₈	3	2	2

4. 有五位受試參加 2×4 一的二因子實驗，請以電腦統計套裝軟體進行變異數分析。

	A₁				A₂			
	B₁	B₂	B₃	B₄	B₁	B₂	B₃	B₄
S₁	2	4	8	5	4	5	10	6
S₂	6	10	11	10	9	11	17	14
S₃	8	12	13	11	9	14	14	13
S₄	4	7	10	6	5	8	12	8
S₅	0	2	4	3	2	4	8	6

5. 假設有一 2×3×2 之三因子實驗設計，每種情況有受試 4 人，試以電腦統計套裝軟體進行三因子變異數分析。

	C$_1$			C$_2$		
	B$_1$	B$_2$	B$_3$	B$_1$	B$_2$	B$_3$
A$_1$	1	17	13	18	25	29
	15	9	24	11	33	39
	5	15	20	16	30	43
	7	7	11	23	20	37
A$_2$	3	2	17	8	17	14
	1	6	12	4	8	12
	10	8	5	3	7	22
	4	12	14	13	6	9

6.同第 3 題，請製作符合 APA 格式的變異數分析摘要表。

第十四章

趨向分析

14-1　基本概念

趨向分析（trend analysis）是變異數分析的一種應用。當自變項爲等距或比率變項，例如刺激的強度或頻率、時間、練習的次數等，同時依次序排列分組時，我們就可以分析各組資料所呈現的趨向。圖 14-1 說明大學生焦慮分數平均數先降再升的曲線趨向：

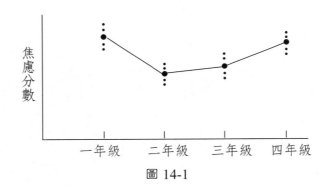

圖 14-1

圖 14-2 則說明短期記憶的保留曲線，爲一逐漸下降之直線趨向。

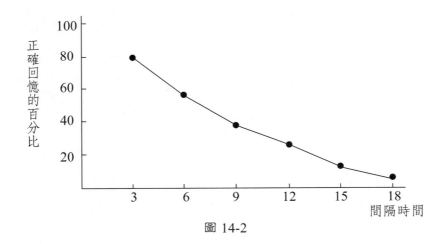

圖 14-2

圖 14-3，表示有五組時，平均數的可能趨向：

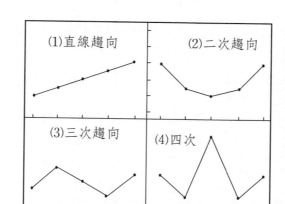

圖 14-3　五組平均數的可能趨向

　　如果有 K 組，則最高趨向為 K－1 次趨向。進行趨向分析時，各組最好為等距，例如以 1，2，3，4 年級分組。同時要使用表 14-1 所列的趨向係數，它們稱為正交多項係數（orthogonal polynomial coefficient），每一組係數之和為 0，且任何兩組之間係數乘積和亦為 0。以 K = 3 為例，C_1 為 –1，0，1，其和為 0，而 C_2 為 1，–2，1，兩者乘積和 $(-1)(1) + (0)(-2) + (1)1 = 0$，$\Sigma C^2$ 為係數平方和。趨向分析屬於事前計畫的正交多重比較（planned orthogonal multiple comparisons），是一種特別的多重比較。

表 14-1　正交多項係數

組　　數	趨　向　係　數				ΣC^2
K = 3	直線 C_1	-1　　0　　1			2
	二次 C_2	1　-2　　1			6
K = 4	直線 C_1	-3　-1　　1　　3			20
	二次 C_2	1　-1　-1　　1			4
	三次 C_3	-1　　3　-3　　1			20

K = 5	直線 C_1	-2	-1	0	1	2		10
	二次 C_2	2	-1	-2	-1	2		14
	三次 C_3	-1	2	0	-2	1		10
	四次 C_4	1	-4	6	-4	1		70
K=6	直線 C_1	-5	-3	-1	1	3	5	70
	二次 C_2	5	-1	-4	-4	-1	5	84
	三次 C_3	-5	7	4	-4	-7	5	180
	四次 C_4	1	-3	2	2	-3	1	28
	五次 C_5	-1	5	-10	10	-5	1	252

超過 K = 6 以上的正交多項係數，請查附錄表 I。

14-2 獨立樣本單因子趨向分析

如果各組樣本或受試者並不相同，係隨機抽樣及分派所產生，則爲獨立樣本。例 14-1 說明獨立樣本單因子趨向分析：

‖ 例 14-1 ‖

　　某研究者研究集中練習與分散練習的效果，將樣本 40 人隨機分派至四個不同間隔時間的練習組。結果練習成績如表 14-2 所示，試問表 14-2 的資料顯示之趨向如何？

表 14-2

間　隔　時　間			
0 小時	2 小時	4 小時	6 小時
16	22	23	20
14	23	24	18
17	25	26	19
16	20	20	22
13	18	19	17
15	17	22	19
18	20	23	21
15	21	18	22
12	23	27	16
18	26	24	26

　　表 14-2 的資料中，自變數爲間隔時間，依變數爲練習成績。因只有一個自變數，故爲單因子。將表 14-2 的資料整理如表 14-3 所示：

表 14-3

	間　隔　時　間				
	0 小時	2 小時	4 小時	6 小時	
n	10	10	10	10	
T_j	154	215	226	200	
$\overline{X}_j$	15.4	21.5	22.6	20	
C_1	-3	-1	1	3	$\sum C_1^2 = 20$
C_2	1	-1	-1	1	$\sum C_2^2 = 4$
C_3	-1	3	-3	1	$\sum C_3^2 = 20$

$\sum C_{1j}T_j = (-3)(154) + (-1)(215) + (1)(226) + (3)(200) = 149$

$\sum C_{2j}T_j = (1)(154) + (-1)(215) + (-1)(226) + (1)(200) = -87$

$\sum C_{3j}T_j = (-1)(154) + (3)(215) + (-3)(226) + (1)(200) = 13$

表 14-3 中，n 爲各組樣本數，各組 n 皆爲 10 人。T_j 爲各組總分，$\overline{X}_j$ 爲各組平均數。由於有 4 組，最高可得 3 次趨向。直線，二次及三次趨向之變異來源及自由度如下：

表 14-4

變異來源	SS	df
直線（lin）	$(\Sigma C_{1j}T_j)^2/n\Sigma C_{1j}^2$	1
二次（quad）	$(\Sigma C_{2j}T_j)^2/n\Sigma C_{2j}^2$	1
三次（cub）	$(\Sigma C_{3j}T_j)^2/n\Sigma C_{3j}^2$	1

1. 計算 SS_{lin}，SS_{quad}，SS_{cub} 及如下：

$$SS_{lin}=(\Sigma C_{1j}T_j)^2/n\Sigma C_{1j}^2=149^2/10(20)=111$$
$$SS_{quad}=(\Sigma C_{2j}T_j)^2/n\Sigma C_{2j}^2=(-87)^2/10(4)=189.23$$
$$SS_{cub}=(\Sigma C_{3j}T_j)^2/n\Sigma C_{3j}^2=13^2/10(20)=0.85$$

2. 計算 SS_b，SS_w，及 SS_t 如下：

$$SS_b=\Sigma(\frac{T_j^2}{n})-\frac{T^2}{N}$$

先計算 $T=\Sigma T_j=154+215+226+200=795$

$$N=\Sigma n=10+10+10+10=40$$
$$SS_b=(\frac{154^2+215^2+226^2+200^2}{10})-\frac{795^2}{40}$$
$$=301.08$$
$$SS_t=\Sigma\Sigma X^2-\frac{T^2}{N}$$

本例之 $\Sigma\Sigma X^2$，即所有分數之平方和，爲 16,365

$$SS_t=16,365-\frac{795^2}{40}=564.38$$

則　$SS_w = SS_t - SS_b = 564.38 - 301.08 = 263.30$

3. 計算組間、直線、二次及三次趨向之 F 值如下：

$$F_b = \frac{MS_b}{MS_w} = \frac{SS_b/(k-1)}{SS_w/(N-k)} = \frac{301.08/3}{263.30/36} = 13.72**(F_{.01(3,36)} = 4.38)$$

$$F_1 = \frac{MS_{lin}}{MS_w} = \frac{SS_{lin}/1}{SS_w/(N-k)} = \frac{111/1}{263.30/36} = 15.18**(F_{.01(1,36)} = 7.39)$$

$$F_2 = \frac{MS_{quad}}{MS_w} = \frac{SS_{quad}/1}{SS_w/(N-k)} = \frac{189.23/1}{263.30/36} = 25.87**$$

$$F_3 = \frac{MS_{cub}}{MS_w} = \frac{SS_{cub}/1}{SS_w/(N-k)} = \frac{0.85/1}{263.30/36} = .12$$

4. 得到趨向分析摘要表如下：

表 14-5　趨向分析摘要表

變異來源	SS	df	MS	F
組間	301.08	3	100.36	13.72**
直線	111	1	111	15.18**
二次	189.23	1	189.23	25.87**
三次	0. 85	1	0.85	.12
組內（誤差）	263.30	36	7.31	
全體	564.38	39		

**p<.01

　　由表 14-5 可知直線及二次趨向達到非常顯著水準，而三次趨向未達到顯著。故表 14-2 的資料具有直線及二次趨向。

　　例 14-1，可以 SPSS 處理如下：

　　首先建立資料檔如圖 14-4，再點選比較平均數法的單因子變異數分析。以成績為依變數，間隔時間為因子，再點選對照或比對，勾選多項式

的三次曲線模式如圖 14-5。再點選繼續及確定，即可得到表 14-6 的變異數分析摘要表。

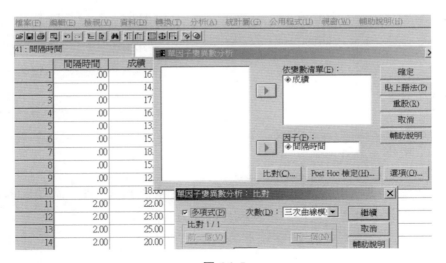

圖 14-4

圖 14-5

表 14-6

	平方和	自由度	平均平方和	F 檢定	顯著性
組間　（組合）	301.075	3	100.358	13.722	.000
一次項　對比	111.005	1	111.005	15.177	.000
離差	190.070	2	95.035	12.994	.000
二次項　對比	189.226	1	189.225	25.872	.000
離差	.845	1	.845	.116	.736
三次項　對比	.845	1	.845	.116	.736
組內	263.300	36	7.314		
總和	564.375	39			

本例可計算 η^2 如下：

$$\eta^2 = \frac{SS_b}{SS_t} = \frac{301.075}{564.375} = .533$$

若計算間隔時間與成績的積差相關 r^2 則為：

$$r^2 = \frac{SS_{lin}}{SS_t} = \frac{111.005}{564.375} = .197$$

　　讀者也可利用第七章簡單相關所列公式計算間隔時間與成績的積差相關 r，看是否相符。由 η^2 較 r^2 大很多可知：積差相關 r 只能顯示自變數與依變數的直線相關，若自變數與依變數有二次以上趨向關係時，變異數分析或趨向分析較為合適。研究者有時會犯的錯誤就是在自變數與依變數都是等距變數時，只計算直線相關 r，結果得到一個較小或不顯著的關係。

　　以上獨立樣本單因子趨向分析之各組次數（n）均相等，若各組次數不相等但差異不大時，可使用各組次數之調和平均數 $\bar{n}_b$ 代替各組次數，以進行趨向分析。

$$\bar{n}_h = \frac{K}{(\frac{1}{n_1} + \frac{1}{n_2} + \cdots\cdots + \frac{1}{n_k})}$$

若各組次數差異較大時，則不能同時進行各種趨向之分析，但可做某一趨向之分析，例如只研究資料是否具有直線趨向。本章只討論獨立樣本單因子趨向分析，趨向分析也可應用在重複量數及多因子的情形。以雙因子為例，可分析各行平均數與各列平均數所呈現的趨向，使用的正交多項係數與單因子時相同。趨向分析的使用也有一些限制，除了前面提過自變項必須是等距變數以上外，分組最好距離相等，例如 1，2，3，4 或 3，6，9，12 或 0，2，4，6 等。

14-3　單一受試研究與中斷性時間序列設計
（Interrupted Time-series Design）

　　林冠群等（2013）建議單一受試研究使用中斷性時間序列設計，本節說明如何以 SPSS 進行中斷性時間序列分析。單一受試研究法為對單一學生或個案等進行多時間點測量或觀察，然後介入補救教學或心理輔導等，再測量或觀察其變化情形。介入後，通常會產生水準改變及斜率（趨勢）改變，正的斜率為向上趨勢，負的斜率為向下趨勢，0 斜率為水平趨勢。介入前稱為基線期，介入實施期間稱為介入期。下表表示時間點 1 至 5 為基線期，時間點 6 至 10 為介入期，以及各時間點的分數：

基線期					介入期				
1	2	3	4	5	6	7	8	9	10
20	30	25	25	15	50	65	75	80	85

　　將上述資料輸入 SPSS，Y 代表分數，X 代表基線期（0）和介入期（1），T 代表各時間點 1、2、3……等。TX 基線期以 0 表示，介入期以 0、1、2、3……等表示。再選取「迴歸」中的「線性」，以 Y 為應變數，X、T、和 TX 為自變數：

✐ Y	✐ X	✐ T	✐ TX		分析(A)	圖形(G)	公用程式(U)	延伸(X)	視窗(W)		
20.00	.00	1.00	.00		報告(P)	▶					
30.00	.00	2.00	.00		敘述統計(E)	▶				應變數(D):	
25.00	.00	3.00	.00		貝氏統計資料(B)	▶				✐ Y	
25.00	.00	4.00	.00		表格(B)	▶	變數	變數			
15.00	.00	5.00	.00		比較平均數法(M)	▶				區塊(B)1 /1	
50.00	1.00	6.00	.00		一般線性模型(G)	▶				上一個(V)	下一個(N)
65.00	1.00	7.00	1.00		概化線性模型(Z)	▶					
75.00	1.00	8.00	2.00		混合模型(X)	▶				自變數(I):	
80.00	1.00	9.00	3.00		相關(C)	▶				✐ X	
85.00	1.00	10.00	4.00		迴歸(R)	▶	自動線性建模(A)			✐ T	
					對數線性(O)	▶	線性(L)			✐ TX	
										方法(M):	輸入

　　按確定後，得到以下之結果：

		非標準化係數		標準化係數	T	顯著性
		B	標準誤	β		
1	（常數）	27.500	5.331		5.159	.002
	X	35.500	6.627	.688	5.357	.002
	T	-1.500	1.607	-.167	-.933	.387
	TX	10.000	2.273	.548	4.399	.005

　　上表 X 的 B 值為水準改變，代表介入的立即效果，為介入後第 1 點根據介入期資料和基線期資料，兩者預測值之差異。本例 B 值 35.5（顯著性 .002 < .01），顯示介入後第 1 點進步非常顯著。T 的 B 值表示基線期的斜率，本例 −1.500 有向下趨勢，但顯著性 .387 > .05，表示斜率與 0 之差異未達顯著，符合基線期水平穩定之原則。TX 的 B 值表示介入期斜率和基線期斜率的差異，代表介入的持續效果。本例 10.000（顯著

性 .005）加上 –1.500 等於 8.500，因此介入期斜率 8.500 為向上趨勢。

時間序列的資料通常會有自我相關，也就是每個資料點會和其前及其後的資料點有相關，因此可以在自變數中增加自我迴歸（AR，Auto Regression）。在 SPSS「分析」中，點選「預測」下的「建立傳統模型」。選擇 ARIMA，在準則中設定 ARIMA 為（1,0,0），ARIMA（1,..）表示 AR 的落階（lag）為 1 ，也就是每個資料點和前 1 個及後 1 個資料點有相關：

同時在統計量中，勾選參數估計值，按確定後，得到結果如下：

ARIMA 模型參數

					估計	標準誤	T	顯著性
Y- 模型 _1	Y	無變換	常數		28.071	5.781	4.856	.005
			AR	落階 1	–.125	.588	–.212	.840
	X	無變換	分子	落階 0	35.625	8.685	4.102	.009
	T	無變換	分子	落階 0	–1.636	1.839	–.890	.414
	TX	無變換	分子	落階 0	10.222	2.317	4.411	.007

上表中 AR 的 B 值為 –.125，並未達到顯著（顯著性 .840>.05）。中斷性時間序列設計迴歸模型通常基線期和介入期各要 8 個資料點以上，本例只用 5 點；而 ARIMA 模型則需要更多資料點。中斷性時間序列設計不僅適用於單一受試，也適用於團體的趨勢。

習題十四

1. 假設焦慮與工作表現有一倒 U 形的關係，即焦慮感太低或太高時，工作表現較差，而焦慮感中等時工作表現好。我們將焦慮感分為六個層次，a_1 表最低，a_6 表最高，每一層次有 5 位受試者，實驗結果如下表：

a_1	a_2	a_3	a_4	a_5	a_6
2	3	4	4	5	4
1	2	5	6	4	3
2	2	3	3	3	4
2	3	6	6	5	5
2	3	4	4	4	3

試求：(1) 進行變異數分析。

(2) 假設六個層次為等距，進行趨向分析。

2. 請根據下列資料檢定是否有直線、二次及三次趨向：

	a_1	a_2	a_3	a_4	a_5
n	10	10	10	10	10
$\overline{X}_j$	5.4	8.5	10.4	4.9	9.6
$\sum X^2$	300	850	1015	295	915

第十五章

共變數分析

在變異數分析中，我們研究一個或多個因子對依變數的影響。但是除了我們研究的因子之外，還會有其他因素會影響依變數。例如研究教學方法對學業成績的影響為一單因子變異數分析。但事實上，影響學業成績的因素絕對不止教學法而已，其他如 IQ、成就動機等都會影響學業成績。通常我們採用隨機抽樣及隨機分派的方式，使會影響依變數的其他因素獲得平衡。或者使用配對或重複測量方式使這些因素保持平衡。另外，我們也可利用共變數的分析，以統計來控制這些會影響依變數的因素。這些影響因素，稱為共變量（covariate）或同時變數（concomitant variable），共變數分析則簡稱為 ANCOVA（Analysis of Covariance）。ANCOVA 可以減少實驗誤差，因而提升檢定力。表 15-1 為獨立樣本單因子共變數分析的基本資料：

表 15-1

第 1 組		第 2 組		⋯⋯	第 k 組	
X_{11}	Y_{11}	X_{12}	Y_{12}		X_{1k}	Y_{1k}
X_{21}	Y_{21}	X_{22}	Y_{22}		X_{2k}	Y_{2k}
⋯	⋯	⋯	⋯		⋯	⋯
X_{n_11}	Y_{n_11}	X_{n_22}	Y_{n_22}		X_{n_kk}	Y_{n_kk}
$\overline{X}_1$	$\overline{Y}_1$	$\overline{X}_2$	$\overline{Y}_2$		$\overline{X}_k$	$\overline{Y}_k$

表 15-1 中，X 代表共變量，Y 為依變數，而不同的組別為自變數。

15-1　共變數分析與迴歸

由於 X 會影響 Y，因此我們不能直接比較 $\overline{Y}_1$，$\overline{Y}_2$，和 $\overline{Y}_K$，而需將各組 $\overline{Y}_j$ 加以調整。要調整 $\overline{Y}$ 則需根據 X 與 Y 的關係。我們假設 X 與 Y 為直線關係，而以 $\hat{Y}=a+bX$ 迴歸直線表示 Y 與 X 的關係。我們知道迴歸係數 b 之公式為：

$$b = \frac{\Sigma(X - \overline{X})(Y - \overline{Y})}{\Sigma(X - \overline{X})^2} \qquad\qquad (公式\ 7\text{-}6)$$

另由　$\hat{Y} - \overline{Y} = b(X - \overline{X})$ $\qquad\qquad (公式\ 7\text{-}7)$

得　$\hat{Y} = b(X - \overline{X}) + \overline{Y}$

$\Sigma(Y - \hat{Y})^2$ 就是除去 X 影響後 Y 的變異情形，也就是調整後 Y 的變異情形，以 SS'_Y 表示。

$$\begin{aligned}
SS'_Y &= \Sigma(Y - \hat{Y})^2 \\
&= \Sigma\left[\,Y - b(X - \overline{X}) - \overline{Y}\,\right]^2 \\
&= \Sigma\left[\,(Y - \overline{Y}) - b(X - \overline{X})\,\right]^2 \\
&= \Sigma(Y - \overline{Y})^2 - 2b\Sigma(X - \overline{X})(Y - \overline{Y}) + b^2\Sigma(X - \overline{X})^2 \\
&= \Sigma(Y - \overline{Y})^2 - 2\frac{\Sigma(X - \overline{X})(Y - \overline{Y})}{\Sigma(X - \overline{X})^2} \cdot \Sigma(X - \overline{X})(Y - \overline{Y}) \\
&\quad + \left[\frac{\Sigma(X - \overline{X})(Y - \overline{Y})}{\Sigma(X - \overline{X})^2}\right]^2 \cdot \Sigma(X - \overline{X})^2 \\
&= \Sigma(Y - \overline{Y})^2 - \frac{\left[\Sigma(X - \overline{X})(Y - \overline{Y})\right]^2}{\Sigma(X - \overline{X})^2}
\end{aligned}$$

式中 $\Sigma(X - \overline{X})(Y - \overline{Y})$ 為 X 變數的離均差 $(X - \overline{X})$ 與 Y 變數的離均差 $(Y - \overline{Y})$ 的積和（sum of products），以 SP 表示，而 $\Sigma(Y - \overline{Y})^2$ 以 SS_Y 表示，$\Sigma(X - \overline{X})^2$ 以表示 SS_X，則

$$SS'_Y = SS_Y - \frac{SP^2}{SS_X} \qquad\qquad (公式\ 15\text{-}1\text{-}1)$$

在共變數分析中，我們將使用到此一公式。另由於 x 即 $(X - \overline{X})$，y 即 $(Y - \overline{Y})$

而　$r_{XY} = \dfrac{\Sigma xy}{\sqrt{\Sigma x^2}\sqrt{\Sigma y^2}}$ $\qquad\qquad (公式\ 7\text{-}3)$

即　　$r^2_{XY} = \dfrac{SP^2}{SS_X SS_Y}$

故　　$SS'_Y = SS_Y - r^2_{XY} SS_Y$　　　　　　　（公式 15-1-2）

由公式 15-1-2 更可看出：SS'_Y 係由 SS_Y 中將與 X 相關或受 X 影響的部分排除。

15-2　獨立樣本單因子共變數分析

|| 例 15-1 ||

　　下表為三種教學方法之成績（Y），其共變數為智力（X），試檢定三種教學方法是否有顯著差異？

表 15-2

甲教學法		乙教學法		丙教學法	
X	Y	X	Y	X	Y
5	3	9	5	7	2
3	1	7	5	6	3
4	2	9	4	7	2
3	1	8	5	7	3
6	2	5	4	8	4
		7	4	5	1
				7	4
21	9	45	27	47	19

$\Sigma\Sigma X = 5 + 3 + 4 + \cdots\cdots + 5 + 7 = 113$

$\Sigma\Sigma Y = 3 + 1 + 2 + \cdots\cdots + 1 + 4 = 55$

$\Sigma\Sigma X^2 = 5^2 + 3^2 + 4^2 + \cdots\cdots + 5^2 + 7^2 = 765$　　　$n_1 = 5, n_2 = 6, n_3 = 7$

$\Sigma\Sigma Y^2 = 3^2 + 1^2 + 2^2 + \cdots\cdots + 1^2 + 4^2 = 201$　　　$N = 5 + 6 + 7 = 18$

(一)計算過程

1. 計算各種變異

(1)求 X 的 SS_t，SS_b 和 SS_w

$$SS_{t(X)} = \Sigma\Sigma X^2 - \frac{(\Sigma\Sigma X)^2}{N} = 765 - \frac{113^2}{18} = 55.61$$

$$SS_{b(X)} = \Sigma\frac{(\Sigma X)^2}{n_j} - \frac{(\Sigma\Sigma X)^2}{N} = \frac{21^2}{5} + \frac{45^2}{6} + \frac{47^2}{7} - \frac{113^2}{18} = 31.88$$

$$SS_{w(X)} = SS_{t(X)} - SS_{b(X)} = 55.61 - 31.88 = 23.73$$

(2)求 Y 的 SS_t，SS_b 和 SS_w

$$SS_{t(Y)} = \Sigma\Sigma Y^2 - \frac{(\Sigma\Sigma Y)^2}{N} = 201 - \frac{55^2}{18} = 32.94$$

$$SS_{b(Y)} = \Sigma\frac{(\Sigma Y)^2}{n_j} - \frac{(\Sigma\Sigma Y)^2}{N} = \frac{9^2}{5} + \frac{27^2}{6} + \frac{19^2}{7} - \frac{55^2}{18} = 21.22$$

$$SS_{w(Y)} = SS_{t(Y)} - SS_{b(Y)} = 32.94 - 21.22 = 11.72$$

(3)求 XY 的 SP_t，SP_b，及 SP_w

$$SP_t = \Sigma\Sigma XY - \frac{\Sigma\Sigma X\Sigma\Sigma Y}{N}$$

$$= (5)(3) + (3)(1) + \cdots\cdots + (5)(1) + (7)(4) - \frac{(113)(55)}{18}$$

$$= 377 - 345.27$$

$$= 31.72$$

$$SP_b = \Sigma\frac{\Sigma X\Sigma Y}{n_j} - \frac{\Sigma\Sigma X\Sigma\Sigma Y}{N}$$

$$= \frac{(21)(9)}{5} + \frac{(45)(27)}{6} + \frac{(47)(19)}{7} - \frac{(113)(55)}{18}$$

$$= 22.59$$

$$SP_w = 31.72 - 22.59 = 9.13$$

(4) 求 $SS'_{t(Y)}$，$SS'_{b(Y)}$ 及 $SS'_{w(Y)}$

$$SS'_{t(Y)} = SS_{t(Y)} - \frac{SP_t^2}{SS_{t(X)}} = 32.94 - \frac{(31.72)^2}{55.61} = 14.85$$

$$SS'_{w(Y)} = SS_{w(Y)} - \frac{SP_w^2}{SS_{w(X)}} = 11.72 - \frac{(9.13)^2}{23.73} = 8.21$$

$$SS'_{b(Y)} = SS'_{t(Y)} - SS'_{w(Y)} = 14.85 - 8.21 = 6.63$$

2. 計算 $MS'_{w(Y)}$ 及 $MS'_{b(Y)}$

將 $SS'_{b(Y)}$ 及 $SS'_{w(Y)}$ 各除以其自由度就是 $MS'_{b(Y)}$ 及 $MS'_{w(Y)}$。共變數分析的自由度與變異數分析的自由度略有不同。$SS'_{t(Y)}$ 自由度為 $N-2$，而不是 $N-1$，係因為用迴歸係數調整又多失去一個自由度之故。$SS'_{w(Y)}$ 的自由度為 $N-K-1$，亦多失去一個自由度。但 $SS'_{b(Y)}$ 自由度仍為 $K-1$，因 $SS'_{b(Y)} = SS'_{t(Y)} - SS'_{w(Y)}$，其自由度為 $(N-2)-(N-K-1) = K-1$。本例有三組，$K=3$。

$$MS'_{w(Y)} = SS'_{w(Y)}/(N-K-1) = 8.21/14 = .587$$

$$MS'_{b(Y)} = SS'_{b(Y)}/(K-1) = 6.63/2 = 3.315$$

3. 計算 F 值

$$F = \frac{MS'_{b(Y)}}{MS'_{w(Y)}} = \frac{3.315}{.587} = 5.65$$

4. 檢定結果

$$F = 5.65 > F_{.05(2,14)} = 3.74$$

　　因此三種教學方法之差異，在將智力因素調整後，仍達到顯著水準（*p < .05）。

　5. 製作共變數分析摘要表如下：

表 15-3　共變數分析摘要表

變異來源	SS′	df	MS′	F
組間（教學方法）	6.63	2	3.315	5.65*
組內（誤差）	8.21	14	.587	
全體	14.85	16		

*p < .05

(二) 事後比較

　　由於 F = 5.65，達到顯著水準，表示將智力因素（X）控制後，三組教學方法的成績仍有顯著差異，因此進行事後比較如下：

　1. 調整平均數

　　使用下列公式將原平均數 $\overline{Y}_j$ 加以調整，以便比較：

$$\overline{Y}_j' = \overline{Y}_j - b_w(\overline{X}_j - \overline{X}) \qquad （公式 15-2）$$

　　式中 b_w 為總和組內迴歸線（overall within-groups regression line）的斜率，其公式為：

$$b_w = \frac{\sum\sum(X-\overline{X}_j)(Y-\overline{Y}_j)}{\sum\sum(X-\overline{X}_j)^2}$$

$$= \frac{SP_w}{SS_{w(X)}} \qquad \text{（公式 15-3）}$$

公式 15-2 及 15-3 中的為 $\overline{X}_j$ 各組的 X 變數（智力）的平均數，$\overline{X}$ 為全體智力平均數，$\overline{Y}_j$ 為各組的 Y 變數（成績）的平均數。本例的 $\overline{X}_1 = 21/5 = 4.2$，$\overline{X}_2 = 7.5$，$\overline{X}_3 = 6.714$，$\overline{X} = 6.278$，$\overline{Y}_1 = 1.8$，$\overline{Y}_2 = 4.5$，$\overline{Y}_3 = 2.714$。

$$b_w = \frac{SP_w}{SS_{w(X)}} = \frac{9.13}{23.73} = .385$$

因此

$$\overline{Y}_1' = 1.8 - .385(4.2 - 6.278) = 2.599$$
$$\overline{Y}_2' = 4.5 - .385(7.5 - 6.278) = 4.03$$
$$\overline{Y}_3' = 2.714 - .385(6.714 - 6.278) = 2.546$$

2. 比較

以下列公式進行事後比較：

$$q = \frac{\overline{Y}_L' - \overline{Y}_S'}{\sqrt{\dfrac{MS_{error}}{n}}} \qquad \text{（公式 15-4）}$$

式中 $\overline{Y}_L'$ 為較大之 $\overline{Y}'$，$\overline{Y}_S'$ 為較小之 $\overline{Y}'$。而

$$MS_{error} = MS'_{w(Y)} \left(1 + \frac{SS_{b(X)}/(K-1)}{SS_{w(X)}} \right) \qquad \text{（公式 15-5）}$$

本例之 $MS_{error} = .587 \left(1 + \dfrac{31.88/(3-1)}{23.73} \right) = .981$

由於各組 n 不相同但差異不大，我們用下列公式計算 q 值：

$$q = \frac{\overline{Y}_L{}' - \overline{Y}_S{}'}{\sqrt{(\dfrac{1}{n_L} + \dfrac{1}{n_S})\dfrac{MS_{error}}{2}}} \quad (n_L \text{ 為 } \overline{Y}_L{}' \text{ 組的次數，} n_S \text{ 為 } \overline{Y}_S{}' \text{ 組的次數})$$

⑴ 比較 $\overline{Y}_1{}'$ 與 $\overline{Y}_2{}'$（甲教學法與乙教學法）

$$q = \frac{4.03 - 2.599}{\sqrt{(\dfrac{1}{6} + \dfrac{1}{5})\dfrac{.981}{2}}} = 3.37$$

⑵ 比較 $\overline{Y}_1{}'$ 與 $\overline{Y}_3{}'$（甲教學法與丙教學法）

$$q = \frac{2.599 - 2.546}{\sqrt{(\dfrac{1}{5} + \dfrac{1}{7})\dfrac{.981}{2}}} = .13$$

⑶ 比較 $\overline{Y}_2{}'$ 與 $\overline{Y}_3{}'$（乙教學法與丙教學法）

$$q = \frac{4.03 - 2.546}{\sqrt{(\dfrac{1}{6} + \dfrac{1}{7})\dfrac{.981}{2}}} = 3.81^*$$

查附錄表 G，$q_{\alpha(K,N-K-1)}$ 之值，得 $q_{.05(3,14)} = 3.70$，$q_{.01(3,14)} = 4.89$。

因此，乙教學法與丙教學法之差異達到顯著水準，而甲教學法與乙教學法，甲教學法與丙教學法之間差異則未達顯著。

㈢ 以 SPSS 進行共變數分析

首先建立資料檔如圖 15-1，再選擇一般線性模式的單變量，以 Y 為依變數，教學法為固定因子，共變量為 X。接著點選 EM 平均值，舊版為選項，出現對話框如圖 15-2，再將教學法右移至顯示平均數處，並勾選比較主效應，選擇之事後比較方法為 Sidak，因 SPSS 在共變數分析只有三種事後比較方法：LSD、Bonferroni 和 Sidak。LSD 的第一類型錯誤較

大，而 Bonferroni 較保守，檢定力較差，故選 Sidak。

	教學法	X	Y	var	var	var	var
1	1.00	5.00	3.00				
2	1.00	3.00	1.00				
3	1.00	4.00	2.00				
4	1.00	3.00	1.00				
5	1.00						
6	2.00						
7	2.00						
8	2.00						
9	2.00						
10	2.00						
11	2.00						
12	3.00						
13	3.00						
14	3.00						
15	3.00						
16	3.00						
17	3.00						

依變數(D)：
◉ Y

固定因子(F)：
◉ 教學法

亂數因子(A)：

共變量(C)：
◉ X

模式(M)...
比對(N)...
圖形(T)...
Post Hoc 檢定(H)...
儲存(S)...
選項(O)...

圖 15-1

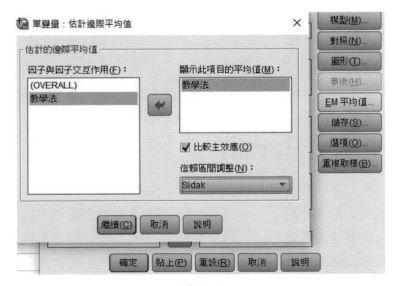

單變量：估計邊際平均值

估計的邊際平均值
因子與因子交互作用(F)：
(OVERALL)
教學法

顯示此項目的平均值(M)：
教學法

☑ 比較主效應(O)
信賴區間調整(N)：
Sidak

繼續(C)　取消　說明

模型(M)...
對照(N)...
圖形(T)...
事後(H)...
EM 平均值...
儲存(S)...
選項(O)...
重複取樣(B)...

確定　貼上(P)　重設(R)　取消　說明

圖 15-2

　　結果得到表 15-4 至表 15-7 的資料。表 15-5 中，三組教學法調整後的平均數分別為 2.599，4.030，和 2.546 與前面人工計算所得完全一樣。表 15-6 為以 Sidak 法進行多重比較結果，結果只有第 2 組與第 3 組之差異達到 .014 顯著性，即 P < .05 達到顯著水準與前面人工計算結果相同。最後表 15-7 為簡要之共變數分析摘要表，讀者可與前面表 15-3 比較，只有小數取位的差異。

表 15-4

依變項：Y

來源	型Ⅲ平方和	自由度	平均平方和	F 檢定	顯著性
校正後的模式	24.728(a)	3	8.243	14.044	.000
截距	.252	1	.252	.429	.523
X	3.512	1	3.512	5.984	.028
教學法	6.632	2	3.316	5.650	.016
誤差	8.217	14	.587		
總和	201.000	18			
校正後的總數	32.944	17			

a：R 平方 = .751（調整過後的 R 平方 = .697）

表 15-5

依變數：Y

教學法	平均數	標準誤	95% 信賴區間	
			下限	上限
1.00	2.599(a)	.473	1.584	3.615
2.00	4.030(a)	.367	3.242	4.817
3.00	2.546(a)	.298	1.908	3.185

a：使用下列的值評估模型中的共變量：X = 6.2278

表 15-6

依變數：Y

(I)教學法	(J)教學法	平均數差異(I-J)	標準誤	顯著性(a)	差異的 95%信賴區間(a)	
					下限	上限
1.00	2.00	-1.430	.696	.167	-3.316	.455
	3.00	.053	.598	1.000	-1.567	1.673
2.00	1.00	1.430	.696	.167	-.455	3.316
	3.00	1.483(*)	.444	.014	.281	2.686
3.00	1.00	-.053	.598	1.000	-1.673	1.567
	2.00	-1.483(*)	.444	.014	-2.686	-2.81

以可估計的邊際平均數為基礎

*：在水準 .05 的平均數差異顯著。

a：多重比較調整：Sidak。

表 15-7

依變數：Y

	平方和	自由度	平均平方和	F 檢定	顯著性
對比	6.632	2	3.316	5.650	.016
誤差	8.217	14	.587		

F：檢定教學法的效果。此檢定是以估計的邊際平均數中的線性自變數成對比較為基礎。

15-3　迴歸係數同質性檢定

　　共變數分析的基本假設為各組組內迴歸線的迴歸係數同質，即各組母體迴歸係數相同：$\beta_1 = \beta_2 = \cdots = \beta_K = \beta_W$。圖 15-1 以兩組情形說明各組內

迴歸係數是否同質。

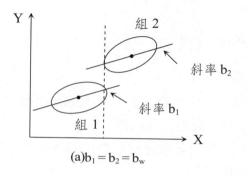

$$(a)b_1 = b_2 = b_w$$

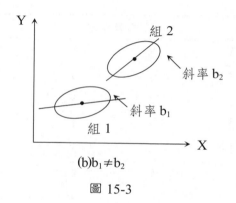

$$(b)b_1 \neq b_2$$

圖 15-3

圖 15-3(a) 中，b_1 與 b_2 相同，故自然是同質；圖 15-3(b) 中，b_1 與 b_2 雖不相同，但要推翻 $H_0 : \beta_1 = \beta_2$，即母體迴歸係數同質之虛無假設，需用下列公式加以檢定：

$$F = \frac{(SS'_{W(Y)} - S)/(K-1)}{S/(N-2K)}$$
（公式 15-6）

式中 K 為組數，N 為總人數

$$\text{而} \quad S = SS_{W(Y)} - \sum_{j=1}^{K} \left\{ \frac{\left[\Sigma(X-\overline{X}_j)(Y-\overline{Y}_j) \right]^2}{\Sigma(X-\overline{X}_j)^2} \right\}$$

$$= SS_{W(Y)} - \sum_{j=1}^{K} \left(\frac{(\Sigma XY - \frac{T_{Xj}T_{Yj}}{n_j})^2}{\Sigma X^2 - \frac{T_{Xj}^2}{n_j}} \right)$$

式中 $\overline{X}_j$ 為 X 變數的各組平均數，$\overline{Y}_j$ 為 Y 變數的各組平均數。T_{Xj} 為 X 變數的各組總分，T_{Yj} 為 Y 變數的各組總分。

我們以表 15-2 之資料計算迴歸係數同質性檢定，為便於說明，將表 15-2 之有關資料列出如下：

甲數學法		乙教學法		丙教學法	
X	Y	X	Y	X	Y
5	3	9	5	7	2
3	1	7	5	6	3
4	2	9	4	7	2
3	1	8	5	7	3
6	2	5	4	8	4
		7	4	5	1
				7	4
$T_{X1}=21$ $T_{Y1}=9$		$T_{X2}=45$ $T_{Y2}=27$		$T_{X3}=47$ $T_{Y3}=19$	
$n_1 = 5$		$n_2 = 6$		$n_3 = 7$	
		$SS_{w(Y)} = 11.72, SS'_{w(Y)} = 8.21$			

首先計算 S：

$$S = SS_{w(Y)} - \sum_{j=1}^{K} \left(\frac{(\Sigma XY - \frac{T_{Xj}T_{Yj}}{n_j})^2}{\Sigma X^2 - \frac{T_{Xj}^2}{n_j}} \right)$$

$$=11.72-\left(\frac{(5\times3+3\times1+4\times2+3\times1+6\times2-\frac{21\times9}{5})^2}{5^2+3^2+4^2+3^2+6^2-\frac{21^2}{5}}\right)$$

$$-\left(\frac{(9\times5+7\times5+9\times4+8\times5+5\times4+7\times4-\frac{45\times27}{6})^2}{9^2+7^2+9^2+8^2+5^2+7^2-\frac{45^2}{6}}\right)$$

$$-\left(\frac{(7\times2+6\times3+7\times2+7\times3+8\times4+5\times1+7\times4-\frac{47\times19}{7})^2}{7^2+6^2+7^2+7^2+8^2+5^2+7^2-\frac{47^2}{7}}\right)$$

$$=11.72-\frac{(3.2)^2}{6.8}-\frac{(1.5)^2}{11.5}-\frac{(4.43)^2}{5.43}$$

$$=6.419$$

再計算 F：

$$F=\frac{(SS'_{w(Y)}-S)/(K-1)}{S/(N-2K)}$$

$$=\frac{(8.21-6.419)/(3-1)}{6.419/(18-2\times3)}$$

$$=1.686$$

由於　　$F=1.686<F_{.05(2,12)}=3.88$

　　因此保留迴歸係數同質之假定，所以可以進行以上之共變數分析。如果 F 值相當大，因而推翻迴歸係數同質性之假設，則共變數分析的結果可能導致錯誤。此時可採用詹森—內曼法（Johnson-Neyman technique）分析在不同共變量（X）下，各調整平均數（$\overline{Y}'$）差異的情形，其計算較為繁雜。單（固定）因子共變數分析即使違反迴歸係數同質性假設，其結果並不嚴重（引自 Glass & Hopkins, 2008）。

　　當迴歸係數不同質時，即表示自變數（本例為教學方法）與共變量（本例為智力 X）有交互作用。也就是智力不同時，教學方法對成績（依變數 Y）影響可能不同。因此在以 SPSS 檢定迴歸係數同質性時，我們要

點選模式或模型（M）的自訂。並將教學法及 X 同時塗黑右移至模式下的空白處，圖 15-3 新版 SPSS 則需將其先以箭頭置於建置項目中，並以方式 (Y)* 連結，再按新增。此時會出現教學法 *X 於空格中。再點選繼續與確定，可得到表 15-8 之結果。由表 15-8 中，我們可看出教學法 *X 的 F 檢定值為 1.686 與前面用公式 15-6 計算之 F 值相同。

圖 15-3

表 15-8

依變數：Y

來源	型Ⅲ平方和	自由度	平均平方和	F 檢定	顯著性
校正後的模式	26.530(a)	5	5.306	9.927	.001
截距	.021	1	.021	.039	.847
教學法	3.228	2	1.614	3.020	.087
X	4.800	1	4.800	8.979	.011
教學法 * X	1.802	2	.901	1.686	.226
誤差	6.414	12	.535		
總和	201.000	18			
校正後的模式	32.944	17			

a　R 平方 = .805（調整過後的 R 平方 = .724）

15-4　共變數分析的其他應用與基本假設

　　本章只討論獨立樣本單因子共變數分析，共變數分析也可應用在重複量數及多因子的情形。另外也可以有二個或二個以上的共變量，有時候增加共變量，可使實驗較爲精確。以上重複量數、多因子，以及多共變量（multiple covariates）的共變數分析，原理相同可用電腦處理。

　　共變數分析有一些基本假設，前面已提過的假設爲各組組內迴歸係數同質以及另一基本假設是共變量（X）與依變數（Y）爲直線關係。另外共變量應不受實驗處理的影響，如果共變量受實驗處理的影響，則共變數分析並不合適。例如我們研究不同英語教學方式對學習效果的影響。若以學習態度爲共變量，則因學習態度會受教學方式的影響，以致使得共變數分析無效。要避免此種情形，我們應在實驗之前先測量會受實驗影響的共變量。

　　在前測─後測實驗設計中，我們通常以前測爲共變量，以後測爲依變數，以進行共變數分析。另外也可以後測減前測的差異分數，進行 t 檢定（兩組）或變異數分析（三組以上）。共變數分析結果與這兩種分析結果，大部分應該相同，但有時會有不同。因前者是分析若各組前測分數相同時（以統計控制），經實驗處理後，各組後測分數是否有顯著差異；而後者是分析經實驗處理，各組差異或進步分數（後測減前測）是否有顯著差異。

習題十五

1. 有 15 位學生被隨機分派為三組，參加教學實驗，實驗結果如下表所示。表中 X 表共變量係閱讀能力，Y 表依變數係成績，試求：(1)總和組內迴歸線的斜率（b_w），(2)各組成績之調整平均數（$\overline{Y}'$），及(3)各組 $\overline{Y}'$ 之間是否有顯著差異。

A 組		B 組		C 組	
X	Y	X	Y	X	Y
2	5	14	7	20	20
4	8	16	8	18	22
5	7	15	10	23	26
8	9	19	13	25	28
6	11	11	12	24	24

2. 有 15 位學生參加某種實驗，被隨機分派為三組，實驗結果如下表所示。表中 X 表共變量，Y 表依變數。試以共變數分析檢定調整後各組 $\overline{Y}'$ 之間差異是否顯著。

甲組		乙組		丙組	
X	Y	X	Y	X	Y
3	8	9	16	16	31
6	7	13	25	17	36
8	10	16	26	21	33
10	16	19	20	25	39
11	13	20	32	31	41

3. 假設有三種教學生閱讀地圖的方式：(1) 在教室中教；(2) 一半在教室中教，一半實地實習；(3) 完全實地實習。由於居住環境與閱讀地圖可能有關，因此我們將學生居住環境分為：(1) 城市，(2) 鄉村，作為第二個因子。另外閱讀地圖也與學生年齡有關，因此我們以學生年齡為共變量（X）。實驗結果如下，請以電腦統計套裝軟體進行二因子共變數分析，檢定調整後各種教學方法之間及居住環境之間是否有顯著差異？以及兩者之間是否有交互作用？

	教學方法					
	I		II		III	
	X	Y	X	Y	X	Y
都市	9	6	10	16	11	29
	10	13	13	11	9	27
	12	17	15	27	8	14
	15	29	17	24	7	13
鄉村	9	9	8	8	11	33
	10	17	10	24	9	31
	13	19	12	26	8	18
	16	28	14	37	7	18

第十六章

淨相關、複相關及
複迴歸

16-1　淨相關（Partial Correlation）

　　淨相關（或稱偏相關）是指除去其他變數影響後，兩變數之間相關的程度。例如我們計算大學成績與畢業後收入的相關，發現兩者相關頗高。但是大學成績與收入都會受到另一變數 IQ 的影響。所以大學成績與收入的淨相關就是把 IQ 的影響自成績與收入中去除後，兩者的相關。我們若以 X_1 代表收入，X_2 代表成績，X_3 代表 IQ。則 r_{12} 指收入與成績的相關，r_{13} 指收入與 IQ 的相關，r_{23} 指成績與 IQ 的相關。而 $r_{12.3}$ 就是指將 IQ 去除後，收入與大學成績的淨相關。計算 $r_{12.3}$ 的公式為：

$$r_{12.3} = \frac{r_{12} - r_{13}r_{23}}{\sqrt{1-r_{13}^2}\sqrt{1-r_{23}^2}} \qquad （公式 16-1）$$

　　從迴歸的觀點來看，淨相關就是由 X_3 預測 X_1 所產生的誤差 $(X_1 - \hat{X}_1)$ 與由 X_3 預測 X_2 所產生的誤差 $(X_2 - \hat{X}_2)$ 之間的相關。也就是去除 X_3 影響後，X_1 與 X_2 的相關。不過實際計算 $r_{12.3}$，我們不必計算 $(X_1 - \hat{X}_1)$ 與 $(X_2 - \hat{X}_2)$ 的相關，而以公式 16-1 計算較為簡便。

㈠計算過程

|| 例 16-1 ||

　　10 位大學畢業生的畢業後收入（X_1），大學成績（X_2）和 IQ（X_3）的資料如表 16-1 所示，試計算收入與大學成績的淨相關。

表 16-1

X₁（千元）	X₂	X₃	X₁−23	X₂−75	X₃−110
15	60	95	− 8	− 15	− 15
16	65	103	− 7	− 10	− 7
19	69	101	− 4	− 6	− 9
24	73	107	1	− 2	− 3
20	74	105	− 3	− 1	− 5
29	76	111	6	1	1
26	79	115	3	4	5
28	83	121	5	8	11
32	84	122	9	9	12
30	86	119	7	11	9

　　爲了方便計算，我們將 X_1 減去 23，X_2 減去 75，X_3 減去 110，仍稱
之爲 X_1，X_2 與 X_3 如下表，以計算 r_{12}，r_{13}，r_{23} 及 $r_{12.3}$。

表 16-2

X₁	X₂	X₃	X₁²	X₂²	X₃²	X₁X₂	X₁X₃	X₂X₃
− 8	− 15	− 15	64	225	225	120	120	225
− 7	− 10	− 7	49	100	49	70	49	70
− 4	− 6	− 9	16	36	81	24	36	54
1	− 2	− 3	1	4	9	− 2	− 3	6
− 3	− 1	− 5	9	1	25	3	15	5
6	1	1	36	1	1	6	6	1
3	4	5	9	16	25	12	15	20
5	8	11	25	64	121	40	55	88
9	9	12	81	81	144	81	108	108
7	11	9	49	121	81	77	63	99
9	− 1	− 1	339	649	761	431	464	676

上表中 $\Sigma X_1 = 9 \quad \Sigma X_2 = -1 \quad \Sigma X_3 = -1 \quad \Sigma X_1^2 = 339 \quad \Sigma X_2^2 = 649$

$\Sigma X_3^2 = 761 \quad \Sigma X_1 X_2 = 431 \quad \Sigma X_1 X_3 = 464 \quad \Sigma X_2 X_3 = 676$

$$r_{12} = \frac{\Sigma X_1 X_2 - \dfrac{\Sigma X_1 \Sigma X_2}{N}}{\sqrt{\Sigma X_1^2 - \dfrac{(\Sigma X_1)^2}{N}}\sqrt{\Sigma X_2^2 - \dfrac{(\Sigma X_2)^2}{N}}}$$

$$= \frac{431 - \dfrac{(9)(-1)}{10}}{\sqrt{339 - \dfrac{9^2}{10}}\sqrt{649 - \dfrac{(-1)^2}{10}}} = \frac{431.9}{463.38} = .93$$

$$r_{13} = \frac{\Sigma X_1 X_3 - \dfrac{\Sigma X_1 \Sigma X_3}{N}}{\sqrt{\Sigma X_1^2 - \dfrac{(\Sigma X_1)^2}{N}}\sqrt{\Sigma X_3^2 - \dfrac{(\Sigma X_3)^2}{N}}}$$

$$= \frac{464 - \dfrac{(9)(-1)}{10}}{\sqrt{339 - \dfrac{9^2}{10}}\sqrt{761 - \dfrac{(-1)^2}{10}}} = \frac{464.9}{501.78} = .93$$

$$r_{23} = \frac{\Sigma X_2 X_3 - \dfrac{\Sigma X_2 \Sigma X_3}{N}}{\sqrt{\Sigma X_2^2 - \dfrac{(\Sigma X_2)^2}{N}}\sqrt{\Sigma X_3^2 - \dfrac{(\Sigma X_3)^2}{N}}}$$

$$= \frac{676 - \dfrac{(-1)(-1)}{10}}{\sqrt{649 - \dfrac{(-1)^2}{10}}\sqrt{761 - \dfrac{(-1)^2}{10}}} = \frac{675.9}{698.87} = .96$$

$$r_{12.3} = \frac{r_{12} - r_{13}r_{23}}{\sqrt{1 - r_{13}^2}\sqrt{1 - r_{23}^2}} = \frac{.93 - (.93)(.96)}{\sqrt{1 - (.93)^2}\sqrt{1 - (.96)^2}} = \frac{.0372}{.1029} = .36$$

(二)顯著性檢定

要檢定淨相關是否顯著不同於 0，使用下列公式 16-1-2：

$$t = \frac{r_{12.3}}{\sqrt{\dfrac{1 - r_{12.3}^2}{N - 3}}} \qquad （公式 16-1-2）$$

例 16-1 中，$r_{12.3} = .36$，其顯著性檢定如下：

$$t = \frac{.36}{\sqrt{\dfrac{1-.36^2}{10-3}}} = 1.02$$

自由度 $N - 3 = 10 - 3 = 7$，雙尾檢定，$t_{.05(7)} = 2.365$，大於 1.02。因此，大學成績與收入之淨相關未顯著不同於 0，即去除智力因素後，大學成績與收入相關未達顯著水準（$p > .05$）。

（三）二次淨相關（second-order partial correlation）

我們也可以排除二個或二個以上變數的影響，排除二個變數影響的淨相關稱為二次淨相關。從 X_1 與 X_2 的相關中，排除 X_3 與 X_4 影響的二次淨相關公式為：

$$r_{12.34} = \frac{r_{12.4} - r_{13.4} r_{23.4}}{\sqrt{(1-r_{13.4}^2)(1-r_{23.4}^2)}} \qquad （公式 16\text{-}2）$$

式中 $r_{12.34}$ 為二次淨相關，而 $r_{12.4}$，$r_{13.4}$ 及 $r_{23.4}$ 則為一次淨相關。二次淨相關使用之機會較少，我們不舉例計算。

16-2　複相關（Multiple Correlation）

（一）意義及計算公式

通常影響一個變數的因素不只一個，例如影響學業成績的因素除了 IQ 之外尚有成就動機、社經地位等……。複相關就是計算一個變數與兩個或兩個以上變數的相關。計算一個變數與兩個變數的複相關，可用下列公式：

$$R_{1.23} = \sqrt{\frac{r_{12}(r_{12}-r_{13}r_{23})+r_{13}(r_{13}-r_{12}r_{23})}{1-r_{23}^2}} \qquad （公式 16-3）$$

式中 $R_{1.23}$ 爲變數 X_1 對 X_2 及 X_3 的複相關係數。r_{12}，r_{13} 及 r_{23} 則爲 X_1，X_2 與 X_3 之間的簡單相關。

以例 16-1 爲例，收入（X_1）對大學成績（X_2）及 IQ（X_3）之複相關係數爲：

$$R_{1.23} = \sqrt{\frac{.93(.93-(.93)(.96))+.93(.93-(.93)(.96))}{1-(.96)^2}}$$
$$= .94$$

計算複相關尚有其他公式，我們將在 16-3 節複迴歸中介紹。而計算一個變數對兩個以上變數的複相關，通常需用電腦處理。

(二) 複相關之性質

複相關之重要性質如下：

1. $0 \leq R \leq 1$，即複相關均爲正值。

2. 複相關必大於或等於簡單相關，即 $R_{1.23} \geq r_{12}$，$R_{1.23} \geq r_{13}$。而較高次之複相關必大於或等於較低次之複相關，即 $R_{1.234} \geq R_{1.23}$，依此類推。

3. R^2 稱爲決定係數，例 16-1 中，收入的變異有 $(.94)^2 = 88\%$ 可由大學成績及 IQ 決定。

(三) 複相關的顯著性檢定

簡單相關中，我們以 t 檢定檢定母體相關係數（ρ）是否爲 0。複相關中，則以 F 檢定檢定母體複相關是否爲 0。

$$F = \frac{R^2/k}{(1-R^2)/(n-k-1)} \qquad （公式 16-4）$$

式中 R^2 爲複相關，k 爲自變數（預測變數）的數目，n 爲樣本人數。例 16-1 中，$R_{1.23}$ 之依變數爲 X_1，自變數爲 X_2 與 X_3，故 $k = 2$。而 $n = 10$，代入公式 16-4：

$$F = \frac{(.94)^2/2}{(1-.94^2)/(10-2-1)}$$
$$= 26.57$$

查附錄表 D，自由度 $df_1 = 2$，$df_2 = 7$，$\alpha = .01$，關鍵值 $F_{.01(2,7)} = 9.55$，而我們計算得到的 $F = 26.57 > 9.55$，因此，表示收入對大學成績及 IQ 之複相關達到非常顯著水準（**$p < .01$）。

16-3　複迴歸

16-3-1　基本概念

除了求一個變數對兩個或兩個以上變數的複相關之外，我們也可計算一個變數對兩個或兩個以上變數的複迴歸方程式。根據複迴歸方程式我們可由兩個或兩個以上自變數來預測依變數。當依變數爲 X_1，而自變數爲 X_2 與 X_3 時，其迴歸方程式爲：

$$\hat{X}_1 = a + b_{12.3}X_2 + b_{13.2}X_3$$

式中，$\hat{X}_1$ 爲預測值，a 爲截距，$b_{12.3}$ 爲除去 X_3 影響後 X_1 對 X_2 的淨迴歸（或偏迴歸）係數（partial regression coefficient）；同理，$b_{13.2}$ 爲除去 X_2 之影響後 X_1 對 X_3 的淨迴歸係數。$\hat{X}_1 = a + b_{12.3}X_2 + b_{13.2}X_3$ 爲一迴歸平面，如圖 16-1 所示：

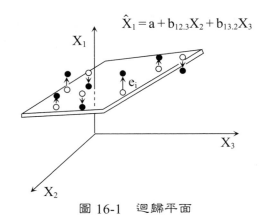

$$\hat{X}_1 = a + b_{12.3}X_2 + b_{13.2}X_3$$

圖 16-1　迴歸平面

　　在簡單迴歸中，求取迴歸直線係用最小平方法之原理。在複迴歸中，亦用相同原理使各點至 $\hat{X}_1 = a + b_{12.3}X_2 + b_{13.2}X_3$ 迴歸平面垂直距離 $(X_1 - \hat{X}_1)$ 之平方和最小，即使 $\Sigma(X_1 - \hat{X}_1)^2$ 最小。此時 $\hat{X}_1 = a + b_{12.3}X_2 + b_{13.2}X_3$ 迴歸平面通過各點之間而最能代表各點。要使 $\Sigma(X_1 - \hat{X}_1)^2$ 最小，即是使 $\Sigma(X_1 - a - b_{12.3}X_2 - b_{13.2}X_3)^2$ 最小。以最小平方法求得的淨迴歸係數與簡單相關係數的關係如下：

$$b_{12.3} = \frac{r_{12} - r_{13}r_{23}}{1 - r_{23}^{2}} \cdot \frac{S_1}{S_2} \qquad \text{（公式 16-5-1）}$$

$$b_{13.2} = \frac{r_{13} - r_{12}r_{23}}{1 - r_{23}^{2}} \cdot \frac{S_1}{S_3} \qquad \text{（公式 16-5-2）}$$

式中 S_1，S_2 和 S_3 分別為 X_1，X_2 與 X_3 的標準差。
而

$$a = \overline{X}_1 - b_{12.3}\overline{X}_2 - b_{13.2}\overline{X}_3 \qquad \text{（公式 16-5-3）}$$

另外，如果我們將 X_1，X_2 及 X_3 均化為 Z 分數（標準分數）再求 Z_1

對 Z_2 與 Z_3 的迴歸方程式，則截距 a 消失，其迴歸方程式為：

$$\hat{Z}_1 = \beta_{12.3}Z_2 + \beta_{13.2}Z_3$$

式中 $\beta_{12.3}$ 與 $\beta_{13.2}$ 稱為標準化淨迴歸係數（standardized partial regression coefficients）。標準化淨迴歸係數與簡單相關之關係為：

$$\beta_{12.3} = \frac{r_{12} - r_{13}r_{23}}{1 - r_{23}^2} \qquad （公式 16-6-1）$$

$$\beta_{13.2} = \frac{r_{13} - r_{12}r_{23}}{1 - r_{23}^2} \qquad （公式 16-6-2）$$

比較公式 16-5 和 16-6，我們知道

$$\beta_{12.3} = b_{12.3}\frac{S_2}{S_1} \qquad （公式 16-7-1）$$

$$\beta_{13.2} = b_{13.2}\frac{S_3}{S_1} \qquad （公式 16-7-2）$$

而複相關係數可用 β 值與簡單相關求得如下：

$$R_{1.23} = \sqrt{\beta_{12.3}r_{12} + \beta_{13.2}r_{13}} \qquad （公式 16-8）$$

16-3-2　計算實例

|| 例 16-2 ||

　　10 位大學生的大學成績（X_1），高中成績（X_2）及 IQ（X_3）資料如下表，試計算⑴ 大學成績對高中成績及 IQ 的原始分數迴歸方程式；⑵ 標準分數迴歸方程式；⑶ 複相關係數 $R_{1.23}$。

表 16-3

X_1	X_2	X_3	X_1^2	X_2^2	X_3^2	X_1X_2	X_1X_3	X_2X_3
4	3.5	120	16	12.25	14,400	14	480	420
3.5	4	114	12.25	16	12,996	14	399	456
3	2	110	9	4	12,100	6	330	220
2.5	2	104	6.25	4	10,816	5	260	208
2.5	2.5	100	6.25	6.25	10,000	6.25	250	250
2	3	90	4	9	8,100	6	180	270
1.5	2	90	2.25	4	8,100	3	135	180
1	1	95	1	1	9,025	1	95	95
1.5	1	84	2.25	1	7,056	1.5	126	84
1	0.5	84	1	0.25	7,056	0.5	84	42
22.5	21.5	991	60.25	57.75	99,649	57.25	2,339	2,225

$$r_{12} = \frac{\sum X_1 X_2 - \dfrac{\sum X_1 \sum X_2}{N}}{\sqrt{\sum X_1^2 - \dfrac{(\sum X_1)^2}{N}}\sqrt{\sum X_2^2 - \dfrac{(\sum X_2)^2}{N}}}$$

$$= \frac{57.25 - \dfrac{(22.5)(21.5)}{10}}{\sqrt{60.25 - \dfrac{(22.5)^2}{10}}\sqrt{57.75 - \dfrac{(21.5)^2}{10}}} = \frac{8.875}{10.532} = .843$$

$$r_{13} = \frac{\sum X_1 X_3 - \dfrac{\sum X_1 \sum X_3}{N}}{\sqrt{\sum X_1^2 - \dfrac{(\sum X_1)^2}{N}}\sqrt{\sum X_3^2 - \dfrac{(\sum X_3)^2}{N}}}$$

$$= \frac{2,339 - \dfrac{(22.5)(991)}{10}}{\sqrt{60.25 - \dfrac{(22.5)^2}{10}}\sqrt{99,649 - \dfrac{(991)^2}{10}}} = \frac{109.25}{117.765} = .928$$

$$r_{23} = \frac{\sum X_2 X_3 - \dfrac{\sum X_2 \sum X_3}{N}}{\sqrt{\sum X_2^2 - \dfrac{(\sum X_2)^2}{N}}\sqrt{\sum X_3^2 - \dfrac{(\sum X_3)^2}{N}}}$$

$$= \frac{2,225 - \frac{(21.5)(991)}{10}}{\sqrt{57.75 - \frac{(21.5)^2}{10}} \sqrt{99,649 - \frac{(991)^2}{10}}} = \frac{94.35}{128.866} = .732$$

$$S_1 = \sqrt{\frac{\sum X_1^2 - \frac{(\sum X_1)^2}{N}}{N}} = \sqrt{\frac{60.25 - \frac{(22.5)^2}{10}}{10}} = .981$$

$$S_2 = \sqrt{\frac{\sum X_2^2 - \frac{(\sum X_2)^2}{N}}{N}} = \sqrt{\frac{57.75 - \frac{(21.5)^2}{10}}{10}} = 1.074$$

$$S_3 = \sqrt{\frac{\sum X_3^2 - \frac{(\sum X_3)^2}{N}}{N}} = \sqrt{\frac{99,649 - \frac{(991)^2}{10}}{10}} = 12.004$$

$$\overline{X}_1 = \frac{22.5}{10} = 2.25$$

$$\overline{X}_2 = \frac{21.5}{10} = 2.15$$

$$\overline{X}_3 = \frac{991}{10} = 99.1$$

1. 計算原始分數之迴歸方程式

$$b_{12.3} = \frac{r_{12} - r_{13}r_{23}}{1 - r_{23}^2} \cdot \frac{S_1}{S_2} = \frac{.843 - (.928)(.732)}{1 - (.732)^2} \cdot \frac{.981}{1.074} = .322$$

$$b_{13.2} = \frac{r_{13} - r_{12}r_{23}}{1 - r_{23}^2} \cdot \frac{S_1}{S_3} = \frac{.928 - (.843)(.732)}{1 - (.732)^2} \cdot \frac{.981}{12.004} = .055$$

$$a = \overline{X}_1 - b_{12.3}\overline{X}_2 - b_{13.2}\overline{X}_3 = 2.25 - (.322)(2.15) - (.055)(99.1)$$

$$= -3.89$$

因此，原始分數之迴歸方程式為：

$$\hat{X}_1 = -3.89 + .322X_2 + .055X_3$$

我們可以利用原始分數迴歸方程式進行預測，即代入 X_2 和 X_3 求得 $\hat{X}_1$。

2. 計算標準分數迴歸方程式

$$\beta_{12.3} = b_{12.3}\frac{S_2}{S_1} = .322\frac{1.074}{.981} = .353$$

$$\beta_{13.2} = b_{13.2}\frac{S_3}{S_1} = .055\frac{12.004}{.981} = .673$$

因此，標準分數之迴歸方程式為：

$$\hat{Z}_1 = .353Z_2 + .673Z_3$$

3. 計算 $R_{1.23}$

$$R_{1.23} = \sqrt{\beta_{12.3}r_{12} + \beta_{13.2}r_{13}} = \sqrt{(.353)(.843) + (.673)(.928)} = .96$$

16-3-3　R 與 β 值的解釋

　　例 16-2 中，$R_{1.23}^2 = (.96)^2 = .92$，表示大學成績（$X_1$）的變異有 92%
係由高中成績（X_2）及 IQ（X_3）所決定。而 $R_{1.23}^2 - r_{12}^2 = .92 - (.843)^2 = .21$，
表示在 X_2 之後 X_3 的 R^2 的增加量為 .21；也就是 X_1 的變異有 21% 是 X_3
的獨特貢獻（unique contribution。$R_{1.23}^2 - r_{13}^2 = .92 - (.928)^2 = .059$，表示在
X_3 之後，X_2 的 R^2 增加量為 .059；也就是 X_1 的變異有 5.9% 是 X_2 的獨
特貢獻。將 $R_{1.23}^2$ 減去 X_2 和 X_3 的獨特貢獻，即為 X_2 和 X_3 的共同作用部
分。$.92 - .21 - .059 = .657$，表示 X_1 的變異有 65.1% 是 X_2 與 X_3 所共同造
成的。X_2 與 X_3 的獨特貢獻通常以 $U(X_2)$ 及 $U(X_3)$ 表示。如果自變項之間
相關為 0，即 $r_{23} = 0$，則 $U(X_2) = \beta_{12.3}^2$，$U(X_3) = \beta_{13.2}^2$。但是本例 $r_{23} = .732$，
故 $U(X_2) \neq \beta_{12.3}^2$，$U(X_3) \neq \beta_{13.2}^2$。$\beta$ 值因為係標準化迴歸係數，不受自變數
單位的影響，因此通常被用來比較各自變數的重要性，也就是 β 值較大的

自變數對依變數的預測力也較大。例如上例中 $\beta_{12.3} = .353$，$\beta_{13.2} = .673$，表示 X_3 的預測力較 X_2 爲大。不過當各自變項之間的相關較高時，β 值較不穩定。有時比較各自變數的重要性亦以 R^2 增加量即獨特貢獻爲準。獨特貢獻較大者，其重要性也較大。本例中 $U(X_2) = .059$，而 $U(X_3) = .21$，表示 X_3 的重要性或預測力較大。

16-3-4　R^2 增加量的顯著性檢定

以 X_1 爲依變數而 X_2 和 X_3 爲自變數，則 X_3 的 R^2 增加量爲 $R^2_{1.23} - r^2_{12}$，也就是先求得 r^2_{12} 之後，再投入 X_3 求得 $R^2_{1.23}$，及計算 $R^2_{1.23} - r^2_{12}$。X_2 的 R^2 增加量爲 $R^2_{1.23} - r^2_{13}$，也就是先求得 r^2_{13} 之後，再投入 X_2 求得 $R^2_{1.23}$，及計算 $R^2_{1.23} - r^2_{13}$。我們先檢定 $R^2_{1.23}$，再檢定 R^2 增加量如下：

R^2 的顯著性檢定公式爲：

$$F = \frac{R^2/k}{(1-R^2)/(n-k-1)}$$

因此，例 16-2 之 R^2 顯著性檢定爲：

$$F = \frac{(.96)^2/2}{(1-.96^2)/(10-2-1)} = 41.14$$

查附錄表 D，$F_{.01(2,7)} = 9.55$，而計算得到的 $F = 41.14 > 9.55$，因此，R^2 達到非常顯著水準（**$p < .01$）。

R^2 增加量的檢定公式爲：

$$F = \frac{R^2 增加量}{(1-R^2)/(n-k-1)} \qquad (公式 16\text{-}9)$$

$$或 \quad F = \frac{U(X_i)}{(1-R^2)/(n-k-1)}$$

式中 U (X_i) 就是 X_i 的獨特貢獻即投入 X_i 後的 R^2 增加量。k 為自變數的個數，自由度為 $(1, n-k-1)$。

例 16-2 中，

$$U(X_2) = R^2_{1.23} - r^2_{13} = (.96)^2 - (.928)^2 = .059$$

其顯著性檢定為：

$$F = \frac{.059}{(1-.96^2)/(10-2-1)} = 5.268$$

查附錄表 D，$F_{.05(1,7)} = 5.59$，而計算得到之 F = 5.268 < 5.59，因此表示 X_2 的獨特貢獻，即投入 X_2 後的 R^2 增加量未達到顯著水準（p > .05）。

$$U(X_3) = R^2_{1.23} - r^2_{12} = (.96)^2 - (.843)^2 = .21$$

其顯著性檢定為：

$$F = \frac{.21}{(1-.96^2)/(10-2-1)} = 18.75$$

查附錄表 D，$F_{.01(1,7)} = 12.25$，而計算得到的 F = 18.75 > 12.25，因此表示 X_3 的獨特貢獻，即投入 X_3 後的 R^2 增加量達到非常顯著水準（**p < .01）。

檢定 R^2 的 F 值，通常稱為總 F 值。而檢定 R^2 增加量的 F 值，通常稱為淨 F 值。例 16-2 的總 F 值為 41.14**，而 X_3 的 R^2 增加量淨 F 值為 18.75**，X_2 的 R^2 增加量淨 F 值為 5.268。

16-3-5　複相關係數的縮減（Shrinkage of the multiple correlation）

　　根據某一樣本所得到的複迴歸係數，如果用於另一個樣本時，所得到的複相關係數 R，幾乎一定會比原來求得的 R 為小。這種現象稱為複相關係數的縮減。因此樣本的 R 不是母體 R 的不偏估計值，而有偏高的情形。尤其是樣本越小時，偏高情形越大。因此必須將原來求得的 R 加以校正如下：

$$R'^2 = 1 - \frac{n-1}{n-k-1}(1-R^2) \qquad （公式 16-10）$$

　　式中 R'^2 稱為校正後的 R 平方（adjusted R square），n 為樣本人數，k 為自變數的數目。

　　例 16-2 的 R'^2 為：

$$R'^2 = 1 - \frac{10-1}{10-2-1}(1-.96^2)$$
$$= .899$$

16-3-6　估計標準誤（Standard error of estimate）

　　在簡單迴歸中，估計標準誤的公式為：

$$S_{Y.X} = S_Y\sqrt{1-r^2}$$

S_Y 為依變數的標準差，而 $S_{Y \cdot X}$ 為 X 預測 Y 的估計標準誤。
二個自變數的複迴歸的估計標準誤則為：

$$S_{1.23} = S_1\sqrt{1-R^2} \qquad （公式 16-11）$$

$S_{1.23}$ 為以 X_2 及 X_3 預測 X_1 的估計標準誤，S_1 為 X_1 的標準差。由於 R^2 非不偏估計值，故估計標準誤也須校正如下：

$$S'_{1.23} = S_1 \sqrt{\frac{n-1}{n-k-1}(1-R^2)} \qquad （公式 16-12）$$

例 16-2 的 $S_1 = .981$，$R^2 = (.96)^2$，其估計標準誤為：

$$S'_{1.23} = .981 \sqrt{\frac{10-1}{10-2-1}(1-.96^2)}$$
$$= .311$$

16-4　逐步迴歸分析（Stepwise Regression）

在例 16-2 中，自變數有兩個，即 X_2 與 X_3，它們的獨特貢獻即 R^2 增加量有 X_2 未達到顯著水準。因此，X_2 須從迴歸方程式 $\hat{X}_1 = a + b_{12.3}X_2 + b_{13.2}X_3$ 中加以淘汰。如果有一個自變數的獨特貢獻即 R^2 增加量未達顯著水準，則表示該變數無法增加對依變數的預測力，因此要加以淘汰。當自變數較多時，往往會有部分變數的 R^2 增加量未達顯著水準而被淘汰。在逐步迴歸分析中，我們首先投入與依變數相關最高的自變數，然後再投入 R^2 增加量最大的自變數，如此逐步投入自變數，至剩下自變數沒有一個自變數的 R^2 增加量達到顯著水準為止。所以如果原有 k_1 個自變數，在逐步迴歸分析後，可能只有 k_2 個（$k_2 < k_1$）自變數會留在迴歸方程式，其餘則被淘汰。在逐步迴歸分析中，每次投入一個變數後，都需計算已投入的各變數的獨特貢獻，若有獨特貢獻未達顯著水準，就將其淘汰。所以有可能原先已進入迴歸方程式中的變數，後來會被淘汰出去。由於超過 2 個自變數以上的複迴歸以及逐步迴歸分析，計算較為複雜，我們以 SPSS 計算如下：

‖ 例 16-3 ‖

有 298 位資優生之成績資料，試以他們的自然科成績為依變項，以數學成績、兩種智力測驗分數及成就動機分數為自變項，進行逐步迴歸分析。

首先將資料建檔，並選擇迴歸方法的線性，並以自然為依變數，數學、IQ1，IQ2，成就動機為自變數，方法選擇逐步迴歸分析法如圖 16-2：

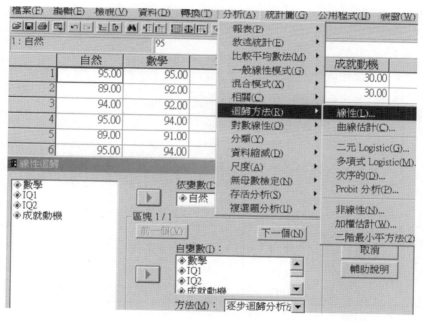

圖 16-2

按確定後可得到下列模式摘要表，及迴歸係數表。表中的模式可視為步驟：第一步之預測變數為數學，第二步為數學和成就動機，第三步再加上 IQ1，IQ2 則未進入模式。在迴歸係數表的最後模式，數學的標準化 Beta 值最高（.618），而成就動機（.113）和 IQ1（.112）較低。因為樣本是資優生，其成就動機和 IQ 全距受到限制之故（見 7-3 節四）。

模式摘要表

模式	R	R 平方	調過後的 R 平方	估計的標準誤
1	.64131(a)	.41128	.40930	3.33581
2	.65358(b)	.42717	.42329	3.29606
3	.66263(c)	.43908	.43336	3.26715

a 預測變數：（常數），數學

b 預測變數：（常數），數學，成就動機

c 預測變數：（常數），數學，成就動機，IQ1

迴歸係數表 (a)

模式		未標準化係數		標準化	t	顯著性
		B 之估計值	標準誤	Beta 分配		
1	（常數）	37.939	30847		9.863	.000
	數學	.594	.041	.641	14.380	.000
2	（常數）	34.899	3.947		8.843	.000
	數學	.590	.041	.637	14.457	.000
	成就動機	.130	.045	.126	2.860	.000
3	（常數）	30.918	4.224		7.32	.000
	數學	.573	.041	.618	13.941	.000
	成就動機	.116	.045	.113	2.562	.011
	IQ1	.047	.019	.112	2.499	.013

a 依變數：自然

　　根據以上兩表，製作符合 APA 第五版（2001）的逐步迴歸分析摘要表如下。APA 第七版（2019）則需列出信賴區間（confidence interval，用 CI 表示）。以上表最後模式，數學的 B 值為例，95%CI 為 .573 ± 1.96（.041），其下限（LL）為 .493，而上限（UL）為 .653。

預測資優生自然成績逐步回歸分析摘要表 （N = 298）

變項	B	SE B	β
第一步			
數學	.594	.041	.641**
第二步			
數學	.590	.041	.637**
成就動機	.130	.045	.126**
第三步			
數學	.573	.041	.618**
成就動機	.116	.045	.113*
IQ1	.047	.019	.112*

註：第一步 R^2 = .41128；第二步 R^2 增加量 .01589（P < .01）；第三步 R^2 增加量 .01191（P < .05）。

　　R^2 增加量係投入新變數後所得之 R^2 減去上一步驟之 R^2。例如第二步驟之 R^2 增加量為 .42717 – .41128 = .01589。而第三步驟之 R^2 增加量為 .43908 – .42717 = .01191。我們也可以在執行 SPSS 線性迴歸時，點選統計量並勾選 R 平方改變量。由第三步驟的迴歸方程式 $β$ 值（即標準化迴歸係數），可看出數學的預測力較大（Beta=.618）。IQ 之影響較小，係因為均為資優生之故，另只有 IQ1 進入模式，而 IQ2 未進入，因這兩者相關較高，資訊重複，R^2 無法顯著增加。下面相關係數矩陣表呈現這 5 個變數間的相關係數：

相關係數矩陣表

	1	2	3	4	5
1.自然	—	.641	.146	.233	.224
2.數學		—	.031	.174	.181
3.成就動機			—	.125	.097
4.IQ1				—	.788
5.IQ2					—

　　自變數之間若有較高的相關，稱為多元共線性（multicollinearity），多元共線性會使有共線性的自變數的迴歸係數較不穩定，標準誤變大。

　　逐步多元迴歸通常由電腦依既定方式分步驟投入變數，其所形成的模式未必與理論相符。另有一種與逐步多元迴歸類似的迴歸方式稱為階層多元迴歸（hierarchical multiple regression）。階層多元迴歸係由研究者而不是電腦決定投入變數的個數與次序。我們也可用 SPSS 線性迴歸於對話框中依區塊（block），選擇自變數，再點選下一個進入另一區塊，如圖 16-3 所示。

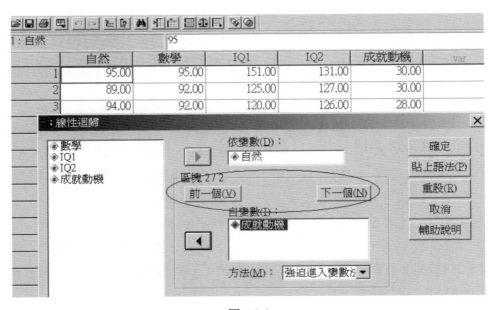

圖 16-3

16-5　徑路分析（**Path Analysis**）

我們在第七章學習過，有相關或迴歸關係並不見得就有因果關係存在。但有時候迴歸分析中的自變數與依變數之間或是各自變數之間，研究者可根據理論提出因果模式（causual model），並畫出徑路圖（path diagram）。例如例 16-3 中 IQ、成就動機、數學成績與自然成績的關係，我們可以下之徑路圖表示：

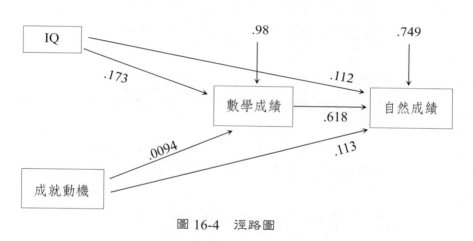

圖 16-4　徑路圖

上圖中，箭頭左邊之變數為因，而箭頭右邊的變數為果。箭頭附近之數字稱為徑路係數，徑路係數通常使用標準化迴歸係數，首先我們根據 16-4 節中 SPSS 計算之結果列出以下之標準化迴歸方程式：

$$\hat{Z}_1 = .618Z_2 + .113Z_3 + .112Z_4 \quad （見例 16-3 之迴歸係數表）$$

上式中

　　$\hat{Z}_1$ 為預測的自然科標準分數

　　Z_2 為數學科標準分數

Z_3 為成就動機標準分數

Z_4 為 IQ 標準分數

另外，誤差部分的徑路係數，也就是 Z_2，Z_3 及 Z_4 之外的其他變數影響部分，以 $\sqrt{1-R_{1.234}^2}$ 表示，即 $\sqrt{1-R_{1.234}^2}=\sqrt{1-.439}=.749$。

另外再計算數學科對成就動機及 IQ 的標準化迴歸方程式：

$$\hat{Z}_2=\beta_{23.4}Z_3+\beta_{24.3}Z_4$$

式中 $\beta_{23.4}=\dfrac{r_{23}-r_{24}r_{34}}{1-r_{34}^2}=\dfrac{.031-(.174)(.125)}{1-(.125)^2}=.0094$

$\beta_{24.3}=\dfrac{r_{24}-r_{23}r_{34}}{1-r_{34}^2}=\dfrac{.174-(.031)(.125)}{1-(.125)^2}=.173$

得到　$\hat{Z}_2=.0094Z_3+.173Z_4$

而 $R_{2.34}=\sqrt{\beta_{23.4}r_{23}+\beta_{24.3}r_{24}}=\sqrt{(.0094)(.031)+(.173)(.174)}=.174$，故誤差部分之徑路係數為：

$$\sqrt{1-R^2}=\sqrt{1-(.174)^2}=.98$$

接下來計算各自變數對自然科成績的影響：

1. IQ 的影響

直接影響 $= .112$

間接影響 $= (.173)(.618) = .107$

全部影響 $=$ 直接影響 $+$ 間接影響 $= .112 + .107 = .219$

2. 成就動機的影響

直接影響 = .113
間接影響 = (.0094)(.618) = .0058
全部影響 = .113 + .0058 = .1188

3. 數學成績的影響

全部影響 = .618

16-6　類別變項與迴歸

到目前為止，我們討論的迴歸中的自變項均為等距或比率變項。類別變項亦可作為迴歸中的自變項。以兩分類別變項為例，我們可以 0 與 1 表示兩種類別。其計算迴歸方程式之方式與一般迴歸相同，以下例說明之：

|| 例 16-4 ||

隨機抽取國小六年級男女生共 10 名，實施數學成就測驗及成就動機問卷。資料如下表，試求 (1) 數學成績（X_1）對成就動機（X_2）及性別（X_3）的標準化迴歸方程式；(2) 複相關係數 $R_{1.23}$。

表 16-4

X_1	X_2	X_3	X_1^2	X_2^2	X_3^2	X_1X_2	X_1X_3	X_2X_3
40	34	1	1,600	1,156	1	1,360	40	34
35	26	0	1,225	676	0	910	0	0
41	30	0	1,681	900	0	1,230	0	0
33	27	0	1,089	729	0	891	0	0
28	24	1	784	576	1	672	28	24
35	30	1	1,225	900	1	1,050	35	30
25	24	0	625	576	0	600	0	0
45	33	1	2,025	1,089	1	1,485	45	33
33	25	0	1,089	625	0	825	0	0
38	27	1	1,444	729	1	1,026	38	27
353	280	5	12,787	7,956	5	10,049	186	148

$$r_{12} = \frac{\sum X_1X_2 - \dfrac{\sum X_1 \sum X_2}{N}}{\sqrt{\sum X_1^2 - \dfrac{(\sum X_1)^2}{N}}\sqrt{\sum X_2^2 - \dfrac{(\sum X_2)^2}{N}}}$$

$$= \frac{10,049 - \dfrac{(353)(280)}{10}}{\sqrt{12,787 - \dfrac{(353)^2}{10}}\sqrt{7,956 - \dfrac{(280)^2}{10}}} = \frac{165}{194.5} = .85$$

$$r_{13} = \frac{\sum X_1X_3 - \dfrac{\sum X_1 \sum X_3}{N}}{\sqrt{\sum X_1^2 - \dfrac{(\sum X_1)^2}{N}}\sqrt{\sum X_3^2 - \dfrac{(\sum X_3)^2}{N}}}$$

$$= \frac{186 - \dfrac{(353)(5)}{10}}{\sqrt{12,787 - \dfrac{(353)^2}{10}}\sqrt{5 - \dfrac{(5)^2}{10}}} = \frac{9.5}{28.55} = .33$$

$$r_{23} = \frac{\sum X_2X_3 - \dfrac{\sum X_2 \sum X_3}{N}}{\sqrt{\sum X_2^2 - \dfrac{(\sum X_2)^2}{N}}\sqrt{\sum X_3^2 - \dfrac{(\sum X_3)^2}{N}}}$$

$$= \frac{148 - \frac{(280)(5)}{10}}{\sqrt{7,956 - \frac{(280)^2}{10}} \sqrt{5 - \frac{(5)^2}{10}}} = \frac{8}{17.03} = .47$$

$$\beta_{12.3} = \frac{r_{12} - r_{13}r_{23}}{1 - r_{23}^2} = \frac{.85 - (.33)(.47)}{1 - (.47)^2} = .89$$

$$\beta_{13.2} = \frac{r_{13} - r_{12}r_{23}}{1 - r_{23}^2} = \frac{.33 - (.85)(.47)}{1 - (.47)^2} = -.09$$

故得到標準化迴歸方程式為：

$$\hat{Z}_1 = .89Z_2 - .09Z_3$$

而複相關 R 為：

$$R_{1.23} = \sqrt{\beta_{12.3}r_{12} + \beta_{13.2}r_{13}} = \sqrt{(.89)(.85) + (-.09)(.33)}$$
$$= .853$$

16-7　多項式迴歸（Polynomial Regression）

　　到目前為止，我們討論的迴歸均為直線迴歸，也就是假定自變數與依變數的關係是直線的（linear）。但是有時候變數之間的關係為曲線關係，這時我們可進行曲線迴歸分析（curvilinear regression analysis）。曲線迴歸分析可使用多項式模式，最簡單的多項式模式為：

$$Y = a + b_1X + b_2X^2$$

　　此為一二次曲線方程式，表一拋物線，若取自變項 X 的三次方則為三次曲線。多項式迴歸之計算方法與一般複迴歸相同，我們將第十七章，表 17-8 之資料以表 16-5 表示，說明計算過程：

表 16-5

Y	X_1	$X_2(=X_1^2)$	Y^2	X_1^2	X_2^2	YX_1	YX_2	X_1X_2
18	1	1	324	1	1	18	18	1
20	1	1	400	1	1	20	20	1
16	1	1	256	1	1	16	16	1
19	1	1	361	1	1	19	19	1
16	2	4	256	4	16	32	64	8
11	2	4	121	4	16	22	44	8
13	2	4	169	4	16	26	52	8
18	3	9	324	9	81	54	162	27
13	3	9	169	9	81	39	117	27
16	3	9	256	9	81	48	144	27
12	3	9	144	9	81	36	108	27
19	4	16	361	16	256	76	304	64
20	4	16	400	16	256	80	320	64
17	4	16	289	16	256	68	272	64
15	4	16	225	16	256	60	240	64
22	4	16	484	16	256	88	352	64
265	42	132	4,539	132	1,656	702	2,252	456

$$r_{Y1} = \frac{\sum YX_1 - \dfrac{\sum Y \sum X_1}{N}}{\sqrt{\sum Y^2 - \dfrac{(\sum Y)^2}{N}} \sqrt{\sum X_1^2 - \dfrac{(\sum X_1)^2}{N}}}$$

$$= \frac{702 - \dfrac{(265)(42)}{16}}{\sqrt{4,539 - \dfrac{(265)^2}{16}} \sqrt{132 - \dfrac{(42)^2}{16}}} = \frac{6.375}{57.106} = .112$$

$$r_{Y2} = \frac{\sum YX_2 - \dfrac{\sum Y \sum X_2}{N}}{\sqrt{\sum Y^2 - \dfrac{(\sum Y)^2}{N}} \sqrt{\sum X_2^2 - \dfrac{(\sum X_2)^2}{N}}}$$

$$= \frac{2,252 - \dfrac{(265)(132)}{16}}{\sqrt{4,539 - \dfrac{(265)^2}{16}} \sqrt{1,656 - \dfrac{(132)^2}{16}}} = \frac{65.75}{291.57} = .226$$

$$r_{12} = \frac{\Sigma X_1 X_2 - \dfrac{\Sigma X_1 \Sigma X_2}{N}}{\sqrt{\Sigma X_1^2 - \dfrac{(\Sigma X_1)^2}{N}} \sqrt{\Sigma X_2^2 - \dfrac{(\Sigma X_2)^2}{N}}}$$

$$= \frac{456 - \dfrac{(42)(132)}{16}}{\sqrt{132 - \dfrac{(42)^2}{16}} \sqrt{1,656 - \dfrac{(132)^2}{16}}} = \frac{109.5}{111.05} = .986$$

$$\beta_{Y1.2} = \frac{r_{Y1} - r_{Y2} r_{12}}{1 - r_{12}^2} = \frac{.112 - (.226)(.986)}{1 - (.986)^2} = -3.99$$

$$\beta_{Y2.1} = \frac{r_{Y2} - r_{Y1} r_{12}}{1 - r_{12}^2} = \frac{.226 - (.112)(.986)}{1 - (.986)^2} = 4.16$$

得到標準化迴歸方程式如下:

$$\hat{Z}_Y = -3.99 Z_1 + 4.16 Z_2$$

$$S_Y = \sqrt{\frac{\Sigma Y^2 - \dfrac{(\Sigma Y)^2}{N}}{N}} = \sqrt{\frac{4,539 - \dfrac{(265)^2}{16}}{16}} = 3.06$$

$$S_1 = \sqrt{\frac{\Sigma X_1^2 - \dfrac{(\Sigma X_1)^2}{N}}{N}} = \sqrt{\frac{132 - \dfrac{(42)^2}{16}}{16}} = 1.166$$

$$S_2 = \sqrt{\frac{\Sigma X_2^2 - \dfrac{(\Sigma X_2)^2}{N}}{N}} = \sqrt{\frac{1,656 - \dfrac{(132)^2}{16}}{16}} = 5.95$$

將 $b_{Y1.2}$ 以 b_1 表示,$b_{Y2.1}$ 以 b_2 表示,則

$$b_1 = \beta_{Y1.2} \frac{S_Y}{S_1} = (-3.99)\frac{3.06}{1.166} = -10.47$$

$$b_2 = \beta_{Y2.1} \frac{S_Y}{S_2} = (4.16)\frac{3.06}{5.95} = 2.14$$

$$a = \overline{Y} - b_1 \overline{X}_1 - b_2 \overline{X}_2$$

$$\overline{Y} = \frac{\Sigma Y}{N} = \frac{265}{16} = 16.563$$

$$\overline{X}_1 = \frac{\Sigma X_1}{N} = \frac{42}{16} = 2.625$$

$$\overline{X}_2 = \frac{\Sigma X_2}{N} = \frac{132}{16} = 8.25$$

$$a = 16.563 - (-10.47)(2.625) - (2.14)(8.25) = 26.39$$

因此原始分數之迴歸方程式成為

$$\hat{Y} = 26.39 - 10.47X_1 + 2.14X_2$$

或　　$\hat{Y} = 26.39 - 10.47X + 2.14X^2$　　（$X_2 = X_1^2$，見表 16-5）

以圖 16-5 表示如下：

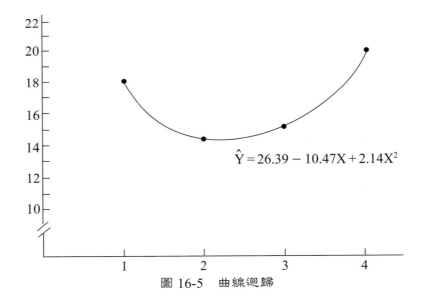

圖 16-5　　曲線迴歸

而複相關係數為

$$R_{Y.12} = \sqrt{\beta_{Y1.2} r_{Y1} + \beta_{Y2.1} r_{Y2}}$$
$$= \sqrt{(-3.99)(.112) + (4.16)(.226)}$$
$$= .702$$

原來直線相關係數 $r_{Y1} = .112$，而現在曲線複相關係數 $r_{Y.12} = .702$。其 R^2 增加量達到非常顯著水準，如下所示：

$$F = \frac{(R_{Y.12}^2 - r_{Y1}^2)}{(1 - R_{Y.12}^2)/(n - k - 1)} = \frac{(.702^2 - .112^2)}{(1 - .702^2)/(16 - 2 - 1)}$$
$$= 12.31$$

查附錄表 D，$F_{.01(1,13)} = 9.07$，而計算得到之 $F = 12.31 > 9.07$，因此表示 R^2 增加量達到非常顯著水準。因此本例 Y 與 X 應為曲線關係。

習題十六

1. 隨機抽樣 20 名學生，發現抱負水準與學業成績相關為 .51，社經水準與學業成績之相關為 .40，而抱負水準與社經水準之相關為 .30。試求 (1) 抱負水準與學業成績的淨相關係數，並檢定其顯著性；(2) 學業成績對抱負水準及社經水準的複相關係數，並檢定其顯著性。

2. 請根據下表資料，計算 (1) r_{12}，r_{13} 及 r_{23}；(2) X_1 對 X_2 和 X_3 的標準分數迴歸方程式；(3) $R^2_{1.23}$；(4) 先投入 X_2 後，X_3 的 R^2 增加量，並檢定其顯著性；(5) 先投入 X_3 後，X_2 的 R^2 增加量，並檢定其顯著性。

X_1	X_2	X_3	X_1	X_2	X_3
12	12	15	13	14	13
11	12	14	13	13	16
11	11	15	16	16	19
11	11	13	16	16	18
15	13	16	20	18	19
14	14	14	19	19	16
17	15	16	16	20	14
16	15	14	16	19	15
17	17	13	19	14	18
18	16	13	20	14	19

n=20

3. 請利用電腦統計套裝軟體，以學業成績為依變數，以某性向測驗數學、語文及邏輯三部分分測驗分數及成就動機為自變數，進行逐步多元迴歸，請列出最後之 (1) 原始分數迴歸方程式；(2) 標準分數迴歸方程式；

及 (3)R^2。

成　績	數　學	語　文	邏　輯	成就動機
64	62	54	65	27
82	57	68	75	40
52	54	52	55	31
74	52	49	75	36
86	63	72	75	40
54	50	50	75	30
82	55	69	75	34
54	50	54	55	37
50	52	52	55	31
60	58	71	65	27
64	62	54	65	27
82	57	68	75	40
52	54	52	55	31
74	52	49	75	36
86	63	72	75	40
54	50	50	75	30
82	55	69	75	34
54	50	54	55	37
50	52	52	55	31
60	58	71	65	27

第十七章

其他重要相關統計法

在第七章，我們學習過皮爾遜積差相關，其基本公式為 $r_{xy} = \dfrac{\Sigma Z_x Z_y}{N}$。積差相關通常適用於兩變數均為等距或比率變數的情形。至於適用於次序變數及二分類別變數的相關，則如表 17-1 所示：

表 17-1　兩變項之性質及其適用的相關係數

Y ╲ X	二分變項	基於常態分配的二分變項	次序變項	等距或比率變項
二分變項	ϕ			
基於常態分配的二分變項	ϕ	r_{tet}		
次序變項	r_{rb}	r_{rb}	r_s , τ , w	
等距或比率變項	r_{pb}	r_{bis}	r_s , τ , w	r_{xy}

本章將分別說明表中所列各種相關係數。

17-1　ϕ（讀做 Phi）相關

ϕ 相關統計法適用於兩個變項都是二分變項（dichotomous variable）的情形。性別（男或女）、成敗（成或敗）、婚姻（已婚或未婚）、參加情形（參加或未參加）等都是兩分變項。

(一) ϕ 相關的計算過程

‖ 例 17-1 ‖

某研究者想研究是否有駕照與性別的關係。表 17-2 為 20 位成人的性別與是否有駕照的資料，試求是否有駕照與性別之相關。

表 17-2

		A	B	C	D	E	F	G	H	I	J	K	L	M	N	O	P	Q	R	S	T
X：	0=女性 1=男性																				
	X	0	0	0	0	0	0	0	0	0	0	1	1	1	1	1	1	1	1	1	1
Y：| 0=無駕照 1=有駕照	Y	0	0	0	0	1	0	0	1	1	0	0	1	1	1	1	0	1	1	0	0

ϕ 相關之計算公式為：

$$\phi = \frac{p_{xy} - p_x p_y}{\sqrt{p_x q_x}\sqrt{p_y q_y}} \qquad\qquad （公式 17-1）$$

式中 p_x 代表男性（1）比率，q_x 代表女性（0）比率，p_y 代表有駕照（1）比率，q_y 代表無駕照（0）比率，p_{xy} 則代表男性有駕照之比率，即 X=1，Y=1 時之比率。

$$p_{XY} = \frac{6}{20} = .30$$

$$p_x = \frac{10}{20} = .50 \qquad q_x = 1 - p_x = .50$$

$$p_Y = \frac{9}{20} = .45 \qquad q_y = 1 - p_y = .55$$

代入公式 17-1：

$$\phi = \frac{p_{xy} - p_x p_y}{\sqrt{p_x q_x}\sqrt{p_y q_y}} = \frac{.30 - (.5)(.45)}{\sqrt{(.5)(.5)}\sqrt{(.45)(.55)}}$$

$$= \frac{.075}{.249} = .30$$

若用積差相關公式計算結果亦相同，因爲 ϕ 係由積差相關所導出。

$$r = \frac{N\Sigma XY - \Sigma X\Sigma Y}{\sqrt{(N\Sigma X^2 - (\Sigma X)^2)(N\Sigma Y^2 - (\Sigma Y)^2)}}$$

$$N = 20, \Sigma XY = 6, \Sigma X = 10, \Sigma Y = 9, \Sigma X^2 = 10, \Sigma Y^2 = 9$$

$$r = \frac{(20)(6) - (10)(9)}{\sqrt{(20 \times 10 - 10^2)(20 \times 9 - 9^2)}}$$

$$= .30$$

亦可將資料排列成下列之 2×2 列聯表形式，利用公式 17-2 計算 ϕ：

	0	1
1	A	B
0	C	D

$$\phi = \frac{BC - AD}{\sqrt{(A+B)(A+C)(B+D)(C+D)}} \qquad （公式\ 17\text{-}2）$$

將例 17-1 之資料排列成列聯表如下：

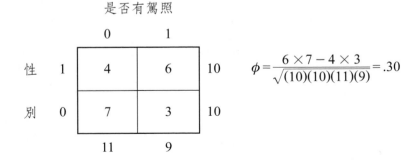

是否有駕照

		0	1	
性	1	4	6	10
別	0	7	3	10
		11	9	

$$\phi = \frac{6 \times 7 - 4 \times 3}{\sqrt{(10)(10)(11)(9)}} = .30$$

㈡ φ 的顯著性檢定

在 11-4 節中，我們學習過 $\phi = \sqrt{\dfrac{\chi^2}{n}}$，因此 $\chi^2 = n\phi^2$。所以 ϕ 的顯著性檢定，即檢定 ϕ 是否為 0，可使用 χ^2 檢定法：

$$\chi^2 = n\phi^2 = 20 \times (.30)^2 = 1.8$$

自由度為 1，因為 $(R-1)(C-1) = (2-1)(2-1) = 1$，R 表列數，C 表行數，$\alpha = .05$ 之關鍵值為 $\chi^2_{.05(1)} = 3.841$。

我們計算得到 χ^2 值為 $1.8 < 3.841$，表示性別與是否有駕照之相關未達顯著水準。

17-2　四分相關（r_{tet}）及等級二系列相關（r_{rb}）

四分相關（tetrachoric correlation）適用於 X 變數與 Y 變數均為常態連續變數，而由研究者以人為方式使其成為兩分變數的情形。r_{tet} 很少被使用，計算也較複雜。等級二系列相關則適用於一個變數為次序變數，另一個變數為二分變數或原為常態連續分配以人為方式使其成為二分變數情形。等級二系列相關使用之機會亦甚少。以上 r_{tet} 及 r_{rb}，有興趣者請參閱其他有關書籍。

17-3　點二系列相關（r_{pb}）

點二系列相關（point-biserial correlation）適用於一個變項為兩分變項，另一變項為等距或比率變項的資料。

(一)r_{pb} 的計算過程

|| 例 17-2 ||

　　某研究者想研究有沒有上過幼兒園和國小一年級成績的相關。表 17-3 為 20 位國小一年級學生的成績和是否上過幼兒園的資料，試求有沒有上過幼兒園與成績的相關。

表 17-3

Y：0＝沒有上過幼兒園
　　1＝有上過幼兒園
X：國小一年級成績

學生	A	B	C	D	E	F	G	H	I	J	K	L	M	N	O	P	Q	R	S	T
Y	0	0	0	0	0	0	0	0	0	0	1	1	1	1	1	1	1	1	1	1
X	63	74	82	71	75	90	68	83	75	74	75	79	85	90	95	92	75	78	89	87

r_{pb} 之計算公式為：

$$r_{pb} = \frac{\overline{X}_P - \overline{X}_q}{S_t}\sqrt{pq}$$ （公式 17-3）

式中　$\overline{X}_p$ 代表上過幼兒園（1）的成績平均數
　　　$\overline{X}_q$ 代表沒上過幼兒園（0）的成績平均數
　　　S_t 代表全體分數的標準差
　　　p 代表上過幼兒園的百分比
　　　q 代表沒上過幼兒園的百分比

表 17-3 的資料為：

$$\overline{X}_p = \frac{75 + 79 + \cdots + 87}{10} = 84.5$$

$$\overline{X}_q = \frac{63 + 74 + \cdots \cdot 74}{10} = 75.5$$

$$S_t = \sqrt{\frac{\Sigma(X - \overline{X})^2}{N}}$$

$$\overline{X} = \frac{63 + 74 + \cdots + 74 + 75 + 79 + \cdots + 87}{20} = 80$$

$\overline{X}$ 為整數，因此用 $\sqrt{\dfrac{\Sigma(X - \overline{X})^2}{N}}$ 計算 S_t 較方便：

$$S_t = \sqrt{\frac{(63 - 80)^2 + (74 - 80)^2 + \cdots + (87 - 80)^2}{20}}$$

$$= 8.45$$

$$p = .50$$

$$q = .50$$

$$r_{pb} = \frac{\overline{X}_p - \overline{X}_q}{S_t} \sqrt{pq}$$

$$= \frac{84.5 - 75.5}{8.45} \sqrt{(.5)(.5)}$$

$$= .53$$

若用積差相關計算結果亦相同，因為 r_{pb} 係由積差相關所導出。

$$r = \frac{\Sigma xy}{\sqrt{\Sigma x^2}\sqrt{\Sigma y^2}} = \frac{\Sigma(X - \overline{X})(Y - \overline{Y})}{\sqrt{\Sigma(X - \overline{X})^2}\sqrt{\Sigma(Y - \overline{Y})^2}} \qquad （公式 7-3）$$

	Y	X	y	x	y^2	x^2	xy
A	0	63	−.5	−17	.25	289	8.5
B	0	74	−.5	−6	.25	36	3
C	0	82	−.5	2	.25	4	−1
D	0	71	−.5	−9	.25	81	4.5
E	0	75	−.5	−5	.25	25	2.5

F	0	90	−.5	10	.25	100	−5
G	0	68	−.5	−12	.25	144	6
H	0	83	−.5	3	.25	9	−1.5
I	0	75	−.5	−5	.25	25	2.5
J	0	74	−.5	−6	.25	36	3
K	1	75	.5	−5	.25	25	−2.5
L	1	79	.5	−1	.25	1	−.5
M	1	85	.5	5	.25	25	2.5
N	1	90	.5	10	.25	100	5
O	1	95	.5	15	.25	225	7.5
P	1	92	.5	12	.25	144	6
Q	1	75	.5	−5	.25	25	−2.5
R	1	78	.5	−2	.25	4	−1
S	1	89	.5	9	.25	81	4.5
T	1	87	.5	7	.25	49	3.5

$$\overline{Y} = .5 \quad \overline{X} = 80 \qquad \Sigma y^2 = 5 \quad \Sigma x^2 = 1428 \quad \Sigma xy = 45$$

$$r = \frac{\Sigma xy}{\sqrt{\Sigma x^2}\sqrt{\Sigma y^2}} = \frac{45}{\sqrt{5}\sqrt{1428}}$$
$$= .53$$

(二) r_{pb} 的顯著性檢定

r_{pb} 是積差相關的一種特殊情形，因此可使用與積差相關相同的檢定方法：

$$t = \frac{r_{pb}}{\sqrt{(1 - r_{pb}^2)/(n - 2)}} \text{ , } df = n - 2$$

$$= \frac{.53}{\sqrt{1 - (.53)^2 / (20 - 2)}}$$

$$= 2.65$$

$\alpha = .05$，雙尾檢定，df $= 18$，關鍵值為 t $= \pm 2.101$

我們計算得到 t $= 2.65 > 2.01$，表示有沒有上過幼兒園和國小成績之相關達到顯著水準（*p $< .05$）。

17-4　二系列相關（r_b 或 r_{bis}）

二系列相關（biserial correlation）適用於一個變項為等距或比率變項，而另一變項原為常態連續變項以人為方式使其成為二分變項的情形。例如身高原為常態連續分配，而我們將其區分為高與矮兩種情形，成績原為常態連續分配，而我們將其區分為及格與不及格兩種情形。r_b 與 r_{pb} 之關係如下：

$$r_b = \frac{r_{pb}\sqrt{pq}}{y} \qquad\qquad （公式 17\text{-}4）$$

式中 p 為二分變數為 1 的百分比，q 為二分變數為 0 的百分比，q $= 1 - $ p。y 為將常態曲線下之面積區分為 p 與 q 兩部分時，曲線的高度，可從附錄表 A 查到 y。例 17-2 本不適合用 r_b，為說明計算 r_b 之過程，我們可將例 17-2 之 r_{pb} 化為 r_b 如下：

$$r_b = \frac{r_{pb}\sqrt{pq}}{y}$$

$$= \frac{.53\sqrt{(.5)(.5)}}{.3989} \quad （將常態曲線分為二等分時，其 Z 值為 0，而 y = .3989，即曲線最高點）$$

$$= .66$$

r_b 使用的機會也很少，而且有時候值 r_b 會大於 1。

17-5 斯皮爾曼等級相關（r_s）

斯皮爾曼等級相關（Spearman rank-order correlation）適於兩個變數都是次序變數的情形。

㈠計算過程

計算 r_s 的公式為：

$$r_s = 1 - \frac{6\Sigma D^2}{n^3 - n} \qquad \text{（公式 17-5）}$$

‖ 例 17-3 ‖

10 位學生期中考的等第與期末考的等第如表 17-4 所示，試計算其相關係數。

表 17-4　十位學生期中考與期末考等第

學　　生	X	Y	D(X−Y)	D^2
A	2	1	1	1
B	1	3	−2	4
C	8	8	0	0
D	4	2	2	4
E	3	6	−3	9
F	6	4	2	4
G	9	10	−1	1
H	5	5	0	0
I	10	7	3	9
J	7	9	−2	4

$\Sigma D^2 = 36$

$$r_s = 1 - \frac{6\Sigma D^2}{n^3 - n}$$
$$= 1 - \frac{6(36)}{10^3 - 10}$$
$$= .78$$

(二)顯著性檢定

上述資料若用積差相關計算亦會得到相同的結果。不過在等第狀況下，以 r_s 計算較為簡單。r_s 是積差相關的一種特殊情形，$N \geq 10$ 可採用相同的顯著性檢定方法：

$$t = \frac{r_s}{\sqrt{(1 - r_s^2)/(n - 2)}}$$
$$= \frac{.78}{\sqrt{1 - (.78)^2/(10 - 2)}}$$
$$= 3.53$$

$\alpha = .01$，兩尾檢定，自由度 $n - 2 = 8$，關鍵值為 $t = \pm 3.355$，而計算得到的 $t = 3.53 > 3.355$，相關達到非常顯著水準（**p < .01）。查附錄表 M，.78 > .746 亦達非常顯著水準（單尾）。

(三)出現同等級時

如有分數相同，以致產生相同等級時，取其應得等級的平均數，例如表 17-5 中，期中考有兩人為 89 分，其等級原為第 2 名及第 3 名，取其平均數，均為 2.5 名。

表 17-5　十位學生期中考及期末考成績及等第

學生	期中考成績	等第	期末考成績	等第	D	D²
A	89	2.5	88	3	−.5	.25
B	89	2.5	87	4	−1.5	2.25
C	93	1	95	1	0	0
D	80	5	84	5	0	0
E	83	4	92	2	2	4
F	75	8	83	6	2	4
G	77	6	82	7	−1	1
H	76	7	79	8	−1	1
I	72	9	72	10	−1	1
J	69	10	75	9	1	1

$$\Sigma D^2 = 14.5$$

$$r_s = 1 - \frac{6\Sigma D^2}{n^3 - n}$$

$$= 1 - \frac{6(14.5)}{10^3 - 10}$$

$$= .91$$

　　如果相同等級出現太多時，我們使用公式 17-5 計算 r_s，就不太理想。此時最簡便的方法就是使用積差相關來計算兩組等級之間的相關程度。

　　顯著性檢定：

$$t = \frac{r_s}{\sqrt{(1-r_s^2)/(n-2)}}$$

$$= \frac{.91}{\sqrt{(1 - .91^2)/(10 - 2)}}$$

$$= 6.21$$

$\alpha = .001$，雙尾檢定，自由度 $n - 2 = 8$，關鍵值為 $t = \pm 5.041$。

　　我們計算得到的 $t = 6.21 > 5.041$，相關達到極顯著水準（***p < .001）。附錄表 M 中無 .001 顯著水準，故查表僅達 .01 水準（單尾）。

　　兩個次序變項的相關，除了計算 r_b 外也可以使用肯德爾 τ（tau）係數（Kendall's tau coefficient），不過計算方法較爲複雜，本書不予介紹。

17-6　肯德爾和諧係數（W）

　　前面介紹的相關係數都使用於兩組分數（X 與 Y）之間。如果我們要計算兩組以上等級之間一致的程度，此時可以使用肯德爾和諧係數（Kendall's coefficient of concordance）。

㈠肯德爾和諧係數的計算過程

　　以例 17-4 說明之：

⊩ 例 17-4 ⊩

　　六位美術老師被邀請評定八幅作品，並排列等級如表 17-6 所示。問這六位老師評定結果的一致性如何？

表 17-6

（k=6）	作品（n=8）							
評　審	1	2	3	4	5	6	7	8
A	2	1	4	3	5	7	6	8
B	1	2	4	3	6	5	8	7
C	2	3	1	5	6	4	7	8
D	1	2	3	4	5	7	6	8
E	3	1	2	4	6	5	8	7
F	1	2	3	5	4	6	7	8
R_i	10	11	17	24	32	34	42	46

計算肯德爾和諧係數（W）之公式為：

$$W = \frac{12\Sigma R_i^2 - 3k^2n(n+1)^2}{k^2n(n^2-1)}$$ （公式 17-6）

式中 k 代表評審人數，本例 k = 6

　　　 n 代表作品數目，本例 n = 8

$$W = \frac{(12)(10^2 + 11^2 + 17^2 + 24^2 + 32^2 + 34^2 + 42^2 + 46^2) - (3)(6^2)(8)(8+1)^2}{(6^2)(8)(8^2-1)}$$

$$= \frac{(12)(7,146) - 69,984}{18,144}$$

$$= .87$$

㈡顯著性考驗

在 n > 7 時，k(n − 1)W 為接近自由度 n − 1 的 χ^2 分配。即：

$$\chi_{n-1}^2 = k(n-1)W$$ （公式 17-7）

將上例中之 k，n 及 W 代入公式 17-7：

$$\chi_{(7)}^2 = 6(8-1)(.87) = 36.54$$

$\alpha = .001$，關鍵值 $\chi_{.001(7)}^2 = 24.322$，而我們計算得到的 $\chi^2 = 36.54 > 24.322$，表示評分者的評分有一致性，達到極顯著水準（***p < .001）。若 n < 7，可查附錄表 N，若 W ≥ 表中關鍵值，即表一致性達到顯著。

㈢有相同等級出現時

如果有相同等級出現時，將公式 17-6 校正為：

$$W = \frac{12\Sigma R_i^2 - 3k^2n(n+1)^2}{k^2n(n^2-1) - k\Sigma\Sigma(t^3-t)}$$ （公式 17-8）

即將公式 17-6 之分母減去 $k\Sigma\Sigma(t^3-t)$，t 為某一評分者所評相同的等級數。例如評分者 B 評定的等級為 1，3，3，5，3，6.5，6.5。同為 3 的等級有 3 個，同為 6.5 的等級有 2 個，則 $\Sigma(t^3-t) = (3^3-3)+(2^3-2) = 30$。再將各評分者之 $\Sigma(t^3-t)$ 加在一起，即得 $\Sigma\Sigma(t^3-t)$。

表 17-7　有相同等級時 W 之計算

（k=4）			作品（n=7）					
評分者	1	2	3	4	5	6	7	$\Sigma(t^3-t)$
A	1	2	3	4	5.5	5.5	7	$2^3-2=6$
B	1	3	3	5	3	6.5	6.5	$(3^3-3)+(2^3-2)=30$
C	1	2	3	5	6	4	7	
D	2	1	3	4.5	4.5	6	7	$2^3-2=6$
R_i	5	8	12	18.5	19	22	27.5	$\Sigma\Sigma(t^3-t)=42$

$$W = \frac{12\Sigma R_i^2 - 3k^2n(n+1)^2}{k^2n(n^2-1) - k\Sigma\Sigma(t^3-t)}$$

$$= \frac{(12)(5^2+8^2+12^2+18.5^2+19^2+22^2+27.5^2) - (3)(4^2)7(7+1)^2}{(4^2)7(7^2-1) - 4(42)}$$

$$= \frac{26,118 - 21,504}{5,208}$$

$$= .886$$

查附錄表 N，.886 > .592，一致性非常顯著。

17-7　相關比（Correlation Ratio）或曲線相關

在第七章，我們學習過積差相關為直線相關，因此若 X 變項與 Y 變項為曲線相關時積差相關無法說明兩變項相關的情形。此時可用相關比，

相關比以 η^2 表示，讀做 eta-squared。相關比的計算方法與單因子變異數分析類似，以表 17-8 的資料說明之：

表 17-8

	年　　　級				
	1	2	3	4	
焦	18	16	18	19	
慮	20	11	13	20	
分	16	13	16	17	
數	19		12	15	
				22	
$n_j =$	4	3	4	5	
$T_j =$	73	40	59	93	$T = 265$
$\overline{X}_j =$	18.25	13.33	14.75	18.60	$\sum\sum X^2 = 4{,}539$

　　表 17-8 的資料以圖 17-1 表示，可看出焦慮分數與年級為曲線相關的情形。

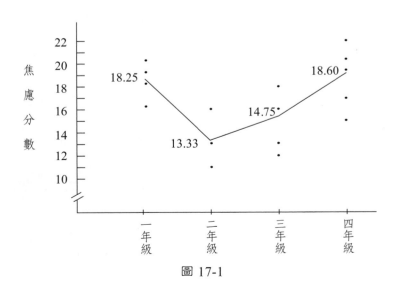

圖 17-1

相關比之計算公式為：

$$\eta^2 = \frac{SS_b}{SS_t} \qquad （公式 17-9）$$

其顯著性檢定公式為：

$$F = \frac{\eta^2/(K-1)}{(1-\eta^2)/(N-K)} \qquad （公式 17-10）$$

N 為總人數，K 為組數，本例 N=16，K=4。

$$SS_b = \Sigma \frac{T_j^2}{n_j} - \frac{T^2}{N}$$
$$= (\frac{73^2}{4} + \frac{40^2}{3} + \frac{59^2}{4} + \frac{93^2}{5}) - \frac{265^2}{16} \qquad （公式 12-4）$$
$$= 76.57$$

$$SS_t = \Sigma\Sigma X^2 - \frac{T^2}{N} \qquad （公式 12-2）$$
$$= 4,539 - \frac{265^2}{16}$$
$$= 149.94$$
$$\eta^2 = \frac{76.57}{149.94} = .51$$
$$F = \frac{\eta^2/(K-1)}{(1-\eta^2)/(N-K)} = \frac{.51/(4-1)}{(1-.51)/(16-4)} = 4.16^* \qquad （F_{.05(3,12)}=3.49）$$

　　檢定 η^2 得到的 F，與單因子變異數分析得到的 F 事實上完全一樣。當 X 變項與 Y 變項皆為等距或比率變數時，相關比可用來顯示曲線相關。通常 $\eta^2 \geq r^2$，若想知道是否有曲線相關，可用下列公式檢定：

$$F = \frac{(\eta^2 - r^2)/(K - 2)}{(1 - \eta^2)/(N - K)} \qquad (公式\ 17\text{-}11)$$

若 F 達到顯著水準，則表示有曲線相關。

表 17-8 之資料，我們計算其 $r^2 = .01$。

$$F = \frac{(.51 - .01)/(4 - 2)}{(1 - .51)/(16 - 4)} = 6.12^*\ (F_{.05(2, 12)} = 3.88)$$

即表示表 17-8 之資料，焦慮分數與年級有曲線相關。

不過如果有一個變數爲名義變數，例如自變數不是年級而是代表科系，即 η^2 就不能表示曲線相關。因爲名義變數排列沒有一定的次序，不像年級必須是 1，2，3，4 的次序。所以圖 17-1 中，若是自變數不按照原來次序排列，則曲線的性質就不那麼明顯了。不過，自變數爲名義變數時，η^2 仍可以表示自變數（組別）與依變數（分數）之間關聯的程度。本例 $\eta^2 = \dfrac{SS_b}{SS_t} = \dfrac{76.57}{149.94} = .51$，表示自變項與依變項的關聯程度爲 .51。除了用 η^2 表示關聯外，也可使用 $\hat{\omega}^2$（omega squared）表示關聯的程度，它的偏差（biased）的程度較小，其公式爲：

$$\hat{\omega}^2 = \frac{SS_b - (K - 1)MS_w}{SS_t + MS_w} \qquad (公式\ 17\text{-}12)$$

本例　$MS_w = (SS_t - SS_b)/(N - K) = (149.94 - 76.57)/(16 - 4) = 6.11$
因此

$$\hat{\omega}^2 = \frac{76.57 - (4 - 1)(6.11)}{149.94 + 6.11} = .37$$

在變異數分析中，一般認爲以 $\hat{\omega}^2$ 表示自變數與依變數的關聯程度較 η^2 爲佳。

習題十七

1. 研究性別與是否通過某測驗之關係，資料如下，試求兩變項之相關，並檢定其顯著性。

	不通過（0）	通過（1）	
男（1）	7	11	18
女（0）	10	8	18
	17	19	36

2. 研究是否就讀研究所與大學成績的關係，資料如下，試求 r_{pb}，並檢定其顯著性。

讀研究所	1	1	1	1	1	0	0	0	0	0	0	0	0	0	0	0	0	0	0	0
大學成績	84	75	83	78	82	75	79	74	80	76	73	84	80	82	75	79	78	76	74	72

3. 有五位評審給十篇書法作品評定等第如下：

評　審	書　法　作　品									
	A	B	C	D	E	F	G	H	I	J
1	2	5	1	4	6	3	9	7	8	10
2	2	5	1	7	4	3	10	8	6	9
3	1	5	2	6	4	3	8	10	7	9
4	4	3	2	5	7	1	10	8	6	9
5	1	4	2	6	5	3	9	10	7	8

試求：⑴評審 1 與評審 2 的 r_s，並檢定其顯著性。

⑵各評審評定結果的肯德爾和諧係數（W），並檢定其顯著性。

4.請根據下列資料計算 η^2，並檢定其是否有曲線相關？

	年		級	
	1	2	3	4
焦慮分數	33	34	15	35
	30	33	13	34
	27	32	11	33

第十八章

無母數統計法

前面介紹的 t 檢定與 F 檢定稱為母數檢定（parametric tests）。母數檢定的母體必須符合某些條件，例如母體為常態分配，或者各母體之變異數相同。除此之外，資料必須至少是等距變數。大部分無母數統計法則可以不管母體分配的情形，且適用於名義變數或次序變數的資料。第十章我們學習過的卡方檢定即屬無母數統計法的一種，它檢定名義變數各類別的觀察次數是否與理論次數相符。從嚴格的觀點來說，許多教育與心理研究上的資料均屬次序變數。例如 IQ 110 與 100 之差別，是否與 90 及 100 之差別為等距並不一定，因此無母數統計法有其應用之價值。另外當資料有少數極端值，會對 t 檢定或 F 檢定有很大的影響，此時若改為次序或等級，採用無母數統計可以降低它們對分析結果的影響。不過如果資料的確符合母數統計的條件，而我們卻使用無母數統計法，則產生資料的浪費，其檢定力（power）的相對效率（relative efficiency）較弱。所謂檢定力就是 H_0 為假，推翻 H_0 的機率，也就是正確推翻的機率，以 $1 - \beta$ 表示。如果母數統計法只需要有無母數統計法 80% 的樣本，就有和無母數統計法相同的檢定力，則無母數統計法的相對效率就是 80%。

下面介紹幾種適用於次序變數的無母數統計法。

18-1 曼—惠二氏（Mann-Whitney）U 檢定法

曼—惠二氏 U 檢定法可以檢定兩獨立樣本是否來自相同的母體，適用於次序變數的資料，相當於兩獨立樣本 t 檢定在母數統計中之地位。以下例說明其計算過程：

‖ 例 18-1 ‖
下表為男女生的駕駛分數，試問男女生分數之差異是否達到顯著？（$\alpha = .05$）

表 18-1　男女生駕駛分數之原始資料

男　　生	女　　生
27	47
82	62
72	77
85	37
79	42
89	32
52	23
87	
81	
88	
$n_1 = 10$	$n_2 = 7$

(1) 排成等級：

等級	1	2	3	4	5	6	7	8	9	10	11	12	13	14	15	16	17
分數	23	27	32	37	42	47	52	62	72	77	79	81	82	85	87	88	89
性別	女	男	女	女	女	女	男	女	男	女	男	男	男	男	男	男	男

(2) 男生等級總和　$R_1 = 2+7+9+11+12+13+14+15+16+17 = 116$

女生等級總和　$R_2 = 1+3+4+5+6+8+10 = 37$

(3) 計算 U：

$$U_1 = n_1 n_2 + \frac{n_1(n_1+1)}{2} - R_1$$

$$= (10)(7) + \frac{10(10+1)}{2} - 116 = 9$$

（公式 18-1）

$$U_2 = n_1 n_2 + \frac{n_2(n_2+1)}{2} - R_2$$

（公式 18-2）

$$= (10)(7) + \frac{7(7+1)}{2} - 37 = 61$$

取 U_1 與 U_2 較小者為 U 值，因 $U_1 = 9$ 較小，故 $U = U_1 = 9$

　　(4) 查附錄表 J，$n_1 = 10$，$n_2 = 7$，$\alpha = .05$，兩尾檢定，取 $p = .025$
關鍵值為 15。$U = 9 < 15$ 表示男女生的駕駛分數差異達到顯著。也就
是 U 值越小，表示兩組樣本差別越大。

　　另外當樣本人數 n_1 及 n_2 均大於 8 時，可採用常態近似法（normal
approximation）。以下例說明之：（註：由於附錄表 J，列有 n_1 至 16，n_2
至 20 的關鍵值，下例仍可用查表法較為正確）

┤┠ 例 18-2 ┠├

　　表 18-2 為參加輔導活動與未參加輔導活動學生對學校的態度分數，試問
參加者與未參加者之態度是否有顯著差異？（$\alpha = .05$）

表 18-2　參加輔導活動與未參加輔導活動學生的態度分數

參加	未參加
32	24
33	34
38	31
28	27
39	25
32	28
30	30
29	26
36	21
	35
$n_1 = 9$	$n_2 = 10$

(1)排成等級：

等級	1	2	3	4	5	6.5	6.5	8	9.5	9.5	11	12.5	12.5	14	15	16	17	18	19
分數	21	24	25	26	27	28	28	29	30	30	31	32	32	33	34	35	36	38	39
組別	未	未	未	未	未	未	參	參	參	未	未	參	參	參	未	未	參	參	參

注意：若有同分（ties）出現，則取它們應得等級的平均數，例如兩個 28 分之等
　　　級原為 6 與 7，其平均數為 6.5。

(2)計算 n 較小組之等級總和（若 $n_1 = n_2$，則取等級總和較小
者），$n_1 = 9$，$n_2 = 10$，故較小組為參加組，其等級總和為：

$R_1 = 6.5 + 8 + 9.5 + 12.5 + 12.5 + 14 + 17 + 18 + 19 = 117$

(3)計算常態化 Z 值：

R_1 的抽樣分配的平均數與標準差為

$$\mu_{R_1} = \frac{n_1(n_1 + n_2 + 1)}{2} \quad 〔註：若 n_2 較小，則 \mu_{R_2} = \frac{n_2(n_1 + n_2 + 1)}{2}〕$$

$$\sigma_{R_1} = \sqrt{\frac{n_1 n_2(n_1 + n_2 + 1)}{12}}$$

$$\mu_{R_1} = \frac{9(9 + 10 + 1)}{2} = 90$$

$$\sigma_{R_1} = \sqrt{\frac{(9)(10)(9 + 10 + 1)}{12}} = 12.25$$

$$Z = \frac{|R_1 - \mu_{R_1}| - \frac{1}{2}}{\sigma_{R_1}} \qquad （公式 18-3）$$

$$= \frac{|117 - 90| - \frac{1}{2}}{12.25} = 2.16$$

Z = 2.16 > 1.96，表示兩組態度分數之差異達到顯著水準。若同分出
現很多，公式 18-3 分母應校正為：

$\sqrt{\dfrac{n_1 n_2}{n(n-1)}\left(\dfrac{n^3 - n}{12} - \Sigma T\right)}$，式中 n = n_1 + n_2，T = (t^3 - t)/12，t 為某一等

級相同數。本例有三個等級的 t = 2，故 ΣT = 1.5，校正後之 Z 值為 2.167。

18-2　魏克遜配對組符號等級檢定
（The Wilcoxon Matched-Pairs Signed-Ranks Test）

　　這個檢定法相當於母數檢定中相關樣本 t 檢定法。適用於同一樣本重複測量兩次或是兩組配對樣本的情形。以下例說明計算之過程：

||| 例 18-3 |||

　　將 48 位六年級學生依學業成績配對為 24 對，一組參加實驗課程（實驗組），一組接受傳統課程（控制組），結果成績如表 18-3 所示，試問兩組成績是否有顯著差異？（α = .05）

表 18-3

配對	控制組	實驗組	d	d 的等級	較少符號之等級的絕對值
A	60	63	- 3	- 6.5	
B	55	61	- 6	- 15.5	
C	71	78	- 7	- 17.5	
D	72	74	- 2	- 4	
E	60	59	+ 1	+ 1.5	1.5
F	65	63	+ 2	+ 4	4
G	72	76	- 4	- 9.5	
H	73	76	- 3	- 6.5	
I	81	82	- 1	- 1.5	
J	85	81	+ 4	+ 9.5	9.5
K	74	70	+ 4	+ 9.5	9.5

L	65	70	-5	-13
M	63	71	-8	-19
N	48	57	-9	-20
O	51	61	-10	-21
P	89	82	$+7$	$+17.5$	17.5
Q	83	81	$+2$	$+4$	4
R	81	86	-5	-13
S	70	81	-11	-22
T	90	96	-6	-15.5
U	52	64	-12	-23
V	51	64	-13	-24
W	72	67	$+5$	$+13$	13
X	74	70	$+4$	$+9.5$	9.5

$$T = 68.5$$

註：如果有 $d = 0$ 時，則該配對不計，n 亦減少一個。

　　查附錄表 K，n=24，$\alpha = .05$，兩尾檢定，關鍵值為 81。因為 T = 68.5 < 81，表示兩組分數之差異達到顯著水準。

　　當 n > 25 時，可以用常態近似法，取

$$Z = \frac{T - \mu_t}{\sigma_t} \qquad \text{（公式 18-4）}$$

$\mu_t = \dfrac{n(n+1)}{4}$ 為 T 抽樣分配的平均數

$\sigma_t = \sqrt{\dfrac{n(n+1)(2n+1)}{24}}$ 為 T 抽樣分配的標準差

　　由於例 18-3 中，n = 24，已接近 n > 25，我們以常態近似法計算：

$$Z = \frac{68.5 - \frac{24(24+1)}{4}}{\sqrt{\frac{24(24+1)(2 \times 24+1)}{24}}} = \frac{68.5 - 150}{35}$$

$$= -2.33$$

$\alpha = .05$，兩尾檢定，關鍵值爲 $Z = \pm 1.96$，$-2.33 < -1.96$，表示兩組之分數差異達到顯著水準。

18-3 克－瓦二氏單因子變異數分析
（The Kruskal-Wallis One-Way Analysis of Variance）

克－瓦二氏單因子變異數分析，適用於次序變數的資料；可以檢定二組以上獨立樣本是否來自相同之母體。它相當於母數統計中的單因子變異數分析。進行克－瓦二氏檢定，我們先將所有分數，不分組別，均化爲等級，再計算各組等級之和以 Ri 表示。以下例說明之：

╟ 例 18-4 ╟

下表爲大一、大二、大三及大四學生樣本在某量表上的分數，試問各年級學生之分數是否有顯著差異？

表 18-4

一年級		二年級		三年級		四年級	
分數	等級	分數	等級	分數	等級	分數	等級
13	12	14	14	22	23	26	28
13	12	12	9.5	17	18.5	25	27
11	7.5	11	7.5	24	25.5	23	24
13	12	20	21	15	15.5	24	25.5
17	18.5	15	15.5	12	9.5	21	22

10	5.5	10	5.5	19	20	16	17
8	2.5	8	2.5				
7	1						
9	4						
$R_1 = 75$		$R_2 = 75.5$		$R_3 = 112$		$R_4 = 143.5$	
$n_1 = 9$		$n_2 = 7$		$n_3 = 6$		$n_4 = 6$	

克一瓦二氏檢定之公式為：

$$H = \frac{12}{N(N+1)} \Sigma \frac{R_i^2}{n_i} - 3(N+1) \qquad \text{（公式 18-5）}$$

式中 $N = \Sigma n_i$

　　H 在各組人數大於 5 時，逐漸接近 $df = K - 1$ 的 χ^2 分配，K 為組數。將表 18-4 中之資料代入公式 18-5 中：

$$\begin{aligned} H &= \frac{12}{28(28+1)} \left[\frac{(75)^2}{9} + \frac{(75.5)^2}{7} + \frac{(112)^2}{6} + \frac{(143.5)^2}{6} \right] - 3(28+1) \\ &= \frac{12}{812}(6962.03) - 87 \\ &= 15.89 \end{aligned}$$

$$\chi^2_{.01(3)} = 11.35$$

　　H = 15.89 > 11.35，表示各年級之分數差異達到非常顯著（**p < .01）。若同分很多，需將上面 H 除以 $1 - \Sigma T/(N^3 - N)$。$T = t^3 - t$，本例有 7 個 t = 2，1 個 t = 3，故 $\Sigma T = 66$，校正後 H = 15.94。

18-4　弗里曼二因子等級變異數分析
（The Friedman Two-Way Analysis of Variance by Ranks）

弗里曼二因子等級變異數分析相當於母數統計中的重複樣本單因子變異數分析。它適用於次序變數的資料，可就下列兩種情形說明之：

1. 組數 k = 3，樣本數 n ≤ 9；或組數 k = 4，樣本數 n ≤ 4 時

||| 例 18-5 |||

八位演講者以不使用視聽器材，使用少量視聽器材，及使用大量視聽器材三種方式進行演講，其演講成績如下表所示，試問以這三種方式演講，成績有無顯著差異？

表 18-5

演講者	不使用視聽器材	使用少量視聽器材	使用大量視聽器材
A	80 (1)	85 (3)	83 (2)
B	62 (1)	67 (3)	65 (2)
C	68 (1)	75 (3)	69 (2)
D	68 (1)	70 (2)	72 (3)
E	81 (2)	90 (3)	80 (1)
F	83 (1)	89 (3)	85 (2)
G	76 (1)	88 (3)	80 (2)
H	65 (1)	73 (2)	78 (3)
	$R_1 = 9$	$R_2 = 22$	$R_3 = 17$

表 18-5 中括號內的數字為等級，等級是根據每個人在三種情況下分數高低決定。例如 A 的分數為 80，85 及 83，80 最低為 1，其次

83 為 2，85 則為 3。R_1，R_2，R_3 分別為等級之和，將資料代入下列公式：

$$\chi_r^2 = \frac{12}{nK(K+1)}\Sigma R_i^2 - 3n(K+1) \qquad (公式\ 18\text{-}6)$$
$$= \frac{12}{(8)(3)(3+1)}(9^2 + 22^2 + 17^2) - 3(8)(3+1)$$
$$= 10.75$$

查附錄表 L，n = 8，p = .0099，χ^2 值為 9.00

$\chi_r^2 = 10.75 > 9.00$，表示這三種演講方式差異達到非常顯著水準（**p < .01）。

2. k = 3，n > 9；或 k = 4，n > 4 時

┤┠ 例 18-6 ┠├

　　十位學生在國語、數學、社會及自然的百分等級如表 18-6 所示，試問四種學科能力之間有無顯著差異？

表 18-6

學生	國語	數學	自然	社會
A	80 (4)	61 (2)	68 (3)	58 (1)
B	60 (1)	94 (4)	78 (2)	91 (3)
C	86 (3)	80 (2)	97 (4)	68 (1)
D	85 (2)	97 (4)	76 (1)	96 (3)
E	76 (2)	88 (3)	72 (1)	95 (4)
F	98 (4)	84 (1)	94 (2)	97 (3)
G	78 (2)	67 (1)	94 (4)	86 (3)
H	62 (2)	70 (3)	78 (4)	58 (1)
I	12 (1)	30 (4)	26 (3)	19 (2)
J	60 (4)	58 (3)	55 (1)	56 (2)
	$R_1 = 25$	$R_2 = 27$	$R_3 = 25$	$R_4 = 23$

　　上表中 R_1，R_2，R_3 及 R_4 差異不大，表示四種學科能力可能無顯著差異。將資料代入公式 18-6：

$$\chi^2 = \frac{12}{nK(K+1)} \Sigma R_i^2 - 3n(K+1)$$
$$= \frac{12}{10(4)(4+1)}(25^2+27^2+25^2+23^2) - 3(10)(4+1)$$
$$= 0.48$$

　　當 k = 3，n > 8；或 k = 4，n > 4 時，即 n 和 k 大於附錄表 L 中所列之最大的 n 或 k 之時，χ_r^2 逐漸接近 df = k − 1 的 χ^2 分配。而 $\chi_{.05(3)}^2 = 7.815$，我們計算得到的 $\chi_r^2 = 0.48$，遠小於 7.815，因此表示四種學科能力無顯著差異。

習題十八

1. 隨機抽取 9 位兒童，其中 5 位為獨生子或女，其餘 4 位有兄弟姐妹，評定其語言表達的成熟度。評分結果如下，試以曼—惠二氏檢定法檢定獨生子女與非獨生子女之語言表達成熟度有無不同？

獨生子女	非獨生子女
12	9
16	11
13	8
18	6
10	

2. 某研究者研究在安靜狀況與吵雜狀況下的問題解決能力，隨機抽取 12 位受試者參加實驗，結果如下，試以魏克遜配對組符號等級檢定法檢定兩種狀況下之表現有無差異？

受試者	安靜狀況	吵雜狀況	受試者	安靜狀況	吵雜狀況
A	36	31	G	38	32
B	37	37	H	29	29
C	33	34	I	31	30
D	33	32	J	44	39
E	35	33	K	28	26
F	39	41	L	36	33

3.有關創造力的研究顯示教師鼓勵擴散性思考有助於學生創造力的發展。某研究者從三所學校中隨機各抽取 8 位教師評定其鼓勵擴散性思考的分數如下，試以克─瓦二氏檢定法檢定三所學校教師鼓勵擴散性思考行為是否有顯著差異。

甲校	乙校	丙校
21	28	10
23	26	29
10	23	10
12	20	15
25	27	11
8	25	9
22	20	7
5	15	14

4.隨機抽取 12 位兒童，請他們對三家電視臺的兒童節目評定等級，結果如下，試以弗里曼檢定法檢定三臺兒童節目之等級是否有顯著差異？

兒童	甲臺	乙臺	丙臺
A	3	2	1
B	2	3	1
C	1	3	2
D	2	1	3
E	2	3	1
F	1	3	2
G	3	2	1
H	1	3	2
I	3	1	2
J	3	2	1
K	1	2	3
L	3	2	1

第十九章

基本統計與
電腦統計軟體

19-1　SPSS 之基本統計應用

㈠卡方檢定

以卡方檢定性別與組別是否獨立或有關聯，性別以 0 代表女生，1 代表男生，組別則有：1，2，3 組。表內數字為人數：

		組別			總和
		1.00	2.00	3.00	
性別	.00	15	8	7	30
	1.00	5	15	12	32
總和		20	23	19	62

將以上資料以 SPSS 建檔：

選擇「資料」之「觀察值加權」：

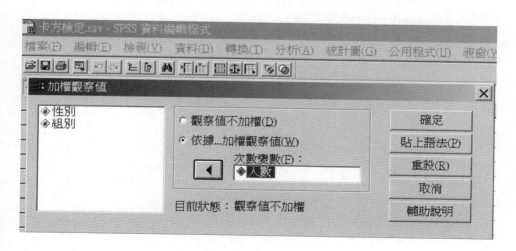

點選「依據……加權觀察值」，並以「人數」為次數變數：

按確定後選擇「敘述統計」的「交叉表」（C）：

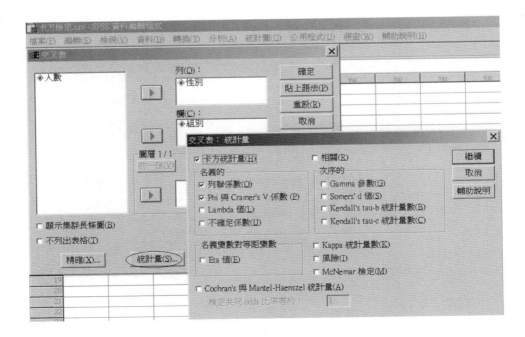

按下統計量（S），並勾選「卡方統計量」、「列聯係數」及「Phi
與 Cramer's V 係數」：

選取「格（E）」，並勾選「觀察值」和「期望」：

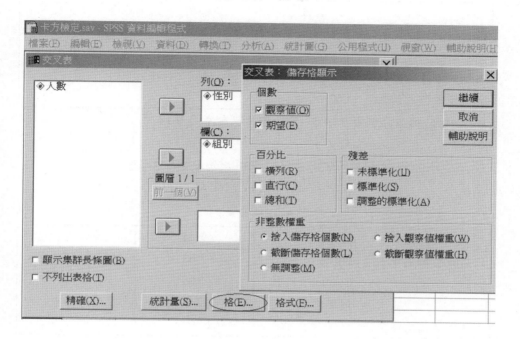

按繼續與確定後，得到下列結果：

			組別			總和
			1.00	2.00	3.00	
性別	.00	個　　數	15	8	7	30
		期望個數	9.7	11.1	9.2	30.0
	1.00	個　　數	5	15	12	32
		期望個數	10.3	11.9	9.8	32.0
總和		個　　數	20	23	19	62
		期望個數	20.0	23.0	19.0	62.0

上表呈現各細格觀察個（次）數及期望個（次）數。

卡方檢定

	數值	自由度	漸近顯著性（雙尾）
Pearson 卡方	8.390(a)	2	.015
概似比	8.664	2	.013
線性對線性的關聯	5.709	1	.017
有效觀察值的個數	62		

a 0 格 (.0%) 的預期個數少於 5。最小的預期個數為 9.19。

上表呈現卡方檢定值為 8.390，達到顯著水準，P<.05。

對稱性量數

		數值	顯著性近似值
以名義量數為主	Phi 值	.368	.015
	Cramer's V 值	.368	.015
	列聯係數	.345	.015
有效觀察值的個數		62	

上表呈現 Phi 與 Cramer's V 係數均為 .368，列聯係數為 .345，均達到 .05 顯著水準。

㈡ 獨立樣本兩平均數 t 檢定

有兩組樣本共 17 人之成績如下圖所示，欲檢定兩組平均成績是否有顯著差異。將資料輸進 SPSS 之後，選擇比較平均數法之獨立樣本 T 檢定如下：

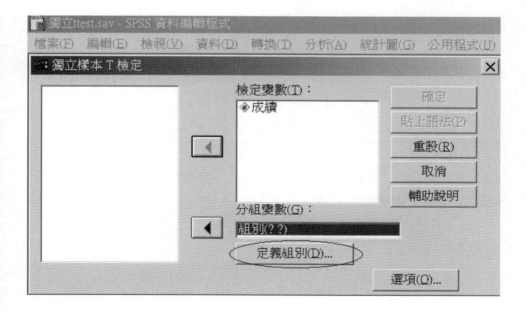

檢定變數為「成績」，分組變數為「組別」，並按定義組別如下：

組別 1 設爲「1」，組別 2 設爲「2」：

按繼續與確定後得到結果如下：

組別統計量

	組別	個數	平均數	標準差	平均數的標準誤
成績	1.00	9	49.4444	10.38161	3.46054
	2.00	8	68.8750	12.29910	4.34839

　　由上表可知，第 1 組之平均數爲 49.44，標準差爲 10.38，第二組之平均數爲 68.88，標準差爲 12.30。

獨立樣本檢定

		變異數相等的 Levene 檢定		平均數相等的 t 檢定						
		F 檢定	顯著性	t	自由度	顯著性（雙尾）	平均差異	標準誤差異	差異的 95% 信賴區間	
									下界	上界
成績	假設變異數相等	.275	.608	-3.533	15	.003	-19.43056	5.49904	-31.15149	-7.70962
	不假設變異數相等			-3.496	13.823	.004	-19.43056	5.55732	-31.36416	-7.49695

　　由上表可知，Levene 檢定兩組變異數並無顯著差異，p>.05；而平均數之 t 檢定值為 –3.533，兩平均數差異達到非常顯著水準，**p<.01。

㈢關聯樣本兩平均數 t 檢定

　　有 10 位學生補救教學前及補救教學後之成績如下表所示，欲檢定前後測平均成績是否有顯著差異。將資料輸進 SPSS 之後，選擇比較平均數法之成對樣本 T 檢定：

配對變數設為「前測──後測」如下：

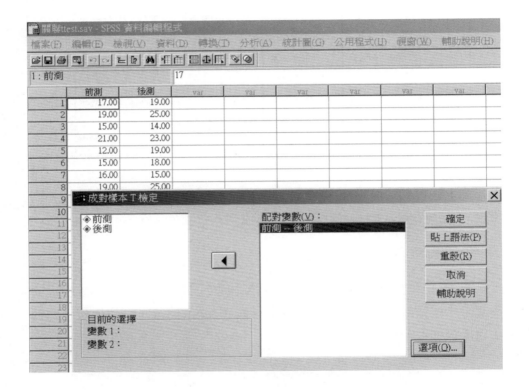

按確定後得到結果如下：

成對樣本統計量

		平均數	個數	標準差	平均數的標準誤
成對 1	前測	17.2000	10	2.74064	.86667
	後測	20.1000	10	3.81372	1.20600

由上表可知，前測平均數為 17.20，標準差為 2.74，後測平均數為
20.10，標準差為 3.81。

成對樣本相關

		個數	相關	顯著性
成對 1	前測和後測	10	.689	.028

由上表可知，前後測相關為 .689，達到顯著水準，p<.05。

成對樣本檢定

		成對變數差異					t	自由度	顯著性（雙尾）
		平均數	標準差	平均數的標準誤	差異的 95% 信賴區間				
					下界	上界			
成對 1	前測 - 後測	-2.90000	2.76687	.87496	-4.87930	-.92070	-3.314	9	.009

由上表可知，前後測平均數差異 t 檢定值為 -3.314，自由度為 9，達到非常顯著水準，p<.01。

㈣獨立樣本單因子變異數分析

有三組樣本共 18 人，接受三種教學法之成績如下表所示，欲檢定三組平均成績是否有顯著差異。將資料輸進 SPSS 後，選擇比較平均數法的單因子變異數分析：

　　依變數設為「成績」，因子設為「教學法」，再選事後 Post Hoc 檢定之「Tukey 法」、「Scheff 法」和「Dunnett 檢定」，Dunnett 檢定之控制類別設為「第一」如下：

按確定後，得到結果如下：

ANOVA

	平方和	自由度	平均平方和	F 檢定	顯著性
組間	290.752	2	145.376	16.304	.000
組內	133.748	15	8.917		
總和	424.500	17			

　　由上表可知，三種教學法平均數差異之 F 檢定值為 16.304，達到非常顯著水準，p<.01。

多重比較

依變數：成績

	(I)教學法	(J)教學法	平均差異 (I-J)	標準誤	顯著性	95% 信賴區間	
						下界	上界
Tukey HSD	1.00	2.00	-4.23333	1.80814	.080	-8.9299	.4633
		3.00	-9.82857(*)	1.74845	.000	-14.3701	-5.2870
	2.00	1.00	4.23333	1.80814	.080	-.4633	8.9299
		3.00	-5.59524(*)	1.66129	.011	-9.9104	-1.2801
	3.00	1.00	9.82857(*)	1.74845	.000	5.2870	14.3701
		2.00	5.59524(*)	1.66129	.011	1.2801	9.9104
Scheffe 法	1.00	2.00	-4.23333	1.80814	.097	-9.1403	.6736
		3.00	-9.82857(*)	1.74845	.000	-14.5735	-5.0836
	2.00	1.00	4.23333	1.80814	.097	-.6736	9.1403
		3.00	-5.59524(*)	1.66129	.015	-10.1036	-1.0869
	3.00	1.00	9.82857(*)	1.74845	.000	5.0836	14.5735
		2.00	5.59524(*)	1.66129	.015	1.0869	10.1036
Dunnett t 檢定（雙邊檢定）(a)	2.00	1.00	4.23333	1.80814	.059	-.1571	8.6238
	3.00	1.00	9.82857(*)	1.74845	.000	5.5830	14.0741

* 在 .05 水準上的平均差異很顯著。

a Dunnett t 檢定將某一組別當成控制，並用來與所有其他組別做比較。

　　由上表可知，事後多重比較，Tukey 法、Scheff 法和 Dunnett 法，均是第一組平均數與第二組平均數未達顯著差異，p>.05，第一組平均數與第三組平均數差異達到 .01 顯著水準，Tukey 法和 Scheff 法均是第二組平均數與第三組平均數差異達到 .05 顯著水準。

㈤ 獨立樣本二因子變異數分析

　　有閱讀能力分為高、中、低三種程度之樣本共 30 人，接受新舊兩種教材，欲檢定新舊教材是否有差異，不同閱讀能力之學生成績是否有差異，及新舊教材與閱讀能力是否有交互作用。資料如下表：

檔案(F)	編輯(E)	檢視(V)	資料(D)	轉換
1：教材			1	

	教材	閱讀能力	成績
1	1.00	1.00	56.00
2	1.00	1.00	54.00
3	1.00	1.00	56.00
4	1.00	1.00	53.00
5	1.00	1.00	51.00
6	2.00	1.00	50.00
7	2.00	1.00	50.00
8	2.00	1.00	54.00
9	2.00	1.00	52.00
10	2.00	1.00	54.00
11	1.00	2.00	58.00
12	1.00	2.00	50.00
13	1.00	2.00	54.00
14	1.00	2.00	48.00
15	1.00	2.00	50.00
16	2.00	2.00	42.00
17	2.00	2.00	44.00
18	2.00	2.00	48.00
19	2.00	2.00	44.00
20	2.00	2.00	48.00
21	1.00	3.00	52.00
22	1.00	3.00	50.00
23	1.00	3.00	48.00
24	1.00	3.00	50.00
25	1.00	3.00	50.00
26	2.00	3.00	44.00
27	2.00	3.00	40.00
28	2.00	3.00	42.00
29	2.00	3.00	42.00
30	2.00	3.00	42.00

將資料輸進 SPSS 之後，選擇「一般線性模式」之「單變量」：

依變數設為「成績」，固定因子設為「教材」與「閱讀能力」，事後 Post Hoc 檢定設為「Tukey 法」如下：

按確定後得到結果如下：

受試者間效應項的檢定

依變數：成績

來　源	型 III 平方和	自由度	平均平方和	F 檢定	顯著性
校正後的模式	536.000(a)	5	107.200	18.017	.000
截距	72,619.200	1	72,619.200	12,204.908	.000
教材	235.200	1	235.200	39.529	.000
閱讀能力	250.400	2	125.200	21.042	.000
教材*閱讀能力	50.400	2	25.200	4.235	.027
誤差	142.800	24	5.950		
總和	73,298.000	30			
校正後的總數	678.800	29			

a：R 平方 =.790（調過後的 R 平方 =.746）

　　由上表可知，新舊教材間差異 F 檢定值爲 39.529，達到非常顯著水準，p<.01。閱讀能力間差異 F 檢定值爲 21.042，亦達到非常顯著水準，p<.01。兩者交互作用之 F 檢定值爲 4.235，達到 .05 顯著水準。

多重比較

依變數：成績

Tukey HSD

(I)閱讀能力	(J)閱讀能力	平均數差異（I-J）	標準誤	顯著性	95%信賴區間	
					下限	上限
1.00	2.00	4.4000(*)	1.09087	.001	1.6758	7.1242
	3.00	7.0000(*)	1.09087	.000	4.2758	9.7242
2.00	1.00	-4.4000(*)	1.09087	.001	-7.1242	-1.6758
	3.00	2.6000	1.09087	.063	-.1242	5.3242

| 3.00 | 1.00 | -7.0000(*) | 1.09087 | .000 | -9.7242 | -4.2758 |
| | 2.00 | -2.6000 | 1.09087 | .063 | -5.3242 | .1242 |

以觀察的平均數為基礎。

* 在水準 .05 上的平均數差異顯著。

　　由上表事後多重比較可知，第二種閱讀能力與第三種閱讀能力之差異未達顯著水準，p>.05，其餘二種比較均達到 .01 之顯著水準。

㈥曲線相關

　　有 16 位大一至大四的學生，其焦慮分數如下表所示，欲檢定年級與焦慮分數是否有曲線相關。資料輸進 SPSS 之後，選擇「迴歸方法」之「曲線估計」：

　　依變數設為「焦慮分數」，自變數設為「年級」，模式勾選「線性」、「二次曲線模式」：

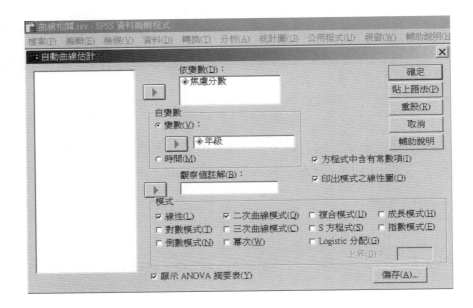

按確定後,得到結果如下:

Independent:年級

MODEL: MOD_2.

Dependent variable.. 焦慮分數   Method.. LINEAR

Listwise Deletion of Missing Data

Multiple R   .11163

R Square   .01246

Adjusted R Square   -.05808

Standard Error   3.25213

Analysis of Variance:

	DF	Sum of Squares	Mean Square
Regression	1	1.86853	1.868534
Residuals	14	148.06897	10.576355

F=　　　.17667　　　　Signif F=.6806

------------------------ Variables in the Equation ------------------------

Variable	B	SE B	Beta	T	Sig T
年級	.293103	.697330	.111634	.420	.6806
(Constant)	15.793103	2.002928		7.885	.0000

Dependent variable.. 焦慮分數　　　　　　　Method.. QUADRATI
Listwise Deletion of Missing Data

Multiple R　　　　　　　.70206
R Square　　　　　　　　.49289
Adjusted R Square　　　.41487
Standard Error　　　　　2.41844
Analysis of Variance:

	DF	Sum of Squares	Mean Square
Regression	2	73.902412	36.951206
Residuals	13	76.035088	5.848853

F=　　　6.31768　　　Signif F=.0121

-------------------------- Variables in the Equation --------------------------

Variable	B	SE B	Beta	T	Sig T
年級	-10.482456	3.113966	-3.992432	-3.366	.0051
年級 **2	2.140351	.609891	4.162185	3.509	.0038
(Constant)	26.421053	3.374888		7.829	.0000

　　由上面結果可知，直線 LINEAR 相關為 .11163，F 值為 .17667，未達顯著水準，p>.05。二次曲線 QUADRATI 相關為 .70206，F 值為 6.31768，達到顯著水準，p<.05。其迴歸方程式為：

$$Y = 26.421053 - 10.482456X + 2.140351X^2$$

另 SPSS 產生迴歸線性圖如下：

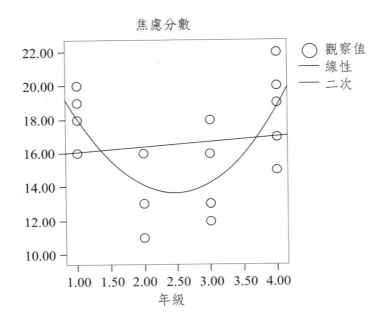

19-2　**Excel 之基本統計應用**

要使用 Excel 統計分析，首先要啟動 [分析工具箱] 如下：

1. 如果是 Excel 2019，按一下 [檔案]，然後按一下 [Excel 選項]，點選 [增益集] 及 [分析工具箱]，然後按一下 [執行]。在 [增益集] 方塊中，勾選 [分析工具箱]，然後按一下 [確定]。

2. 如果是 Excel 2007，按一下 [Microsoft Office 按鈕 　]，然後按一下 [Excel 選項]，點選 [增益集] 及 [分析工具箱]，然後按一下 [執行]。在 [增益集] 方塊中，勾選 [分析工具箱]，然後按一下 [確定]。

Excel 2019 的 [Excel 選項] 及 [增益集] 中的 [分析工具箱] 如下所示：

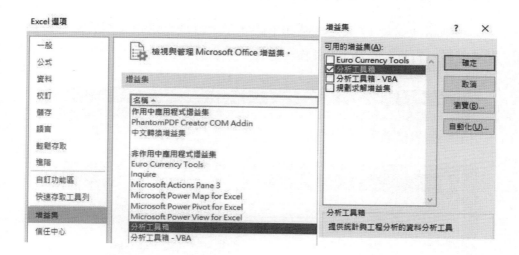

此時工具項下才會出現資料分析，選取「資料分析」即可進行各種統計分析：

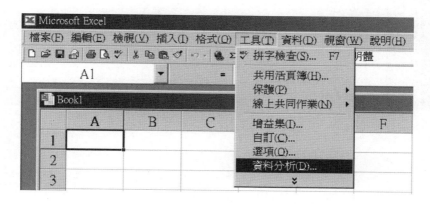

EXCEL 2019 的資料分析則在右邊如圖：

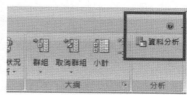

㈠ t 檢定：兩個母體平均數差的檢定，假設變異數相等

有兩組樣本共 17 人之成績如下圖所示，欲檢定兩組平均成績是否有顯著差異。將資料輸進 Excel 後，選擇「資料分析」如下：

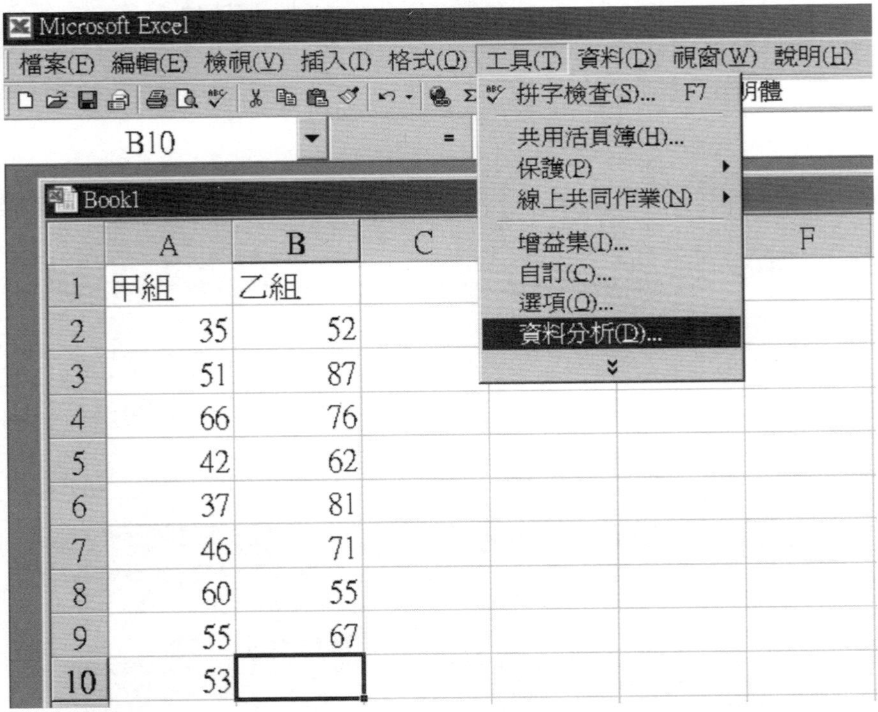

選擇「t 檢定：兩個母體平均數差的檢定，假設變異數相等」：

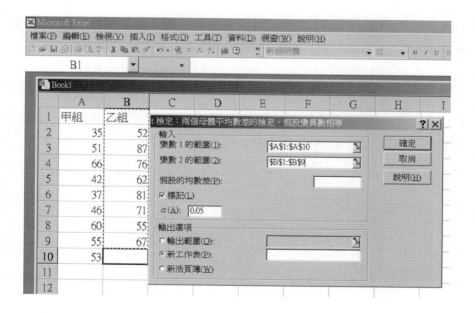

　　變數 1 的範圍設為「A1:A10」，變數 2 的範圍設為「B1:B9」，並勾選「標記」：

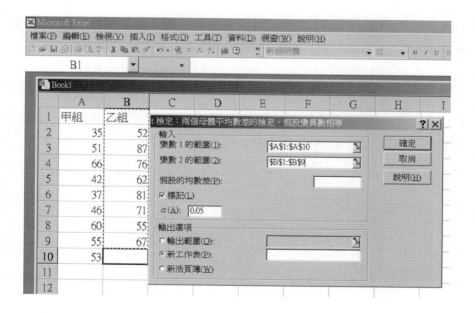

按確定後，得到結果如下：

t 檢定：兩個母體平均數差的檢定，假設變異數相等

	甲組	乙組		
平均數	49.44444	68.875		
變異數	107.7778	151.2679		
觀察值個	9	8		
Pooled 變	128.0731			
假設的均	0			
自由度	15			
t 統計	-3.53344			
P(T<=t) 單	0.001505			
臨界值：	1.753051			
P(T<=t) 雙	0.00301			
臨界值：	2.131451			

由上表可知，第 1 組之平均數為 49.444，第二組之平均數為 68.875，t 檢定值為 −3.53344，兩平均數差異達到非常顯著水準，p<.01。

㈡ t 檢定：成對母體平均數差異檢定

有 10 位學生補救教學前及補救教學後之成績如下表所示，欲檢定前後測平均成績是否有顯著差異。將資料輸進 Excel 後，選擇「資料分析」：

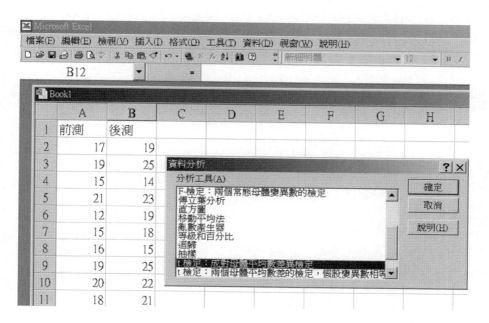

選擇「t 檢定：成對母體平均數差異檢定」：

　　變數 1 的範圍設為「A1:A11」，變數 2 的範圍設為「B1:B11」，並勾選「標記」：

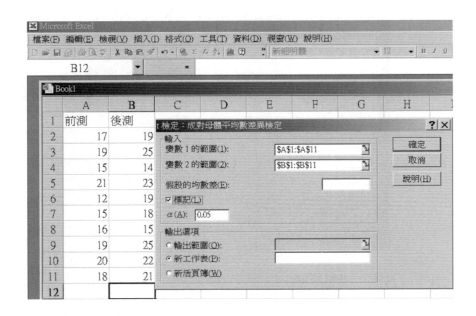

　　得到結果如下：

t檢定：成對母體平均數差異檢定

	前測	後測
平均數	17.2	20.1
變異數	7.511111	14.54444
觀察值個	10	10
皮耳森相	0.688861	
假設的均	0	
自由度	9	
t 統計	-3.31444	
P(T<=t) 單	0.00451	
臨界值：	1.833114	
P(T<=t) 雙	0.00902	
臨界值：	2.262159	

　　由上表可知，前測平均數為 17.2，後測平均數為 20.1，前後測相關為 .688861，前後測平均數差異 t 檢定值為 -3.31444，達到非常顯著水準，p<.01。

㈢ 單因子變異數分析

　　有三組樣本共 18 人，接受三種教學法之成績如下表所示，欲檢定三組平均成績是否有顯著差異。將資料輸進 Excel 後，選擇「資料分析」如下：

選擇「單因子變異數分析」：

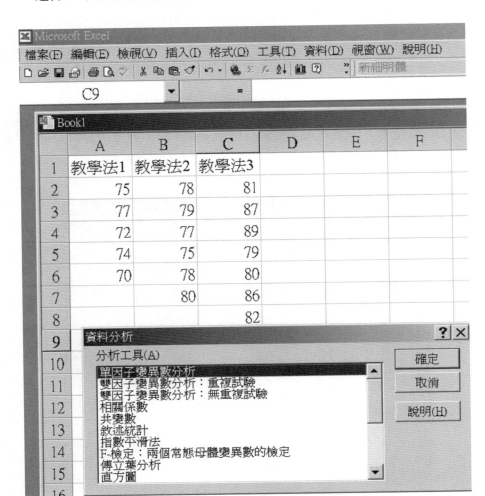

輸入範圍設為「A1:C8」，並勾選「類別軸標記在第一列上」：

	A	B	C	D	E	F
1	教學法1	教學法2	教學法3			
2	75	78	81			
3	77	79	87			
4	72	77	89			
5	74	75	79			
6	70	78	80			
7		80	86			
8			82			

單因子變異數分析

輸入

輸入範圍(I):　$A$1:$C$8

分組方式:　　⊙ 逐欄(C)
　　　　　　　○ 逐列(R)

☑ 類別軸標記在第一列上(L)

α(A):　0.05

輸出選項

○ 輸出範圍(O):

⊙ 新工作表(P):

○ 新活頁簿(W)

確定

取消

說明(H)

按確定，得到結果如下：

單因子變異數分析

摘要

組	個數	總和	平均	變異數
教學法1	5	368	73.6	7.3
教學法2	6	467	77.83333	2.966667
教學法3	7	584	83.42857	14.95238

ANOVA

變源	SS	自由度	MS	F	P-值	臨界值
組間	290.7524	2	145.3762	16.30416	0.000173	3.682317
組內	133.7476	15	8.916508			
總和	424.5	17				

由上表可知，三種教學法平均數差異之 F 檢定值為 16.30416，達到非常顯著水準，$p<.01$。

㈣ 雙因子變異數分析：無重複試驗

Excel 之雙因子變異數分析：無重複試驗，即本書中之重複量數單因子變異數分析。下圖為 5 位學生甲、乙、丙、丁、戊接受 4 種測驗之成績，現欲檢定 4 種測驗難易是否有顯著差異。選擇「雙因子變異數分析：無重複試驗」：

輸入範圍設爲「A1:E6」，並勾選「標記」：

Book1					
	A	B	C	D	E	F
1		I	II	III	IV	
2	甲	21	22	20	22	
3	乙	22	16	23	19	
4	丙	14	14	23	24	
5	丁	29	24	24	24	
6	戊	16	15	14	14	

雙因子變異數分析：無重複試驗　　　　　　　　　**? ✕**

輸入

輸入範圍(I):　　　　　$A$1:$E$6

☑ 標記(L)

α(A):　0.05

輸出選項

○ 輸出範圍(O):

⊙ 新工作表(P):

○ 新活頁簿(W)

確定

取消

說明(H)

按確定後，得到結果如下：

摘要	個數	總和	平均	變異數	
甲	4	85	21.25	0.916667	
乙	4	80	20	10	
丙	4	75	18.75	30.25	
丁	4	101	25.25	6.25	
戊	4	59	14.75	0.916667	
I	5	102	20.4	34.3	
II	5	91	18.2	20.2	
III	5	104	20.8	16.7	
IV	5	103	20.6	17.8	

ANOVA						
變源	SS	自由度	MS	F	P-值	臨界值
列	233	4	58.25	5.682927	0.008381	3.25916
欄	22	3	7.333333	0.715447	0.561479	3.4903
錯誤	123	12	10.25			
總和	378	19				

由上表可知，列間或學生間之差異 F 檢定值爲 5.682927，達到非常顯著水準 p<.01，但欄間或測驗間之差異 F 檢定值爲 0.715447，未達顯著水準 p>.05。

㈤雙因子變異數分析：重複試驗

Excel 中的雙因子變異數分析：重複試驗，即是本書中之獨立樣本二因子變異數分析。下表爲 2×3 的二因子變異數分析，共有 6 個細格，每個細格有 5 個樣本。其中一個因子爲新或舊教材，另一個因子爲閱讀能力高、中、或低。

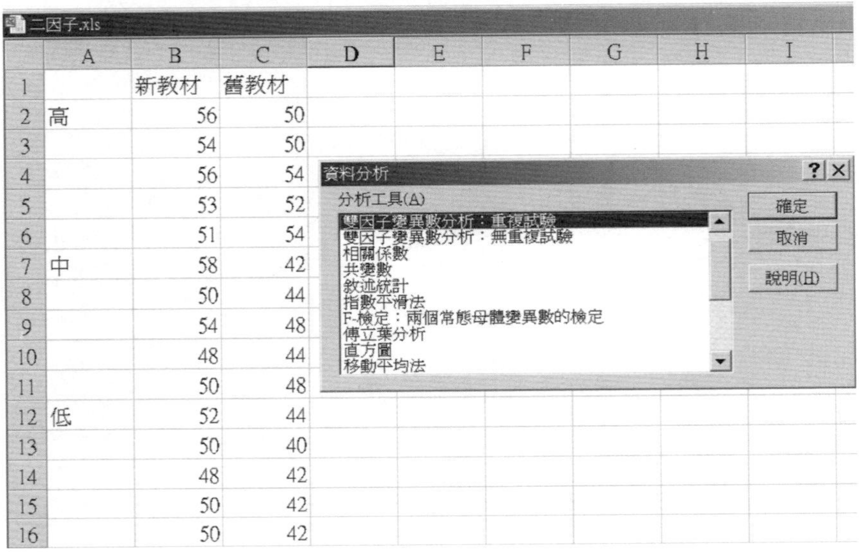

輸入範圍為「A1:C16」，每一樣本的列數設為「5」即每一細格有 5 位：

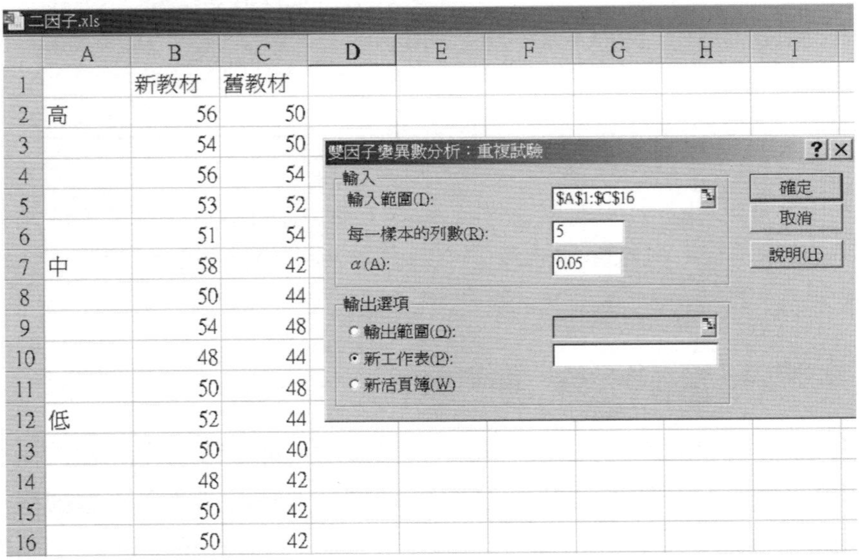

按確定後，得到結果如下：

ANOVA

變源	SS	自由度	MS	F	P-值	臨界值
樣本	250.4	2	125.2	21.04202	5.26E-06	3.402832
欄	235.2	1	235.2	39.52941	1.69E-06	4.259675
交互作用	50.4	2	25.2	4.235294	0.026586	3.402832
組內	142.8	24	5.95			
總和	678.8	29				

由上表可知，樣本間即高、中、低三種樣本間之差異 F 檢定值為 21.04202，達到非常顯著水準，p<.01。欄間新、舊教材間之差異 F 檢定值為 39.52941，亦達到非常顯著水準，p<.01。兩者之交互作用 F 檢定值為 4.235294，達到顯著水準，p<.05。

㈥迴　歸

有 16 位大一至大四的學生，其焦慮分數如下表所示，欲檢定年級與焦慮分數是否有曲線相關：將資料輸進 Excel 之後，選擇「迴歸」：

　　輸入 Y 範圍，為依變項之範圍，為焦慮分數即「C1:C17」，輸入 X 範圍，為自變項之範圍，為年級及年級平方即「A1:B17」，並勾選「標記」：

　　按確定後，得到結果如下：

迴歸統計	
R 的倍數	0.70206
R 平方	0.492888
調整的 R	0.414871
標準誤	2.41844
觀察值個	16

ANOVA

	自由度	SS	MS	F	顯著值
迴歸	2	73.90241	36.95121	6.317684	0.012111
殘差	13	76.03509	5.848853		
總和	15	149.9375			

	係數	標準誤	t 統計	P-值	下限 95%	上限 95%	下限 95.0%	上限 95.0%
截距	26.42105	3.374888	7.828719	2.83E-06	19.13005	33.71205	19.13005	33.71205
年級	-10.4825	3.113966	-3.36627	0.00506	-17.2098	-3.75514	-17.2098	-3.75514
年級平方	2.140351	0.609891	3.509401	0.003844	0.822763	3.457939	0.822763	3.457939

　　由上面結果可知，二次曲線相關為 .70206，F 值為 6.317684，達到顯著水準，p<.05。其迴歸方程式為：

$$Y = 26.42105 - 10.4825X + 2.140351X^2$$

㈦相　關

同迴歸分析之資料，選擇「相關係數」：

	A	B	C	D	E	F	G	H	I
1	年級	年級平方	焦慮分數						
2	1	1	18						
3	1	1	20						
4	1	1	16						
5	1	1	19						
6	2	4	16						
7	2	4	11						
8	2	4	13						
9	3	9	18						
10	3	9	13						
11	3	9	16						
12	3	9	12						
13	4	16	19						
14	4	16	20						
15	4	16	17						
16	4	16	15						
17	4	16	22						

資料分析

分析工具(A)

單因子變異數分析
雙因子變異數分析：重複試驗
雙因子變異數分析：無重複試驗
相關係數
共變數
敘述統計
指數平滑法
F-檢定：兩個常態母體變異數的檢定
傅立葉分析
直方圖

確定
取消
說明(H)

輸入範圍設為「A1:C17」，並勾選「類別軸標記在第一列上」：

	A	B	C	D	E	F	G	H	I
1	年級	年級平方	焦慮分數						
2	1	1	18						
3	1	1	20						
4	1	1	16		相關係數				? ×
5	1	1	19		輸入				確定
6	2	4	16		輸入範圍(I):		$A$1:$C$17		取消
7	2	4	11		分組方式:		⊙ 逐欄(C)		
8	2	4	13				○ 逐列(R)		說明(H)
9	3	9	18		☑ 類別軸標記是在第一列上(L)				
10	3	9	13		輸出選項				
11	3	9	16		○ 輸出範圍(O):				
12	3	9	12		⊙ 新工作表(P):				
13	4	16	19		○ 新活頁簿(W)				
14	4	16	20						
15	4	16	17						
16	4	16	15						
17	4	16	22						

按確定後，得到結果如下：

	年級	年級平方	焦慮分數
年級	1		
年級平方	0.986036	1	
焦慮分數	0.111634	0.225501	1

由上面結果可知，年級與焦慮分數相關為 .111643，年級平方與焦慮分數相關為 .225501。

⑻ 卡方檢定

同 19-1 節 SPSS 之基本統計應用 ㈠ 卡方檢定之例題，下表為包括各細格觀察個數及期望個數之列聯表：

			組別			總和
			1.00	2.00	3.00	
性別	.00	個　　數	15	8	7	30
		期望個數	9.7	11.1	9.2	30.0
	1.00	個　　數	5	15	12	32
		期望個數	10.3	11.9	9.8	32.0
總和		個　　數	20	23	19	62
		期望個數	20.0	23.0	19.0	62.0

將資料輸進 Excel，1 和 2 列為觀察次數，3 和 4 列為理論次數：

	A	B	C	D
1	15	8	7	
2	5	15	12	
3	9.7	11.1	9.2	
4	10.3	11.9	9.8	
5				

選擇插入「函數」：

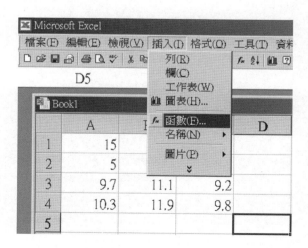

選擇「統計」之「CHITEST」：

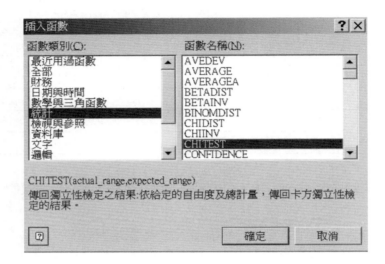

Actual range 設為「A1:C2」，Expected range 設為「A3:C4」如下：

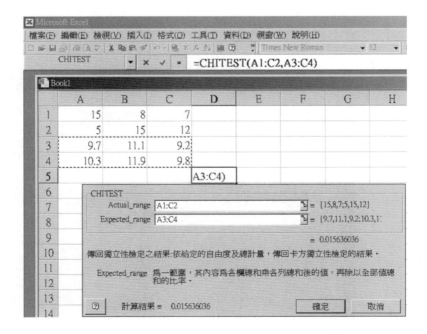

　　得到卡方值的機率爲 .015636，再選取「統計」的「CHINV」將機率還原爲卡方值放在 C5 位置：

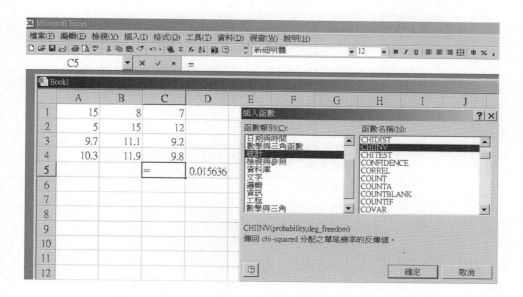

　　輸入 Probability 爲「D5」（機率 .015636 所在位置），Deg-freedom（自由度）爲「2」：

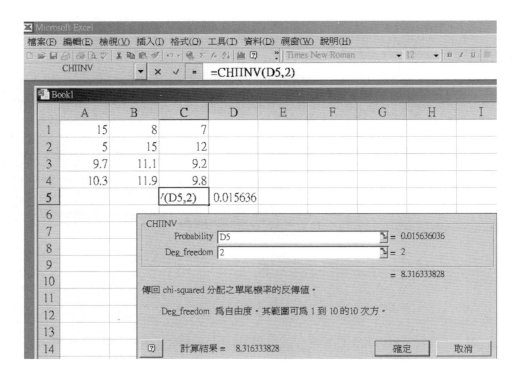

按確定後，得到卡方值為 8.316344 如下：

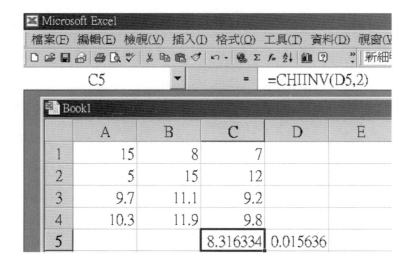

第二十章

高等統計與電腦統計軟體

20-1　重複量數二因子變異數分析

20-1-1　二因子中有一因子重複測量（混合設計二因子變異數分析）

以第 13 章表 13-13 為例，有 8 位樣本分為兩組（a 因子），接受重複測量（b 因子），即受試者間因子為 a 因子，受試者內因子為 b 因子。

先建立資料檔如下：

	a	b1	b2	b3	b4
1	1.00	3.00	4.00	7.00	3.00
2	1.00	6.00	8.00	12.00	9.00
3	1.00	7.00	13.00	11.00	11.00
4	1.00	.00	3.00	6.00	6.00
5	2.00	5.00	6.00	11.00	7.00
6	2.00	10.00	12.00	18.00	15.00
7	2.00	10.00	15.00	15.00	14.00
8	2.00	5.00	7.00	11.00	9.00

選擇「一般線性模式」的「重複量數」如下：

「受試者內因子的名稱」設為「b」，「水準個數」設為「4」，按新增得到結果如下：

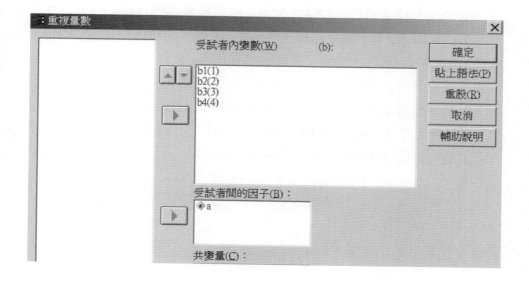

按上圖定義後將 b 因子右移至「受試者內變數」，a 因子右移至「受試者間的因子」：

按確定後，得到結果如下：

Mauchly 球形檢定 (b)

受試者內效應項	Mauchly's W	近似卡方分配	自由度	顯著性	Epsilon(a)		
					Greenhouse-Geisser	Huynh-Feldt 值	下限
b	.118	10.106	5	.078	.634	1.000	.333

　　所謂球形檢定是檢定受試者內因子各處理間（本例為 b1，b2，b3，b4）的共變數矩陣是否為球形（sphericity）。球形假設是重複測量變異數分析的基本假設，當違反球形假設，第一類錯誤會大於原訂的 α 值。若共變數矩陣具有複合對稱性（compound symmetry），即共變數矩陣中各變異數相等以及各共變數相等（共變數矩陣對角線為各處理的變異數，非對角線為各處理的共變數），則可符合球形假設。本例 Mauchly 球形檢定顯著性為 .078，大於 .05，故可接受球形假設，進行重複量數變異數分析。若 Mauchly 球形檢定顯著性小於 .05，則需推翻球形假設。此時可採用下面受試者內效應項的檢定表中的 Huynh-Feldt，Greenhouse-Geisser 則較保守，他們的 F 檢定值完全相同，只是自由度經過調整，顯著性也會受影響。由於 Mauchly 球形檢定小樣本時檢定力不夠，大樣本時又過於敏感，因此 Glass 和 Hopkins（2008）建議使用 Huynh-Feldt 的調整自由度。下面兩表可整理成第 13 章表 13-16 之變異數分析摘要表：受試者內 b 因子差異之 F 檢定值為 22.336，達到非常顯著水準，p<.01。受試者間 a 因子差異之 F 檢定值為 2.506，未達顯著水準，p>.05。而 a 因子與 b 因子之交互作用 F 檢定值為 .576，亦未達顯著水準，p>.05。

受試者內效應項的檢定

來源		型 III 平方和	自由度	平均 平方和	F 檢定	顯著性
b	假設為球形	129.594	3	43.198	22.336	.000
	Greenhouse-Geisser	129.594	1.901	68.167	22.336	.000
	Huynh-Feldt 值	129.594	3.000	43.198	22.336	.000
	下限	129.594	1.000	129.594	22.336	.003
b * a	假設為球形	3.344	3	1.115	.576	.638
	Greenhouse-Geisser	3.344	1.901	1.759	.576	.569
	Huynh-Feldt 值	3.344	3.000	1.115	.576	.638
	下限	3.344	1.000	3.344	.576	.477
誤差 (b)	假設為球形	34.813	18	1.934		
	Greenhouse-Geisser	34.813	11.407	3.052		
	Huynh-Feldt 值	34.813	18.000	1.934		
	下限	34.813	6.000	5.802		

受試者間效應項的檢定

來源	型 III 平方和	自由度	平均平方和	F 檢定	顯著性
截距	2,432.531	1	2,432.531	52.418	.000
a	116.281	1	116.281	2.506	.165
誤差	278.438	6	46.406		

　　另外，若 Mauchly 球形檢定顯著性小於 .05，推翻球形假設時，也可使用多變量統計分析（MONOVA），MONOVA 無須球形假設。因此本題若 Mauchly 球形檢定顯著性小於 .05，也可以進行多變量統計分析。但若符合球形假定，重複測量變異數分析的檢定力較佳。SPSS 的重複量數變異數分析會自動產生多變量統計分析：

多變量檢定 (b)

效應項		數值	F 檢定	假設自由度	誤差自由度	顯著性
b	Pillai's Trace	.992	159.391(a)	3.000	4.000	.000
	Wilks' Lambda 變數選擇法	.008	159.391(a)	3.000	4.000	.000
	多變量顯著性檢定	119.543	159.391(a)	3.000	4.000	.000
	Roy 的最大平方根	119.543	159.391(a)	3.000	4.000	.000
b * a	Pillai's Trace	.391	.855(a)	3.000	4.000	.532
	Wilks' Lambda 變數選擇法	.609	.855(a)	3.000	4.000	.532
	多變量顯著性檢定	.642	.855(a)	3.000	4.000	.532
	Roy 的最大平方根	.642	.855(a)	3.000	4.000	.532

a：精確的統計量

SPSS 共列出 4 種多變量的統計檢定值：Pillai's Trace，Wilks' Lambda，多變量顯著性檢定，Roy 的最大平方根，以及這些值所轉成的 F 檢定值。

另外 SPSS 的重複量數變異數分析也會自動產生趨向分析，稱為受試者內對比的檢定，由下表可看出 b 因子有線性及二次方趨向：

受試者內對比的檢定

來源	b	型 III 平方和	自由度	平均平方和	F 檢定	顯著性
b	線性	71.556	1	71.556	37.538	.001
	二次方	47.531	1	47.531	169.000	.000
	三次方	10.506	1	10.506	2.907	.139
b * a	線性	1.056	1	1.056	.554	.485
	二次方	.031	1	.031	.111	.750
	三次方	2.256	1	2.256	.624	.460
誤差 (b)	線性	11.438	6	1.906		
	二次方	1.688	6	.281		
	三次方	21.688	6	3.615		

20-1-2　二因子皆重複測量

以第 13 章表 13-17 為例，有 6 位樣本接受重複測量，由於每位樣本均接受 a 因子及 b 因子之重複測量，故為兩因子均重複測量之二因子變異數分析，或二因子受試者內設計。本例也可用一般線性模式的單變量如第 13 章中所示，但選擇一般線性模式的重複量數可提供較多資訊，並不用以人工計算 F 檢定值。

先建立資料檔如下：

選擇「一般線性模式」的「重複量數」如下：

　　「受試者內因子的名稱」設為「a」，「水準個數」設為「2」，按新增，「受試者內因子的名稱」設為「b」，「水準個數」設為「3」，再按新增得到結果如下：

　　按上圖定義後，將所有因子右移至「受試者內變數」，無「受試者間的因子」：

　　按確定後，得到結果如下：

Mauchly 球形檢定 (b)

受試者內效應項	Mauchly's W	近似卡方分配	自由度	顯著性	Epsilon(a)		
					Greenhouse-Geisser	Huynh-Feldt 值	下限
a	1.000	.000	0	.	1.000	1.000	1.000
b	.429	3.390	2	.184	.636	.756	.500
a * b	.193	6.588	2	.037	.553	.596	.500

　　本例 Mauchly 球形檢定 a 因子因只有兩個處理水準，一定滿足球形假設，自由度為 0。b 因子顯著性大於 .05，故可接受球形檢定，進行重複量數變異數分析。a * b 顯著性小於 .05，可用 Huynh-Feldt 值。

　　下表可整理成第 13 章表 13-20 之變異數分析摘要表：a 因子間差異之 F 檢定值為 8.257，達到顯著水準，p<.05，b 因子間差異之 F 檢定值為 16.369，達到非常顯著水準，p<.01，a 因子與 b 因子之交互作用顯著性未小於 .05。

受試者內效應項的檢定

來源	b	型 III 平方和	自由度	平均平方和	F 檢定	顯著性
a	假設為球形	42.250	1	42.250	8.257	.035
	Greenhouse-Geisser	42.250	1.000	42.250	8.257	.035
	Huynh-Feldt 值	42.250	1.000	42.250	8.257	.035
	下限	42.250	1.000	42.250	8.257	.035
誤差 (a)	假設為球形	25.583	5	5.117		
	Greenhouse-Geisser	25.583	5.000	5.117		
	Huynh-Feldt 值	25.583	5.000	5.117		
	下限	25.583	5.000	5.117		

b	假設為球形	118.222	2	59.111	16.369	.001
	Greenhouse-Geisser	118.222	1.273	92.893	16.369	.005
	Huynh-Feldt 值	118.222	1.512	78.185	16.369	.003
	下限	118.222	1.000	118.222	16.369	.010
誤差 (b)	假設為球形	36.111	10	3.611		
	Greenhouse-Geisser	36.111	6.363	5.675		
	Huynh-Feldt 值	36.111	7.560	4.776		
	下限	36.111	5.000	7.222		
a * b	假設為球形	10.667	2	5.333	4.103	.050
	Greenhouse-Geisser	10.667	1.107	9.639	4.103	.092
	Huynh-Feldt 值	10.667	1.192	8.951	4.103	.086
	下限	10.667	1.000	10.667	4.103	.099
誤差 (a*b)	假設為球形	13.000	10	1.300		
	Greenhouse-Geisser	13.000	5.533	2.350		
	Huynh-Feldt 值	13.000	5.958	2.182		
	下限	13.000	5.000	2.600		

20-2　重複量數三因子變異數分析

　　第 13 章重複量數三因子變異數分析共有 3 種，只介紹 2 個受試者間 1 個受試者內之三因子變異數分析。現有 12 位樣本 a 因子及 b 因子均分為兩組，接受重複測量（c 因子），即受試者間因子為 a 因子及 b 因子，受試者內因子為 c 因子。

　　先建立資料檔如下：

	a	b	c1	c2	c3
1	1.00	1.00	9.00	6.00	7.00
2	1.00	1.00	10.00	7.00	7.00
3	1.00	1.00	10.00	4.00	5.00
4	1.00	2.00	8.00	10.00	12.00
5	1.00	2.00	5.00	11.00	13.00
6	1.00	2.00	7.00	10.00	9.00
7	2.00	1.00	12.00	10.00	7.00
8	2.00	1.00	11.00	10.00	9.00
9	2.00	1.00	12.00	8.00	8.00
10	2.00	2.00	10.00	11.00	15.00
11	2.00	2.00	12.00	9.00	12.00
12	2.00	2.00	9.00	12.00	13.00

選擇「一般線性模式」的「重複量數」如下：

「受試者內因子的名稱」設為「c」，「水準個數」設為「3」，按新增：

按上圖定義後將 c 因子右移至「受試者內變數」，a 因子及 b 因子右移至「受試者間的因子」：

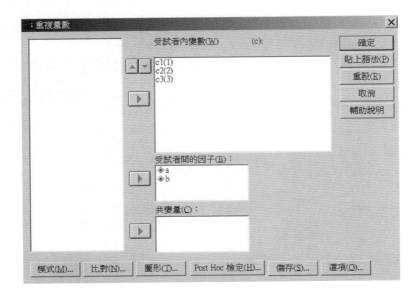

按確定後，得到結果如下：

Mauchly 球形檢定

受試者內效應項	Mauchly's W	近似卡方分配	自由度	顯著性	Epsilon(a)		
					Greenhouse-Geisser	Huynh-Feldt 值	下限
c	.745	2.063	2	.357	.797	1.000	.500

本例 Mauchly 球形檢定顯著性為 .357，大於 .05，故可接受球形檢定，進行重複量數變異數分析。

受試者內效應項的檢定

來源		型 III 平方和	自由度	平均平方和	F 檢定	顯著性
c	假設為球形	3.722	2	1.861	.931	.415
	Greenhouse-Geisser	3.722	1.593	2.336	.931	.399
	Huynh-Feldt 值	3.722	2.000	1.861	.931	.415
	下限	3.722	1.000	3.722	.931	.363
c * a	假設為球形	1.722	2	.861	.431	.657
	Greenhouse-Geisser	1.722	1.593	1.081	.431	.615
	Huynh-Feldt 值	1.722	2.000	.861	.431	.657
	下限	1.722	1.000	1.722	.431	.530
c * b	假設為球形	85.167	2	42.583	21.292	.000
	Greenhouse-Geisser	85.167	1.593	53.451	21.292	.000
	Huynh-Feldt 值	85.167	2.000	42.583	21.292	.000
	下限	85.167	1.000	21.292	21.292	.002

c * a * b	假設為球形	10.056	2	5.028	2.514	.112
	Greenhouse-Geisser	10.056	1.593	6.311	2.514	.005
	Huynh-Feldt 值	10.056	2.000	5.028	2.514	.112
	下限	10.056	1.000	10.056	2.514	.152
誤差 (c)	假設為球形	32.000	16.000	2.000		
	Greenhouse-Geisser	32.000	12.747	2.510		
	Huynh-Feldt 值	32.000	16.000	2.000		
	下限	32.000	8.000	4.000		

上表 c * b 之 F 檢定值為 21.292，達到非常顯著水準，p<.01，c 因子主要效果及其餘交互作用顯著性未達到顯著水準，p>.05。

受試者間效應項的檢定

來源	型 III 平方和	自由度	平均平方和	F 檢定	顯著性
截距	3,211.111	1	3,211.111	2,752.381	.000
a	44.444	1	44.444	38.095	.000
b	36.000	1	36.000	30.857	.001
a*b	.444	1	.444	.381	.554
誤差	9.333	8	1.167		

上表受試者間 a 因子之 F 檢定值為 38.095，b 因子之 F 檢定值為 30.857 均達非常顯著水準，p<.01。

20-3　多變量變異數分析

　　多變量變異數分析（Multivariate Analysis of Variance, MANOVA）可同時檢定各組數個平均數之間是否有顯著差異，如下例兩組樣本接受不同教學方法，每組有兩種成績，MANOVA 可同時檢定兩組樣本在兩種成績上是否有顯著差異。這時兩種成績的平均數成為一個平均數向量，MANOVA 即在檢定各組平均數向量是否有顯著差異。一次檢定全部第一類錯誤為 α，不致因多次檢定而增加犯錯率。另外各組平均數向量在二維或多維空間的差異可能較大，故 MANOVA 的檢定力可能較傳統的一維變異數分析為佳。而且 MANOVA 之計算過程會使用到依變數之間的關係，而非將其視為彼此無關。

20-3-1　兩個獨立樣本單因子多變量變異數分析

　　隨機分派兩組學生接受實驗教學，因受試者流失，一組 7 人，另一組 5 人，先以 SPSS 建立資料檔如下：

	教學法	成績1	成績2
1	1.00	33.00	60.00
2	1.00	36.00	61.00
3	1.00	35.00	64.00
4	1.00	38.00	63.00
5	1.00	40.00	65.00
6	2.00	35.00	57.00
7	2.00	36.00	59.00
8	2.00	38.00	59.00
9	2.00	39.00	61.00
10	2.00	41.00	63.00
11	2.00	43.00	65.00
12	2.00	41.00	59.00

選擇「一般線性模式」之「多變量」如下：

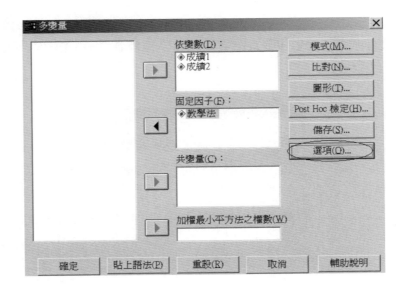

「依變數」設為「成績1」和「成績2」，「固定因子」設為「教學法」如下：

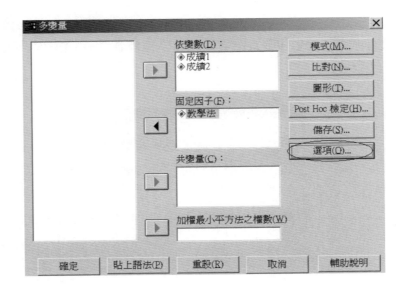

按下選項，勾選「同質性檢定」如下：

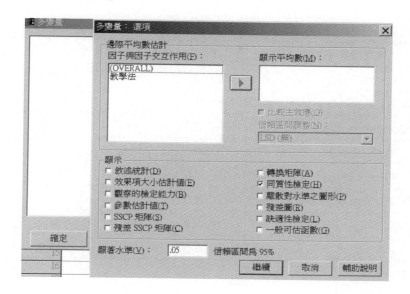

按繼續和確定後，得到結果如下：

共變量矩陣等式的 Box 檢定

Box's M	.494
F 檢定	.127
分子自由度	3
分母自由度	4,121.555
顯著性	.944

　　MANOVA 之基本假定為組內各依變數的多變數常態性（multivariate normal distribution）及各組依變數的共變數矩陣相等，MONOVA 不需要重複量數變異數分析所需的球形假設。SPSS 無檢定多變數常態性功能，但有共變量矩陣等式的 Box 檢定，若檢定顯著性小於 .05，即推翻共變數矩陣相等之虛無假設。本例顯著性為 .944，遠大於 .05，故可進行

MANOVA。

多變量檢定 [a]

	效應	值	F	假設自由度	誤差自由度	顯著性
截距	Pillai's Trace	.999	3755.827[b]	2.000	9.000	.000
	Wilks' Lambda (λ)	.001	3755.827[b]	2.000	9.000	.000
	Hotelling's Trace	834.628	3755.827[b]	2.000	9.000	.000
	Roy's 最大根	834.628	3755.827[b]	2.000	9.000	.000
教學法	Pillai's Trace	.705	10.760[b]	2.000	9.000	.004
	Wilks' Lambda (λ)	.295	10.760[b]	2.000	9.000	.004
	Hotelling's Trace	2.391	10.760[b]	2.000	9.000	.004
	Roy's 最大根	2.391	10.760[b]	2.000	9.000	.004

a. 設計：截距 + 教學法

b. 精確統計量

　　SPSS 共列出 4 種多變量的統計檢定值：Pillai's Trace，Wilks' Lambda，Hotelling's Trace（舊版稱多變量顯著性檢定），Roy 最大根，以及這些值所轉成的 F 檢定值。這 4 種多變量的統計檢定值對違反多變數常態性假設都有相當強健性；對違反各組共變數矩陣相等假設，Pillai's Trace 最具強健性，當各組樣本數相等時更佳。這 4 種多變量的統計檢定公式都有特徵值，Trace（跡）就是特徵值的總和。特徵值類似於 ANOVA 的 F 值，為實驗處理變異和誤差變異的比值。以上 4 種多變量的統計除 Wilks' Lambda（λ，較常用大寫 Λ）為越小越顯著外，其餘 3 種都是越大越顯著。本例為兩組比較，4 種多變量的統計值所轉成的 F 檢定值均相同，顯著性皆為 .004，因此兩種成績同時檢定時，兩組有顯著差異。但若以單變量分析檢定成績 1 之 F 值為 2.489，成績 2 之 F 值為 2.186，均未達到顯著水準（$p>0.5$），如下表所示。此為單變量分析不顯著，多變量分析卻達到顯著的一個例子。

受試者間效應項的檢定

來源	依變數	型 III 平方和	自由度	平均平方和	F 檢定	顯著性
校正後	成績 1	19.717(a)	1	19.717	2.489	.146
的模式	成績 2	13.752(b)	1	13.752	2.186	.170
截距	成績 1	16,581.717	1	16,581.717	2,093.651	.000
	成績 2	44,146.752	1	44,146.752	7,016.968	.000
教學法	成績 1	19.717	1	19.717	2.489	.146
	成績 2	13.752	1	13.752	2.186	.170
誤差	成績 1	79.200	10	7.920		
	成績 2	62.914	10	6.291		
總和	成績 1	17,351.000	12			
	成績 2	45,218.000	12			
校正後	成績 1	98.917	11			
的總數	成績 2	76.667	11			

　　單變量分析通常要檢定各組變異數是否同質，本書第十二章曾介紹簡易的變異數同質性檢定方法－Hartley's F_{max}，SPSS 則採用 Levene 檢定。若各組變異數異質，需將原始資料轉換，如平方根轉換、對數轉換等。本例 Levene 檢定均未達到顯著，$p > .05$，故接受變異量同質的基本假設，如下表所示：

誤差變異量的 Levene 檢定等式

	F 檢定	分子自由度	分母自由度	顯著性
成績 1	.059	1	10	.813
成績 2	.541	1	10	.479

20-3-2 三個獨立樣本以上單因子多變量變異數分析

有 21 位樣本隨機分派至 3 組，每組 7 人，以組別爲自變數，X1 和 X2 爲依變數，將資料輸入 SPSS 如下：

	組別	x1	x2
1	1.00	3.50	4.90
2	1.00	5.00	3.65
3	1.00	4.00	3.49
4	1.00	4.00	3.74
5	1.00	3.60	4.71
6	1.00	4.30	4.01
7	1.00	5.20	5.28
8	2.00	3.50	2.72
9	2.00	3.00	3.63
10	2.00	3.00	2.92
11	2.00	3.00	3.18
12	2.00	2.00	3.05
13	2.00	2.50	2.92
14	2.00	1.50	2.07
15	3.00	3.20	4.05
16	3.00	2.50	4.90
17	3.00	1.50	7.28
18	3.00	2.60	5.72
19	3.00	2.00	6.54
20	3.00	2.70	5.01
21	3.00	2.30	5.09

選擇「一般線性模式」之「多變量」：

「依變數」設為「x1」和「x2」，「固定因子」設為「組別」，點選選項，勾選「同質性檢定」：

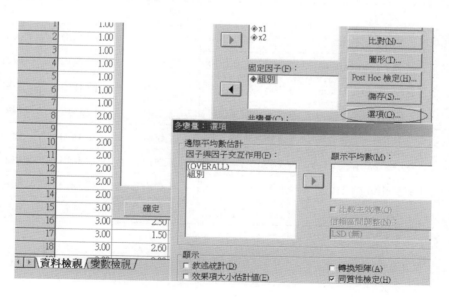

按下繼續和確定後，得到結果如下：

共變量矩陣等式的 Box 檢定

Box's M	17.327
F 檢定	2.422
分子自由度	6
分母自由度	8,075.077
顯著性	.024

上表 Box 檢定達到 .05 顯著性，p < .05，違反各組依變數的共變數矩陣相等之基本假設，但由於各組人數相等時，Pillai's Trace 對違反基本假設仍具相當強健性。故仍可進行多變量檢定如下：

多變量檢定 [a]

效應		值	F	假設自由度	誤差自由度	顯著性
截距	Pillai's Trace	.988	679.099[b]	2.000	17.000	.000
	Wilks' Lambda (λ)	.012	679.099[b]	2.000	17.000	.000
	Hotelling's Trace	79.894	679.099[b]	2.000	17.000	.000
	Roy's 最大根	79.894	679.099[b]	2.000	17.000	.000
組別	Pillai's Trace	1.338	18.189	4.000	36.000	.000
	Wilks' Lambda (λ)	.109	17.294[b]	4.000	34.000	.000
	Hotelling's Trace	4.097	16.386	4.000	32.000	.000
	Roy's 最大根	2.337	21.032[c]	2.000	18.000	.000

a. 設計：截距 + 組別

b. 精確統計量

由上表可知，3 組在 x1 及 x2 上有非常顯著差異，Pillai's Trace 值為 1.338，達到 .001 之顯著水準。

誤差變異量的 Levene 檢定等式

	F 檢定	分子自由度	分母自由度	顯著性
x1	.385	2	18	.686
x2	3.102	2	18	.070

上表 Levene 檢定均未達到顯著，p >.05，故接受變異量同質的基本假設，進行單變量變異數分析如下：

受試者間效應項的檢定

來源	依變數	型 III 平方和	自由度	平均平方和	F 檢定	顯著性
校正後的模式	x1	13.807(a)	2	6.903	17.279	.000
	x2	23.414(b)	2	11.707	18.365	.000
截距	x1	200.572	1	200.572	502.027	.000
	x2	376.012	1	376.012	589.875	.000
組別	x1	13.807	2	6.903	17.279	.000
	x2	23.414	2	11.707	18.365	.000
誤差	x1	7.191	18	.400		
	x2	11.474	18	.637		
總和	x1	221.570	21			
	x2	410.900	21			
校正後的總數	x1	20.998	20			
	x2	34.888	20			

a：R 平方 = .658 (調過後的 R 平方 = .619)
b：R 平方 = .671 (調過後的 R 平方 = .635)

單變量分析上，x1 之 F 檢定值為 17.279，達到達到 .001 之顯著水準；x2 之 F 檢定值為 18.365，亦達到 .001 之顯著水準。

20-4　區別分析（Discriminant Analysis）

區別分析又稱為判別分析，係將各自變數予以加權，而得到區別函數，再根據區別函數有效區分不同性質的群體或組別，並根據區別函數判別某個體應屬哪個群體或組別。以上面 20-3-2　MANOVA 相同之例，只是原來組別為自變數，x1 和 x2 為依變數，現組別改為依變數，x1 和 x2 改為自變數。選擇「分類」中的「判別」如下：

設「分組變數」為「組別」，定義範圍為 1 至 3，「自變數」為「x1」和「x2」：

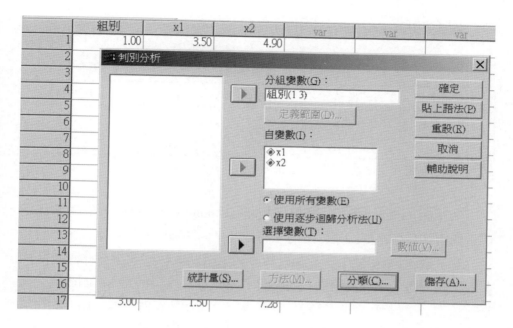

按下分類,「事前機率」點選「所有組別大小均等」,因各組人數相同,並勾選「摘要表」及「合併組散佈圖」:

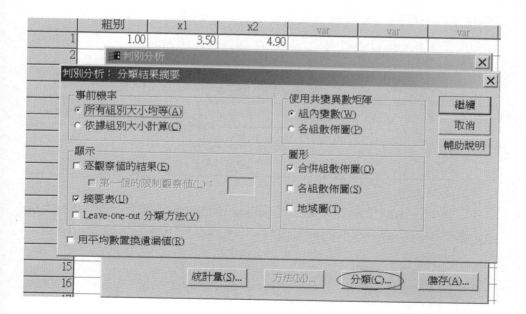

按繼續與確定後，得到結果如下：

特徵值

函數	特徵值	變異數的 %	累積 %	典型相關
1	2.340(a)	57.1	57.1	.837
2	1.758(a)	42.9	100.0	.798

a：分析時會使用前 2 個典型區別函數。

特徵值（eigenvalues）和典型相關（canonical correlations）可指出各區別函數區分各組群的相對效力。將某一區別函數的特徵值除以全部特徵值之和，就是該函數的變異數的 %。某一區別函數的典型相關是指該函數與分組變數（本例為組別）的相關，因此也可以表示該區別函數區分組群的效力。當只有二個組群時，只要導出一個能使組間與組內均方的比值為最大的區別函數即可。如本例有三個組群時，則可計算二個區別函數。第一個區別函數應具有使組間均方與組內均方的比值為最大的性質。第二個區別函數則與第一個區別函數互不相關並與具有次大的比值。通常有 k 個組群時，可計算 k − 1 個區別函數。它們之間通常互不相關，且在互不相關的條件下，都會使組間均方與組內均方的比值為最大。

Wilks' Lambda 值

函數檢定	Wilks' Lambda 值	卡方	自由度	顯著性
1 到 2	.109	38.859	4	.000
2	.363	17.752	1	.000

本例函數 1 到 2 檢定 Wilks' Lambda 值為 .109，與上一節 MANOVA 檢定結果相同，自由度與顯著性也與上一節 MANOVA 檢定結果相同。

標準化的典型區別函數係數

	函數	
	1	2
x1	.739	.718
x2	.875	-.544

　　區別分析可用來研究同時在數個變數上，不同組群之間差異的情形。它會形成一個各變數的線性組合，稱爲區別函數或區別方程式，並以這個組合做爲將各受試分類的基礎。這個線性區別方程式與多元迴歸方程式非常相像，其係數稱爲「區別函數係數」。選擇區別函數係數應儘可能使得經區別函數轉換後，組間均方與組內均方的比值爲最大。區別函數係數可分爲兩種：原始分數區別函數係數以及標準化區別函數係數。標準化區別函數係數相當於多元迴歸中的標準化 B 值（β），標準化 B 值的大小是表示各變數相對重要性的指標，因此具有較大標準化 B 值的變數對整個區別函數也具有較大的貢獻。標準化 B 值的缺點爲容易受到其他變數的變異及各變數之間相關程度的影響，因而較不穩定。因此許多學者主張使用結構係數（structure coefficients）來解釋區別函數：

結構矩陣

	函數	
	1	2
x1	.528	.850(*)
x2	.697	-.717(*)

＊ 在每個變數和任一區別函數 之間的最大絕對相關

　　結構係數就是各變數與經區別函數轉換後分數的相關係數。亦即我們可根據每一受試在各變數上的分數，經區別函數轉換得到一個區別分數（discriminant score），再求原來各變數與此一區別分數的相關，就得到結構係數。結構係數又稱爲負荷量（loadings），在本書 20-7 節因素分

析中，結構係數就是因素負荷量。結構係數的平方就是該變數的變異數能由此一區別函數所決定的部分。通常在解釋上，結構係數若大於或等於 .30，就被視為有意義（meaningful）。

各組重心的函數

組別	函數	
	1	2
1.00	1.357	1.277
2.00	−1.957	.380
3.00	.597	−1.657

各組區別分數的平均數就是該組的重心（centroid）或形心，比較每一區別函數上各組的重心，就可以知道各組在各個向度（dimension）上的距離。如果我們把各組區別分數及重心畫在一個二向度的座標圖上時，就可以清楚地看到各組重心之間的距離。在下面的座標圖上，橫軸代表第一個區別函數，縱軸代表第二個區別函數，而■代表重心之所在：

典型判別函數

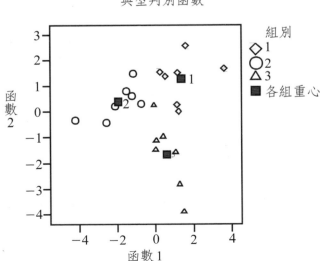

最後，我們可利用區別分析來做分類（classification），就是根據每一個體在區別變數（discriminating variable）上的分數，來決定其可能所屬的組群。比較各個個體真正所屬的組群及預測所屬的組群，也就是正確分類的百分比，我們可以知道所導出的區別函數的預測有效程度。本例95.2% 個原始組別觀察值已正確分類如下：

分類結果 (a)

		組別	預測的各組成員			總和
			1.00	2.00	3.00	
原始的	個數	1.00	7	0	0	7
		2.00	0	7	0	7
		3.00	1	0	6	7
	%	1.00	100.0	.0	.0	100.0
		2.00	.0	100.0	.0	100.0
		3.00	14.3	.0	85.7	100.0

a：95.2% 個原始組別觀察值已正確分類。

20-5　Logistic 迴歸

如果分組變數為兩組，則 Logistic 迴歸較區別分析或傳統的多元迴歸更為合適。下例以 20 位特殊教育學生於入小學後，是否接受融合教育為依變數或分組變數；以入小學前，是否接受早療及其語言能力為自變數。

先建立資料檔如下：

	融合	早療	語言能力
1	.00	.00	33.00
2	.00	.00	44.00
3	.00	.00	52.00
4	.00	.00	41.00
5	.00	1.00	45.00
6	.00	.00	60.00
7	.00	.00	38.00
8	.00	1.00	53.00
9	.00	1.00	45.00
10	.00	.00	44.00
11	1.00	.00	45.00
12	1.00	1.00	49.00
13	1.00	1.00	55.00
14	1.00	1.00	60.00
15	1.00	1.00	65.00
16	1.00	.00	62.00
17	1.00	1.00	45.00
18	1.00	1.00	48.00
19	1.00	.00	59.00
20	1.00	1.00	57.00

logistics.sav - SPSS 資料編輯程式

檔案(F)　編輯(E)　檢視(V)　資料(D)　轉換(T)　分析(A)

1：融合　　　　　0

選擇「迴歸方法」的「二元 Logistic」：

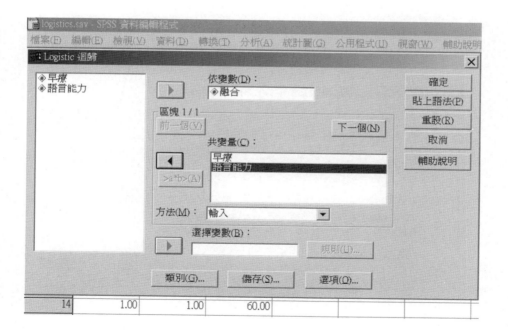

以「融合」為「依變數」，「早療」及「語言能力」為「共變量」（自變數）：

　　按下類別或種類（G），將早療移至「類別共變量」，點選「第一個」
並按變更，使「指標」成為第一個，以便於解釋分析結果：

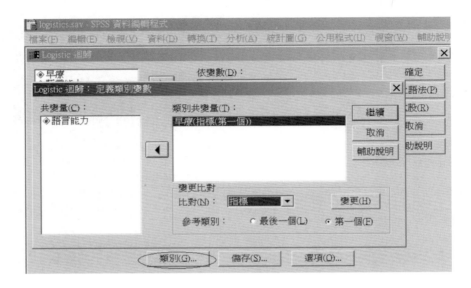

　　按繼續：

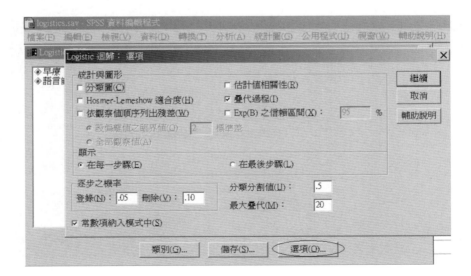

　　按選項後勾選「疊代或反覆運算歷程」，最後按繼續及確定後，得到結果如下：

疊代過程（a,b,c）

疊代		-2 對數概似	係數
			常數
步驟 0	1	27.726	.000

a：模式中包含常數。

b：起始的 -2 對數概似：27.726

c：因為參數估計值變化小於 .001，所以估計工作在疊代數 1 時終止。

　　起始的 -2 對數概似為 27.726，起始的 -2 對數概似是代表資料全部變異的量數，類似於變異數分析的總變異，通常接近卡方檢定值。

分類表 (a,b)

觀察		預測		
		融合		百分比修正
		.00	1.00	
步驟 0	融合　.00	0	10	.0
	1.00	0	10	100.0
	概要百分比	0		50.0

a：模式中包含常數。

b：分割值為 .500

　　上表表示在投入自變數前，預測正確率為 50%。

變數在方程式中

		B	S.E.	Wald	自由度	顯著性	Exp(B)
步驟 0	常數	.000	.447	.000	1	1.000	1.000

上表表示在投入自變數前，只有常數項的情形。

變數不在方程式中

			分數	自由度	顯著性
步驟 0	變數	早療 (1)	3.200	1	.074
		語言功能	5.672	1	.017
	概要統計量		7.138	2	.028

上表表示若投入早療為自變數，顯著性為 .074；若投入語言能力為自變數，顯著性為 .017。通常顯著性要小於 .05，才算達到顯著水準。表中分數為 Roa's efficient score，用來檢定迴歸係數是否為 0。

疊代過程 (a,b,c,d)

疊代		-2 對數概似	係數		
			常數	早療 (1)	語言能力
步驟 1	1	19.820	-5.999	1.121	.109
	2	19.228	-8.371	1.500	.151
	3	19.199	-9.025	1.615	.163
	4	19.199	-9.069	1.624	.163
	5	19.199	-9.069	1.624	.163

a：方法：選入。

b：模式中包含常數。

c：起始的 -2 對數概似：27.726

d：因為參數估計值變化小於 .001，所以估計工作在疊代數 5 時終止。

上表表示經過 5 次疊代，-2 對數概似成為 19.199，將起始的 -2 對數概似 27.726 減去 19.199 即為下表的卡方值 8.527：

模式係數的 Omnibus 檢定

		卡方	自由度	顯著性
步驟 1	步驟	8.527	2	.014
	區塊	8.527	2	.014
	模式	8.527	2	.014

上表表示若投入早療和語言能力為自變數，卡方值為 8.527，顯著性為 .014。

模式摘要

步驟 1	-2 對數概似	Cox & Snell R 平方	Nagelkerke R 平方
1	19.199(a)	.347	.463

上表表示若投入早療和語言能力為自變數，所得到的兩種 Logistics R 平方，代表自變數與依變數的關聯強度（strength of association）。Cox and Snell's R 平方最大值通常無法達到 1，Nagelkerke R 平方為前者的改良，其最大值可達到 1。

分類表 (a)

觀察			預測		
			融合		百分比修正
			.00	1.00	
步驟 1	融合	.00	8	2	80.0
		1.00	2	8	80.0
	概要百分比			-	80.0

a：分割值為 .500

上表表示本例以 Logistics 迴歸進行分析,其預測分組變數的正確率為 80%,比在投入自變數前預測正確率 50% 為高。

變數在方程式中

		B	S.E.	Wald	自由度	顯著性	Exp(B)
步驟 1(a)	早療 (1)	1.624	1.161	1.957	1	.162	5.072
	語言能力	.163	.084	3.744	1	.053	1.177
	常數	-9.069	4.503	4.057	1	.044	.000

a:在步驟 1 中選入的變數:早療,語言能力。

最後列出上表,包括 Logistics 迴歸係數 B 值,Wald 係用來檢定 B 值的顯著性,類似於多元迴歸的 t 檢定。Exp(B) 表示自變數增加 1 分則分組變數也增加 1 分的可能性倍數,由上表可知在控制語言能力相同時,接受早療者入小學後接受融合教育的可能性為未接受早療者的 5.072 倍。

20-6 對數線性模式(Log-linear Model)

一般卡方檢定僅適用於 2 個變項或 2 向列聯表以下的次數或人數分析,對數線性模式則可檢定 3 個變項或 3 向列聯表以上之次數或人數分析。對數線性模式類似於多因子變異數分析,其自由度算法亦相同,只是變異數分析通常以細格內的分數為對象,而對數線性模式以細格內觀察次數及理論次數取自然對數為分析對象。現以本書第十一章表 11-5 為例,首先建立資料檔如下:

| 檔案(F) | 編輯(E) | 檢視(V) | 資料(D) | 轉換(T) | 分析(A) | 圖形(G) |

	性別	意見	學歷	人數
1	1.00	1.00	1.00	31.00
2	1.00	1.00	2.00	68.00
3	1.00	1.00	3.00	21.00
4	1.00	2.00	1.00	16.00
5	1.00	2.00	2.00	57.00
6	1.00	2.00	3.00	10.00
7	2.00	1.00	1.00	23.00
8	2.00	1.00	2.00	31.00
9	2.00	1.00	3.00	27.00
10	2.00	2.00	1.00	30.00
11	2.00	2.00	2.00	60.00
12	2.00	2.00	3.00	43.00

　　首先點選資料（D）底下的加權觀察值，出現加權觀察值視窗，再點選加權觀察值方式，並將人數設為次數變數：

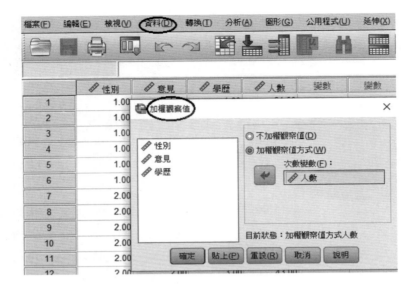

選取對數線性的模型選擇：

出現模型選擇對數線性分析視窗，將性別、意見及學歷設為因子，並定義範圍，性別和意見為 1 至 2，學歷為 1 至 3：

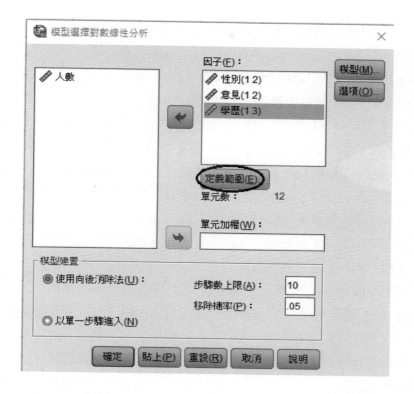

按確定後，得到結果如下：

K 向及較高階數效應

		自由度	概似比		皮爾森（Pearson）		反覆運算數目
			卡方檢定	顯著性	卡方檢定	顯著性	
K 向及較高階數效應 [a]	1	11	105.102	.000	106.712	.000	0
	2	7	44.215	.000	41.497	.000	2
	3	2	.481	.786	.477	.788	4
K 向效應 [b]	1	4	60.887	.000	65.215	.000	0
	2	5	43.734	.000	41.021	.000	0
	3	2	.481	.786	.477	.788	0

a. 檢定 k 向及較高階數效應為零。

b. 檢定 k 向效應為零。

　　上表 K 代表向度或因子，表中列出各向度的卡方檢定顯著情形，對數線性模式通常使用概似比卡方，為對立假設與虛無假設可能性之比，表中也列出第十一章學過的傳統皮爾森（Pearson）卡方。在 K 向及較高階數效應中，3 向度以上概似比卡方值為 .481 未達顯著（顯著性 .786 大於 .05），表示無 3 因子交互作用。2 向度以上概似比卡方值為 44.215 達到顯著，表示 2 因子之間至少部分有交互作用，1 向度以上概似比卡方值為 105.102 達到顯著。105.102 – 44.215 = 60.887，因此在 K 向效應中，只有 1 向度之概似比卡方值為 60.887。60.887 達到顯著，表示各因子至少部分主要效果達到顯著。只有 2 向度之概似比卡方值為 43.734 達到顯著，表示 2 因子之間至少部分有交互作用。只有 3 向度之概似比卡方值為 .481 未達顯著，表示 3 因子無交互作用。

　　下逐步摘要表，若刪除性別＊意見＊學歷的交互作用概似比卡方值為 .481 未達顯著，表示 3 因子無交互作用。3 因子交互作用刪除後，若刪除性別＊意見的交互作用，卡方值為 20.982 達到顯著水準，表示性別和意見有交互作用不宜刪除。若刪除性別＊學歷的交互作用，卡方值為 22.879 達到顯著水準，表示性別和學歷有交互作用，不宜刪除。若刪除意見＊學歷的交互作用，卡方值為 3.827 未達到顯著水準，表示意見和學歷無交互作用，可以刪除。最後的模式為性別＊意見和性別＊學歷：卡方值 4.308 未達顯著表示模式與實際資料為良好適配。4.308 為意見＊學歷的卡方值 3.827 和性別＊意見＊學歷卡方值的 .481 之和。因模式少了意見＊學歷的交互作用，若刪除性別＊學歷的交互作用，卡方值由 22.879 變成 20.902，若刪除性別＊意見的交互作用，卡方值為 20.982 變成 19.905。這類似多元迴歸方程式中，若預測變項刪除了一個，其他變項的迴歸係數也會改變。

逐步摘要

	步驟 [a]		效應	卡方檢定 [c]	自由度	顯著性	反覆運算數目
0	產生類別 [b]		性別 * 學歷 * 意見	.000	0	.	
	刪除的效應	1	性別 * 學歷 * 意見	.481	2	.786	4
1	產生類別 [b]		性別 * 學歷, 性別 * 意見, 學歷 * 意見	.481	2	.786	
	刪除的效應	1	性別 * 學歷	22.879	2	.000	2
		2	性別 * 意見	20.982	1	.000	2
		3	學歷 * 意見	3.827	2	.148	2
2	產生類別 [b]		性別 * 學歷, 性別 * 意見	4.308	4	.366	
	刪除的效應	1	性別 * 學歷	20.902	2	.000	2
		2	性別 * 意見	19.005	1	.000	2
3	產生類別 [b]		性別 * 學歷, 性別 * 意見	4.308	4	.366	

a. 如果顯著水準大於 .050，則在每一個步驟上，將刪除具有「概似比變更」最大顯著水準的效應。

b. 會顯示在步驟 0 之後每一個步驟上最佳模型的統計量。

c. 針對「刪除的效應」，這是在從模型中刪除效應之後，卡方的變更。

20-7　因素分析（Factor Analysis）

　　因素分析又稱為因子分析，其目的為將原來較多的變數「縮減」為較少的因子，並能以少數的共同因子解釋眾多的變數。現有 175 位資優生，在高層次認知六個分測驗 a1 至 a6，及創造思考六個分測驗 b1 到 b6 之得分如下：

	a1	a2	a3	a4	a5	a6	b1	b2	b3	b4	b5	b6
1	10.0	9.0	6.0	9.0	8.0	6.0	12.0	29.0	7.0	15.0	31.0	13.0
2	12.0	8.0	5.0	7.0	5.0	12.0	10.0	14.0	9.0	16.0	9.0	9.0
3	9.0	9.0	5.0	9.0	8.0	10.0	10.0	26.0	7.0	14.0	22.0	9.0
4	10.0	8.0	6.0	9.0	7.0	7.0	9.0	18.0	6.0	13.0	13.0	12.0
5	9.0	7.0	5.0	6.0	6.0	10.0	6.0	11.0	5.0	6.0	11.0	9.0
6	10.0	9.0	6.0	8.0	9.0	10.0	9.0	9.0	8.0	11.0	3.0	10.0
7	7.0	9.0	5.0	5.0	9.0	9.0	12.0	17.0	8.0	15.0	14.0	13.0
8	10.0	8.0	6.0	9.0	7.0	12.0	12.0	20.0	8.0	14.0	15.0	13.0
9	9.0	9.0	6.0	6.0	11.0	12.0	12.0	19.0	8.0	12.0	20.0	12.0
10	10.0	10.0	6.0	8.0	9.0	12.0	11.0	30.0	6.0	13.0	29.0	12.0

:

:

:

	a1	a2	a3	a4	a5	a6	b1	b2	b3	b4	b5	b6
165	10.0	10.0	5.0	8.0	7.0	11.0	12.0	21.0	6.0	11.0	11.0	15.0
166	10.0	9.0	6.0	9.0	7.0	11.0	12.0	16.0	9.0	14.0	10.0	13.0
167	10.0	9.0	6.0	9.0	6.0	10.0	12.0	22.0	8.0	16.0	13.0	12.0
168	10.0	9.0	6.0	6.0	7.0	6.0	12.0	22.0	6.0	7.0	18.0	12.0
169	10.0	5.0	6.0	7.0	8.0	5.0	11.0	22.0	6.0	11.0	21.0	17.0
170	10.0	9.0	6.0	9.0	7.0	12.0	12.0	13.0	8.0	10.0	6.0	19.0
171	10.0	10.0	6.0	7.0	6.0	8.0	9.0	12.0	7.0	12.0	9.0	9.0
172	9.0	9.0	4.0	6.0	8.0	10.0	12.0	15.0	7.0	16.0	12.0	14.0
173	10.0	9.0	6.0	10.0	4.0	10.0	12.0	17.0	9.0	17.0	12.0	13.0
174	10.0	9.0	6.0	9.0	6.0	10.0	10.0	13.0	5.0	10.0	10.0	9.0
175	10.0	8.0	6.0	9.0	6.0	7.0	9.0	15.0	6.0	12.0	12.0	15.0

將上列資料輸入 SPSS 後，選擇「資料縮減」的「因子」：

factor.sav - SPSS 資料編輯程式

檔案(F)　編輯(E)　檢視(V)　資料(D)　轉換(T)　分析(A)　統計圖(G)　公用程式(U)　視窗(W)

3:a1　　　9

報表(P)　▶
敘述統計(E)　▶
比較平均數法(M)　▶
一般線性模式(G)　▶
混合模式(X)　▶
相關(C)　▶
迴歸方法(R)　▶
對數線性(O)　▶
分類(Y)　▶
資料縮減(D)　▶　因子(F)...
尺度(A)　▶
無母數檢定(N)　▶
存活分析(S)　▶
複選題分析(U)　▶

	a1	a2	a3	a6	b1
1	10.0	9.0	6.0	6.0	12.0
2	12.0	8.0	5.0	12.0	10.0
3	9.0	9.0	5.0	10.0	10.0
4	10.0	8.0	6.0	7.0	9.0
5	9.0	7.0	5.0	10.0	6.0
6	10.0	9.0	6.0	10.0	9.0
7	7.0	9.0	5.0		12.0
8	10.0	8.0	6.0		12.0
9	9.0	9.0	6.0	11.0	12.0
10	10.0	10.0	6.0	12.0	11.0
11	10.0	8.0	6.0	5.0	12.0
12	10.0	7.0	6.0	9.0	8.0

「變數」設爲「a1 至 b6」，按下描述性統計量，勾選「KMO 與 Bartlett 的球形檢定」：

萃取會自動設爲主成分分析法，「轉軸法」或「旋轉」點選較常用的「最大變異法」（varimax），並勾選「轉軸後的解」及「因子負荷圖」：

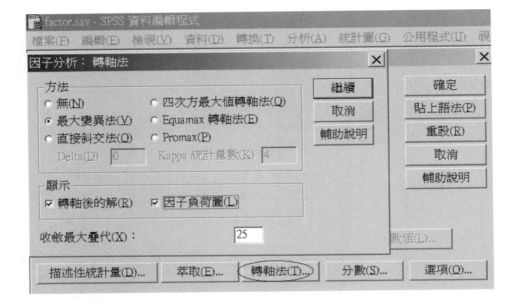

按繼續與確定後，得到結果如下：

KMO 與 Bartlett 檢定

Kaiser-Meyer-Olkin 取樣適切性量數		.655
Bartlett 球形檢定	近似卡方分配	596.361
	自由度	66
	顯著性	.000

　　KMO 值代表變項間相關的程度，其值介於 0 至 1 之間，通常 KMO
值要大於 .5 才進行因素分析，否則要增加樣本數或更改變項。Bartlett 球
形檢定則是檢定變項之間是否為零相關，通常顯著性要小於 .05，表示變
項間有相關，才可進行因素分析。本例 KMO 值為 .655 大於 .5，Bartlett
球形檢定顯著性 .000，故可進行因素分析。

共同性

	初始	萃取
a1	1.000	.465
a2	1.000	.348
a3	1.000	.480
a4	1.000	.250
a5	1.000	.323
a6	1.000	.318
b1	1.000	.840
b2	1.000	.864
b3	1.000	.687
b4	1.000	.548
b5	1.000	.867
b6	1.000	.500

萃取法：主成分分析。

　　主成分萃取法將初始共同性設為 1.000，即假設所有變數的變異都是共同變異，主成分萃取法一般被認為屬於探索性（exploratory）因素分析。

解說總變異量

成分	平方和負荷量萃取			轉軸平方和負荷量		
	總和	變異數的 %	累積 %	總和	變異數的 %	累積 %
1	2.906	24.216	24.216	2.418	20.151	20.151
2	2.058	17.148	41.364	2.068	17.237	37.388
3	1.526	12.720	54.084	2.003	16.695	54.084

萃取法：主成分分析。

上表三個主成分可解釋 12 個分測驗的總變異的 54.084%，表中總和為特徵值（eigenvalue），通常取特徵值大於 1 之成分。這 3 個成分特徵值總和為 2.906 ＋ 2.058 ＋ 1.526 ＝ 6.49，除以 12 為 54.084%。

轉軸後的成分矩陣 (a)

	成分		
	1	2	3
a1	-.064	.678	-.033
a2	.084	.525	-.256
a3	.120	.681	.038
a4	-.093	.491	.011
a5	-.122	.549	.088
a6	.033	.562	.037
b1	.896	-.053	.184
b2	.359	-.011	.858
b3	.739	.039	-.372
b4	.684	-.004	.282
b5	.106	.053	.923
b6	.640	-.065	.294

旋轉方法：旋轉方法：含 Kaiser 常態化的 Varimax 法。a 轉軸收斂於 4 個疊代。

根據上面共同性表、解說總變異量表、轉軸後的成分矩陣表，製作因素負荷量矩陣如下：

因素負荷量矩陣

變數	因素 1	因素 2	因素 3	共同性
a1	-.064	.678*	-.033	.465
a2	.084	.525*	-.256	.348
a3	.120	.681*	.038	.480
a4	-.093	.491*	.011	.250
a5	-.122	.549*	.088	.323
a6	.033	.562*	.037	.318
b1	.896*	-.053	.184	.840
b2	.359	-.011	.858*	.864
b3	.739*	.039	-.372	.687
b4	.684*	-.004	.282	.548
b5	.106	.053	.923*	.867
b6	.640*	-.065	.294	.500
負荷量平方和	2.418	2.068	2.003	6.49
解釋變異量 %	20.151	17.237	16.695	54.084

　　SPSS 並未檢定因素負荷量的顯著性，通常我們對 .40 以上的負荷量加上星號（＊），此時該因素可解釋該變數 16% 以上的變異。最右欄共同性來自共同性表的萃取欄，也可由上表三個因素負荷量的平方和求得，如 b6 之共同性為 $(.640)^2 + (-.065)^2 + (.294)^2 = .500$。最下面兩列負荷量平方和及解釋變異量 % 係來自解說總變異量表。因素分析一般包括三個步驟：估計共同性，萃取共同因子以得到未轉軸的因素負荷量矩陣，轉軸以獲得已轉軸的因素負荷量矩陣，並對因素加以命名。要注意的是，因素分析並不是只有一種方法，而有各種方法，使用不同的萃取方法和轉軸方法，通常會有不同的結果。本例所採之轉軸法屬直交轉軸法（orthogonal rotation），即各因素直交或無關。直交轉軸最常用的是最大變異法（varimax），最大變異法轉軸使同因素中各變項的因素負荷量變

異最大。也就是有的負荷量很小,有的負荷量很大,而負荷量大的就是該因素的主要組成變項。

下圖爲以 varimax 產生的因素負荷圖,可看出成分 1(因素 1)主要組成變項有 b1、b3、b4、b6,成分 2 主要組成變項爲 a1 至 a6,成分 3 主要組成變項爲 b2、b6。

轉軸後空間中的成分圖

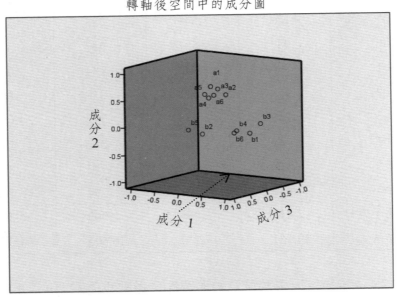

若假設各因素有關,也可採斜交轉軸法(oblique rotation),斜交轉軸法有直接斜交法和 Promax 等。Promax 將 varimax 轉軸的負荷量乘冪化,預定值爲 4 次方(kappa=4),使得變異更大,再依此變異比例調整負荷量,使其平方和與 varimax 之負荷量平方和相等,如此得到的負荷量會較 varimax 更逼近 0 或 1。再以此負荷量爲目標(target),進行斜交轉軸使得到的負荷量與目標負荷量差異平方和達到最小。本例若以 Promax 進行斜交轉軸,結果與 varimax 類似,但負荷量較接近 0 和 1。若要進行 Promax 旋轉,可點選旋轉方法如下,斜交可得到下右之成分(因素)相關性矩陣,直交因相關爲 0 無此矩陣。

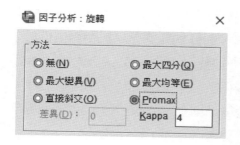

成分相關性矩陣			
成分	1	2	3
1	1.000	-.022	.218
2	-.022	1.000	-.057
3	.218	-.057	1.000

　　因素分析的結果有時與編製測驗時所設定的因子不會完全相符，例如史比智力測驗第五版原設定為 5 個因子，但 Williams 等（2010）對其因素分析的結果為 4 個因子。除探索各分測驗之間的關係，因素分析更常用於探索問卷中題目所屬的向度。編製問卷或量表可以先使用探索性因素分析，求出各題目對應於各向度的因素負荷量。因素負荷量太低的題目（如小於 .30），通常會從該向度中刪除，以使同向度的題目具有內部一致性。表示問卷或量表內部一致性，更常用的是 Cronbach's α 係數，請見 20-11 節：信度與效度。

20-8　特徵值（Eigenvalue）

　　因素分析的萃取方法，SPSS 預設為主成分分析法，主成分分析是將原來的變數 $X_1 \cdots\cdots X_n$ 線性組合，成為一個新變數 Y(主成分)：

$$Y = b_1X_1 + b_2X_2 + b_3X_3 + \cdots\cdots + b_nX_n$$

　　經由線性組合而得到的新變數，能解釋原來變數變異量的最大值就是第 1 個主成分的特徵值。假設原來有 5 個變數，經標準化後每個變數的變異數都是 1。如果第 1 個主成分的特徵值為 3，則第 1 個主成分可解釋 3/5 即 60% 的變異量；第 2 個主成分的特徵值為 1.5，則第 2 個主成分

可解釋 1.5/5 即 30% 的變異量。主成分互爲直交並無關，因此第 1 個主成分加第 2 個主成分共可解釋 60% + 30% = 90% 的變異量。而特徵值低於 1 的主成分，解釋的變異量還不到原來 1 個變數，因此不列入因素中。爲控制解釋的變異量無限擴大，線性組合的係數（$b_1 \cdots b_n$）的平方和必須爲 1，$b_1 \cdots b_n$ 所形成的向量稱爲特徵向量，特徵值則是其伸縮倍數，以帶箭頭的線段表示如下圖。下圖爲只有 X_1 和 X_2 變數（二維）時之主成分分析示意圖，橢圓形長軸代表第 1 個主成分，短軸代表第 2 個主成分。沿著長軸，資料點最爲分散而有最大的變異，所以第 1 個主成分能解釋原來變數最大的變異量。

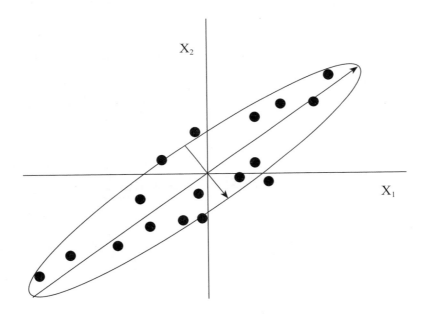

由於我們設線性組合的係數的平方和必須爲 1，在二維時此即爲單位圓。相關係數矩陣會將單位圓線性變換成橢圓，而這個橢圓表現了資料分布的情形如上圖。矩陣乘向量會產生線性變換，線性變換可使向量改變方向及產生伸縮。如果經線性變換後方向不變，只產生伸縮的向量，稱爲特徵向量，特徵值則是其伸縮倍數。相關係數矩陣對特徵向量的線性變換的

公式如下：

$$RV = \lambda V$$

式中 R 為相關係數矩陣，V 為特徵向量，λ 為特徵值即 V 伸縮的倍數。上圖中第 1 個主成分（長軸）的特徵值為伸長（倍數 >1）第 2 個主成分（短軸）的特徵值為縮短（倍數 <1）。SPSS 因素分析的主成分分析為計算相關係數矩陣的特徵值，因此前一節所列之特徵值為相關係數矩陣的特徵值。

　　SPSS 多變量變異數分析（MANOVA）則是計算共變數矩陣的特徵值，共變數矩陣為對角線是變異數，非對角線為共變數的對稱矩陣，故又稱為變異數共變數矩陣，英文稱為 Sums of Squares and Cross Products（SSCP）。單變量變異數分析的 F 值為組間變異數和誤差變異數的比值，多變量變異數分析則以組間 SSCP 和誤差 SSCP 取代。B 為組間的 SSCP，E 為誤差的 SSCP，MANOVA 計算 BE^{-1} 的特徵值 λ，而特徵值 λ 類似單變量變異數分析的 F 值。多變量變異數分析如果有 2 個依變數，會產生 2 個特徵值 λ，如果有 3 個依變數，則會產生 3 個特徵值 λ，依此類推以 λ_i 表示。

　　SSCP 的變異以行列式表示，稱為廣義變異數（generalized variance），因為行列式是矩陣中的向量所構成的面積（2×2 矩陣）或體積（3×3 矩陣），面積或體積越大代表變異越大。行列式也是線性變換下的面積或體積的伸縮倍數，與特徵值的觀念類似，特徵值為長度的伸縮倍數。因此行列式可由特徵值連乘獲得，即行列式等於 $\Pi\lambda_i$，（Π 為連乘）。多變量統計檢定值通常以 λ_i 計算，SPSS 的 4 種多變量統計檢定值與 λ_i 之關係如下：

Pillai's trace* $= \Sigma(\lambda_i/1 + \lambda_i)$
Wilk's lambda $\Lambda = \Pi(1/1 + \lambda_i)$

Hotelling's trace*= $\Sigma \lambda_i$

Roy 最大根 = max(λ_i)

*trace（跡）是特徵值的總和。

　　區別分析的特徵值與 MANOVA 相同；MANOVA 以組別爲自變數，分數爲依變數；區別分析只是反過來以分數爲自變數，組別爲依變數。區別分析將各自變數予以加權 (即線性組合) 使新變數 (即區別函數) 的組間變異（SS_B）與組內變異（SS_W）亦即誤差變異（SS_E）的比值爲最大，此最大化的 SS_B/SS_W 或 SS_B/SS_E 也就是特徵值 λ（等於上述 MANOVA 的 BE^{-1} 的特徵值）。

　　SPSS 的區別分析除提供特徵值外還提供典型相關，因爲區別分析是典型相關的特例，說明如下：

20-9　典型相關（Canonical Correlation）

　　典型相關是在求一組（set）X 變項（自變數）的線性組合與另一組 Y 變項（依變數）的線性組合的最大相關值。X 變項與 Y 變項通常爲分數或其他連續變數，但區別分析的 Y 變項爲組別，2 組時用 1 個變數 (0 或 1 編碼) 表示，3 組則用 2 個變數 0 或 1 編碼，依此類推。通常我們以 χ（kai）代表 X 變項的線性組合，以 η（eta）代表 Y 變項的線性組合。

　　　也就是 $\chi = a_1X_1 + a_2X_2 + \cdots\cdots$；$\eta = b_1Y_1 + b_2Y_2 + \cdots\cdots$

χ 與 η 稱爲典型變數（canonical variable）或潛在變數（latent variable）。下爲 4 個與情緒智商（EQ）有關的 X 變數和 4 個與同儕正向關係有關的 Y 變數的徑路圖：

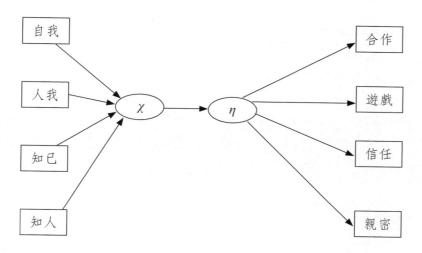

資料檔：

本例共有 146 位資優生樣本，上圖僅呈現 5 位。接下來，我們可新建
語法檔如下：

include 'C:\program files\IBM\spss\statistics\25\samples\english\Canonical
correlation.sps'.
cancorr set1= 自我 人我 知己 知人 / set2= 合作 遊戲 信任 親密 /.

Canonical correlation.sps 所在的位置隨不同版本而異，不過大多在 \
samples\english\ 次目錄下。本例為 SPSS 第 25 版之位置，因此在 \25\
samples\english\ 次目錄下。

再按下執行：

按下執行後，得到 4 個典型相關（4 個 χ 與 4 個 η 的相關，通常以 ρ
表示）如下：

Canonical Correlations

1   .517

2   .369

3   .162

4   .127

4 個典型相關中，第 1 個典型相關和第 2 個典型相關達到顯著水準：

Test that remaining correlations are zero:

	Wilk's	Chi-SQ	DF	Sig.
1	.606	70.352	16.000	.000
2	.827	26.633	9.000	.002

3	.958	6.010	4.000	.198
4	.984	2.292	1.000	.130

4 個自變數與 4 個 χ 的典型負荷量或相關：

Canonical Loadings for Set-1

	1	2	3	4
自我	-.906	.037	-.243	-.344
人我	-.943	.203	-.076	.252
知己	-.915	-.368	.161	-.046
知人	-.832	-.285	-.445	.171

4 個依變數與 4 個 η 的典型負荷量或相關：

Canonical Loadings for Set-2

	1	2	3	4
合作	-.876	-.137	-.428	-.177
遊戲	-.850	-.524	.023	.048
信任	-.961	.147	.233	.000
親密	-.864	-.227	-.086	.440

重疊分析：

Redundancy Analysis:

4 個 χ 解釋自變數變異比率：

Proportion of Variance of Set-1 Explained by Its Own Can. Var.

	Prop Var
CV1-1	.810
CV1-2	.065
CV1-3	.072
CV1-4	.053

4 個 η 解釋自變數變異比率：

Proportion of Variance of Set-1 Explained by Opposite Can. Var.

	Prop Var
CV2-1	.217
CV2-2	.009
CV2-3	.002
CV2-4	.001

4 個 η 解釋依變數變異比率：

Proportion of Variance of Set-2 Explained by Its Own Can. Var.

	Prop Var
CV2-1	.790
CV2-2	.092
CV2-3	.061
CV2-4	.057

4 個 χ 解釋依變數變異比率：

Proportion of Variance of Set-2 Explained by Opposite Can. Var.

	Prop Var
CV1-1	.211
CV1-2	.013
CV1-3	.002
CV1-4	.001

依據以上執行結果，我們製作典型相關分析摘要表如下，因只有兩個典型相關（ρ）達到顯著，故只需列出兩個典型相關：

X 變項	典型變數		Y 變項	典型變數	
	$\chi 1$	$\chi 2$		$\eta 1$	$\eta 2$
自我	-.906	.037	合作	-.876	-.137
人我	-.943	.203	遊戲	-.850	-.524
知己	-.915	-.368	信任	-.961	.147
知人	-.832	-.285	親密	-.864	-.227
抽出變異數比率	.810	.065	抽出變異數比率	.790	.092
重疊	.217	.009	重疊	.211	.013
			$\rho 2$	.267	.136
			ρ	.517**	.369**

**p<.01

重疊計算方法如下：

.810×.267 = .217

.065×.136 = .009

.790×.267 = .211

.092×.136 = .013

由重疊分析可知，X 變項透過 2 個典型相關共可以解釋 Y 變項總異量的 22.4%（$\eta 1$ 重疊量 .211 與 $\eta 2$ 重疊量 .013 的和）。

20-10　結構方程模式（Structural Equation Model, SEM）

結構方程模式結合了因素分析和徑路分析的統計技術，現以 AMOS 統計軟體說明，首先以 SPSS 建立資料檔如下：

	檔案(F)	編輯(E)	檢視(V)	資料(D)	轉換(T)		分析(A)	直效行銷(M)	統計圖(G)	效用值(U)	視窗(W

	接納感受	獎勵	接受想法	問問題	熱誠	自我	人我	知己	知人	合作	遊戲	信任	親密
1	35	25	35	35	35	39	33	29	30	23	25	20	24
2	21	17	24	22	23	36	33	24	27	23	23	21	21
3	35	25	31	35	35	47	43	32	36	17	16	16	17
4	34	25	30	35	33	35	39	37	39	15	23	22	21
5	35	25	35	32	32	24	22	16	18	20	20	20	20
6	35	25	33	26	33	46	47	34	30	24	24	23	21
7	35	25	31	20	34	57	49	37	42	20	25	23	22
8	30	22	34	21	30	43	44	26	41	19	22	23	22
9	19	16	20	19	19	34	35	21	29	12	19	19	16
10	34	25	35	31	34	37	32	21	21	24	24	22	24
11	27	14	24	26	25	39	38	24	24	13	13	20	16
12	30	20	28	29	30	48	42	34	32	14	13	18	16
13	35	25	35	35	35	60	55	38	45	25	25	25	25
14	35	25	34	35	33	55	43	40	40	23	25	25	25
15	34	21	30	31	35	47	47	36	37	16	20	16	17

　　本例共有 146 位資優生樣本，上圖僅呈現 15 位，共有接納感受等 13 個觀察變數（observed variables）。

　　開啓 AMOS，點取 File 下的 Data Files 如下圖（若資料檔已開，可省去此步驟），進入 Data Files 的視窗，按下 File Name 按鈕，選取資料檔檔名：

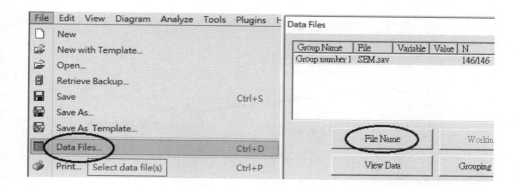

　　點取下之樹狀圖示，以建立潛在變數（latent variables）與觀察變數的關係，下圖之潛在變數爲教師的間接教學行爲，其觀察變數爲接納感受等 5 個變數：

　　觀察變數之名稱，需點取下之圖示，會出現資料檔中的變數名稱，將變數名稱拖曳至上圖代表觀察變數之方格即可。

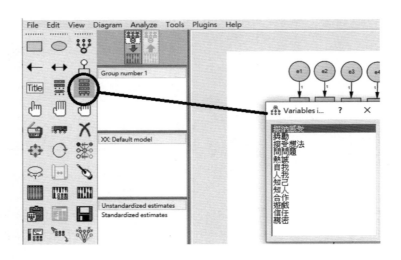

　　依序建立 3 個潛在變數：教師的間接教學行為（觀察變數為接納感受等 5 個變數）、學生的 EQ（觀察變數為自我等 4 個變數）和學生的同儕正向關係（觀察變數為合作等 4 個變數）。潛在變數與誤差項（e1 至 e15）的名稱，需先點選上圖 Title 下「手的圖示」，然後在該物件上按下滑鼠右鍵，點選 Object Properties，出現下列視窗後，輸入變數名稱：

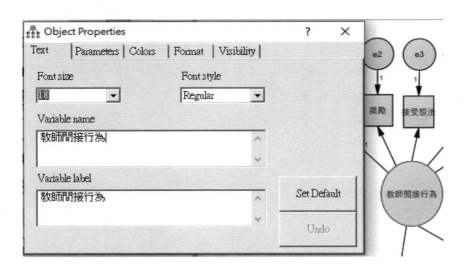

　　點取 View 下之 Analysis Properties，在出現的視窗上選取 Output，並勾選 Standardized estimates.

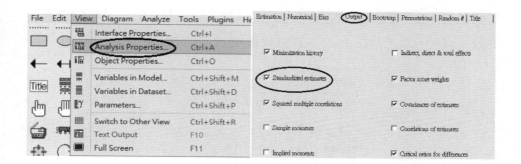

　　按下 Analyze，點選 Calculate Estimates，再點選 Standardized estimates，按下 Analyze 下右之圖示：

　　獲得結果如下圖，圖中 3 個潛在變數之間的數字為標準化迴歸係數，可用於計算教師的間接教學行為對學生的同儕正向關係的總效果，即直接效果和間接效果之和為 0.17+0.41×0.45=0.3545。上式中，0.17 為教師的間接教學行為對學生的同儕正向關係的直接效果。0.41 為教師的間接教學

行為對學生 EQ 的直接效果，0.45 為學生 EQ 對學生的同儕正向關係的直接效果。0.41×0.45=0.1845 為教師的間接教學行為對學生的同儕正向關係的間接效果。潛在變數與觀察變數之間的數字為標準化迴歸係數，也是相關係數（2 個變數之間的標準化迴歸係數等於相關係數），觀察變數上的數字為 r^2，誤差值為 $1 - r^2$，因此誤差項 e1 的值為 $1 - .77 = .23$。

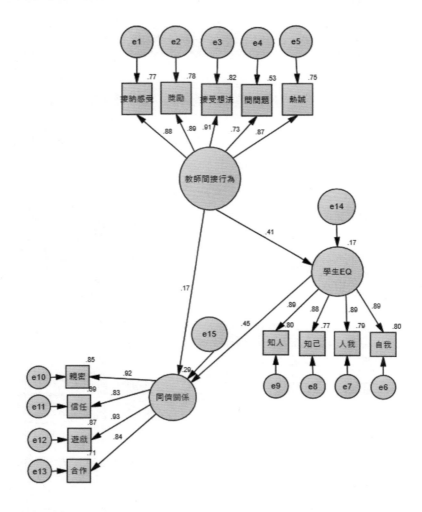

再點選 View 下之 Text Output，得到 Amos Output:

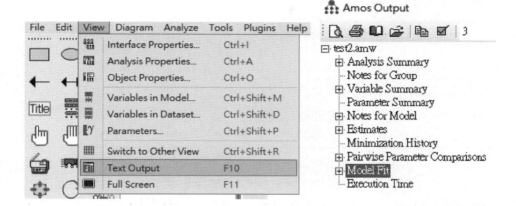

在 Amos Output 中，點選 Model Fit，得到 Model Fit Summary 如下：

Model Fit Summary

CMIN

Model	NPAR	CMIN	DF	P	CMIN/DF
Default model	29	99.382	62	.002	1.603
Saturated model	91	.000	0		
Independence model	13	1759.852	78	.000	22.562

RMR, GFI

Model	RMR	GFI	AGFI	PGFI
Default model	1.298	.904	.859	.616
Saturated model	.000	1.000		
Independence model	17.612	.253	.129	.217

Baseline Comparisons

Model	NFI Delta1	RFI rho 1	IFI Delta 2	TLI rho 2	CFI
Default model	.944	.929	.978	.972	.978
Saturated model	1.000		1.000		1.000
Independence model	.000	.000	.000	.000	.000

　　CMIN 指的是卡方值，可表示假設的模型與實際資料適配的程度，卡方值越大，代表越不適配。Default model 是指我們提出的假設模型，好的適配 CMIN 與自由度（DF）的比值須介於 1 和 3 之間，本例為 99.382/62=1.603。Saturated model（飽和模型）將所有可能參數均加以估計，所有可能參數數目為 P×(P + 1)/2，P 為觀察變數的數目。本例 P 為 13，因此飽和模型的參數數目（NPAR）為 13×(13 + 1)/2 = 91。飽和模型估計了所有可能參數，因此自由度為 91 – 91 = 0。飽和模型卡方值為 0，表示完美適配。但是模型主要目的是以簡馭繁，希望以少數因素解釋眾多的觀察變數。飽和模型估計所有觀察變數的關係參數，不符合精簡原則。Default model 估計了 29 個參數，因此自由度為 91 – 29 = 62。Default model 總是比飽和模型精簡，而比 Independence model（獨立模型）適配。獨立模型假定觀察變數之間的所有關係都是 0，與實際資料差別太大，因此卡方值最大。獨立模型估計的參數數目（NPAR）和觀察變數數目一樣，本例為 13。自由度為 91 – 13 = 78。

　　RMR（root mean square residual，均方根殘差值）指的是我們的假設模型所產生的共變數矩陣和實際的共變數矩陣的差異。RMR 愈接近 0 則配適度愈好，RMR 只有下限為 0，沒有上限的標準，因此較難以解釋。GFI（goodness of fit index, GFI）是我們假設的模型所估計的變異量占實際變異量的比例，類似複相關 R^2。GFI 值越接近 1，表示模式配適度越高；反之，則表示模式配適度越低。通常 GFI 值大於 0.9 時表示模式有良好

的適配，本例 GFI 爲 0.904。以上 CMIN、RMR、GFI 屬於絕對適配指標
（Absolute fit indices）爲我們假設的模型與實際數據的適配情形，提供了
基本的指標。

另有相對適配指標（Relative fit indices）比較假設模型的卡方值與獨
立模型（也稱爲 Baseline 模型或 Null 模型）卡方值的差異。AMOS 提供
的相對適配指標稱爲 Baseline comparisons，相對適配指標也稱爲增値適
配指標（Incremental fit indices）。本例 NFI（Normed fit index）爲 .944 表
示：相對於獨立模型，假設模型增加了 94.4% 的適配度。NFI 的缺點爲估
計參數愈多，亦即模型愈複雜，NFI 就愈高。TLI（Tucker Lewis index）
是 NFI 的改善，較常被引用，也稱爲 NNFI（Non normed fit index）。本
例 TLI 爲 .972。CFI 類似 TLI，但採用非中心卡方，本例 CFI 爲 .978。傳
統中心卡方以卡方値等於 0 爲完美適配，CFI 非中心卡方則以卡方値等於
自由度爲完美適配，因此卡方値減自由度（$\chi^2 - df$）爲 CFI 公式的主要部
分。以上相對適配指標通常採用大於 0.9 爲標準。

另一個採用非中心卡方是 RMSEA（Root Mean Square Error of
Approximation），屬絕對適配指標。RMSEA 小於 0.05 爲良好適配，
RMSEA 介於 0.05 至 0.08 爲不錯的適配，0.08 至 0.10 爲中等適配，大於
0.10 爲不良適配（黃芳銘，2006）。本例 RMSEA = 0.064，算是不錯的
適配。RMSEA 最爲常用，AMOS 提供下列 RMSEA 適配指標：

RMSEA

Model	RMSEA	LO 90	HI 90	PCLOSE
Default model	.064	.040	.089	.154
Independence model	.386	.370	.401	.000

上表 RMSEA 沒有飽和模式，因飽和模式自由度爲 0 ，而 RMSEA 公
式中分母有自由度 df：

$$RMSEA = \sqrt{\frac{\chi^2 - df}{df(N-1)}}$$

結構方程模式一般建議人數（N）最好大於 200，本例人數較少只有 146 人。不過人數與模式的複雜度有關，越複雜的模式需要人數越多。有些學者建議是每個參數至少 5 人，以本例 default 模型參數數目（NPAR）29 個來說，則至少需 29 ×5 人 =145 人。

20-11　信度與效度

(一) Cronbach's α 信度

Cronbach's α 是最常見的內部一致性信度（internal consistency reliability），內部一致性指的是量表或向度中的所有的項目（題目）都測量相同的特質，則各項目之間應該有高的相關性存在。若某一項目和其他項目之間相關不高，就表示該項目不屬於該量表或向度，應將之刪除。Cronbach's α 信度介於 0 和 1 之間，越靠近 1 信度越高。Cronbach's α 信度達 0.8 以上才算好，至少要大於 0.7。

假設有一簡易壓力量表：包含外在因素壓力和內在因素壓力兩個向度各有 5 題，在 SPSS「分析」下的「比例」中選擇「信度分析」如下圖，可得外在壓力向度 Cronbach's α 信度 .896，內在壓力向度 Cronbach's α 信度 .840。

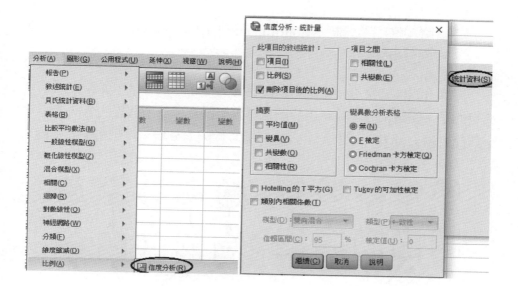

通常我們會再點選 統計資料（S） 按鈕，勾選刪除項目後的比例。為說明在編製問卷時，如何刪除相關不高的不一致題目，我們將一個內在壓力的題目放入外在壓力項目中，可發現該題目與其他 5 題之相關只有 .295，且刪除該題可獲最高的 Cronbach's α 信度 .896，因此可以刪除該題：

項目整體統計量

	比例平均值（如果項目已刪除）	比例變異（如果項目已刪除）	更正後項目總計相關性	Cronbach's Alpha（如果項目已刪除）
外 1	17.59	15.714	.766	.829
外 2	18.12	13.934	.728	.823
外 3	18.15	13.142	.733	.823
外 4	18.25	13.532	.726	.824
外 5	17.99	14.215	.766	.818
內 5	19.15	17.294	.295	.896

㈡以驗證性因素分析（Confirmatory Factor Analysis, CFA）進行信
　效度分析

　　結構方程模式常被用來進行驗證性因素分析（CFA），驗證性因素分
析目的是：驗證根據理論所出的題目是否可歸到理論所假設的各向度中。
上述簡易壓力量表，可用 AMOS 進行驗證性因素分析，得到結果如下圖：

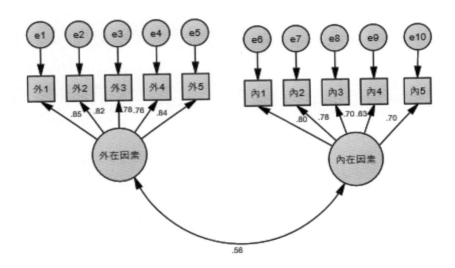

⑴建構信度〈Construct Reliability, CR〉

　　有時候也稱作同屬信度（congeneric reliability）或 composite
reliability，英文的縮寫都是 CR，計算公式如下：

$$CR = \frac{(\sum \lambda_i)^2}{(\sum \lambda_i)^2 + (\sum \varepsilon_i)}$$

式中 λ 是因素負荷量，也就是題目（觀察變數）與潛在變數的相關係數。
ε 是觀察變數的誤差或殘差：

$$\varepsilon_i = 1 - \lambda_i^2$$

CR 介於 0 至 1 之間，數值越高代表內部一致性（類似 Cronbach's α）也越高，一般建議 CR 值能達到 0.60 以上。上例外在壓力量表之 CR 值計算如下：

$$\Sigma\lambda = .85 + .82 + .78 + .76 + .84 = 4.05$$
$$\Sigma\varepsilon = (1 - .85^2) + (1 - .82^2) + (1 - .78^2) + (1 - .76^2) + (1 - .84^2) = 1.7135$$
$$CR = 4.05^2/(4.05^2 + 1.7135) = .9054 \text{。}$$

上例內在壓力量表之 CR 值計算如下：

$$\Sigma\lambda = .80 + .78 + .70 + .63 + .70 = 3.61$$
$$\Sigma\varepsilon = (1 - .80^2) + (1 - .78^2) + (1 - .70^2) + (1 - .63^2) + (1 - .70^2) = 2.3747$$
$$CR = 3.61^2/(3.61^2 + 2.3747) = .8459 \text{。}$$

本例外在壓力與內在壓力之 CR 值均大於 .60，因此符合建構信度。

(2) 建構效度、聚合效度與區別效度

「建構」是一種心理學理論的假設性概念，潛在變數就是一種假設的建構。建構效度（construct validity）是指問卷或量表能測量出理論的特質或概念的程度。建構效度又分為兩類：聚合效度（convergent validity）與區別效度（discriminant validity）。聚合效度是指相同向度的題目，彼此之間相關要高。區別效度是指不同向度之題目，彼此之間相關應較低。

聚合效度（Convergent Validity）：所有的標準化因素負荷量應在 0.5 以上，最好在 0.7 以上。本例之所有 10 個標準化因素負荷量都在 0.5 以上，只有 1 個未達 0.7。

另外潛在變項的平均抽取變異量（Average Variance Extracted, AVE），應大於 0.5。AVE 計算公式如下：

$$AVE = \frac{\sum \lambda_i^2}{\sum \lambda_i^2 + \sum \varepsilon_i}$$

AVE 的公式跟 CR 很像，它們的差別只是在 CR 是先將因素負荷量加總之後求平方，AVE 是將因素負荷量求平方之後才加總。

上例外在壓力量表之 AVE 值計算如下：

$\sum \lambda^2 = .85^2 + .82^2 + .78^2 + .76^2 + .84^2 = 3.2865$

$\sum \varepsilon = (1 - .85^2) + (1 - .82^2) + (1 - .78^2) + (1 - .76^2) + (1 - .84^2) = 1.7135$

$AVE = 3.2865/(3.2865 + 1.7135) = .6537$。

上例內在壓力量表之 AVE 值計算如下：

$\sum \lambda^2 = .80^2 + .78^2 + .70^2 + .63^2 + .70^2 = 2.6235$

$\sum \varepsilon = (1 - .80^2) + (1 - .78^2) + (1 - .70^2) + (1 - .63^2) + (1 - .70^2) = 2.3747$

$AVE = 2.6235/(2.6235 + 2.3747) = .5249$。

本例外在壓力與內在壓力之 AVE 值均大於 .50，因此符合聚合效度。

區別效度（Discriminant Validity）：兩個不同概念或向度間的相關係數應小於每一向度的平均抽取變異量（AVE）之平方根。本例外在壓力與內在壓力之相關為 .56，外在壓力 AVE 之平方根為 SQRT(.6357) = .7937，外在壓力 AVE 之平方根為 SQRT(.5249) = .7745，兩者均大於 .56，因此本例符合區別效度。

附　錄

附錄表 A　標準常態分配表

Z	機率	Y	Z	機率	Y	Z	機率	Y
.00	.0000	.3989	.50	.1915	.3521	1.00	.3413	.2420
.01	.0040	.3989	.51	.1950	.3503	1.01	.3438	.2396
.02	.0080	.3989	.52	.1985	.3485	1.02	.3461	.2371
.03	.0120	.3988	.53	.2019	.3467	1.03	.3485	.2347
.04	.0160	.3986	.54	.2054	.3448	1.04	.3508	.2323
.05	.0199	.3984	.55	.2088	.3429	1.05	.3531	.2299
.06	.0239	.3982	.56	.2123	.3410	1.06	.3554	.2275
.07	.0279	.3980	.57	.2157	.3391	1.07	.3577	.2251
.08	.0319	.3977	.58	.2190	.3372	1.08	.3599	.2227
.09	.0359	.3973	.59	.2224	.3352	1.09	.3621	.2203
.10	.0398	.3970	.60	.2257	.3332	1.10	.3643	.2179
.11	.0438	.3965	.61	.2291	.3312	1.11	.3665	.2155
.12	.0478	.3961	.62	.2324	.3292	1.12	.3686	.2131
.13	.0517	.3956	.63	.2357	.3271	1.13	.3708	.2107
.14	.0557	.3951	.64	.2389	.3251	1.14	.3729	.2083
.15	.0596	.3945	.65	.2422	.3230	1.15	.3749	.2059
.16	.0636	.3939	.66	.2454	.3209	1.16	.3770	.2036
.17	.0675	.3932	.67	.2486	.3187	1.17	.3790	.2012
.18	.0714	.3925	.68	.2517	.3166	1.18	.3810	.1989
.19	.0753	.3918	.69	.2549	.3144	1.19	.3830	.1965
.20	.0793	.3910	.70	.2580	.3123	1.20	.3849	.1942
.21	.0832	.3902	.71	.2611	.3101	1.21	.3869	.1919
.22	.0871	.3894	.72	.2642	.3079	1.22	.3888	.1895
.23	.0910	.3885	.73	.2673	.3056	1.23	.3907	.1872
.24	.0948	.3876	.74	.2703	.3034	1.24	.3925	.1849
.25	.0987	.3867	.75	.2734	.3011	1.25	.3944	.1826
.26	.1026	.3857	.76	.2764	.2989	1.26	.3962	.1804
.27	.1064	.3847	.77	.2794	.2966	1.27	.3980	.1781
.28	.1103	.3836	.78	.2823	.2943	1.28	.3997	.1758
.29	.1141	.3825	.79	.2852	.2920	1.29	.4015	.1736
.30	.1179	.3814	.80	.2881	.2897	1.30	.4032	.1714
.31	.1217	.3802	.81	.2910	.2874	1.31	.4049	.1691
.32	.1255	.3790	.82	.2939	.2850	1.32	.4066	.1669
.33	.1293	.3778	.83	.2967	.2827	1.33	.4082	.1647
.34	.1331	.3765	.84	.2995	.2803	1.34	.4099	.1626
.35	.1368	.3752	.85	.3023	.2780	1.35	.4115	.1604
.36	.1406	.3739	.86	.3051	.2756	1.36	.4131	.1582
.37	.1443	.3725	.87	.3078	.2732	1.37	.4147	.1561
.38	.1480	.3712	.88	.3106	.2709	1.38	.4162	.1539
.39	.1517	.3697	.89	.3133	.2685	1.39	.4177	.1518
.40	.1554	.3683	.90	.3159	.2661	1.40	.4192	.1497
.41	.1591	.3668	.91	.3186	.2637	1.41	.4207	.1476
.42	.1628	.3653	.92	.3212	.2613	1.42	.4222	.1456
.43	.1664	.3637	.93	.3238	.2589	1.43	.4236	.1435
.44	.1700	.3621	.94	.3264	.2565	1.44	.4251	.1415
.45	.1736	.3605	.95	.3289	.2541	1.45	.4265	.1394
.46	.1772	.3589	.96	.3315	.2516	1.46	.4279	.1374
.47	.1808	.3572	.97	.3340	.2492	1.47	.4292	.1354
.48	.1844	.3555	.98	.3365	.2468	1.48	.4306	.1334
.49	.1879	.3538	.99	.3389	.2444	1.49	.4319	.1315
.50	.1915	.3521	1.00	.3413	.2420	1.50	.4332	.1295

Z	機率	Y	Z	機率	Y	Z	機率	Y
1.50	.4332	.1295	2.00	.4772	.0540	2.50	.4938	.0175
1.51	.4345	.1276	2.01	.4778	.0529	2.51	.4940	.0171
1.52	.4357	.1257	2.02	.4783	.0519	2.52	.4941	.0167
1.53	.4370	.1238	2.03	.4788	.0508	2.53	.4943	.0163
1.54	.4382	.1219	2.04	.4793	.0498	2.54	.4945	.0158
1.55	.4394	.1200	2.05	.4798	.0488	2.55	.4946	.0154
1.56	.4406	.1182	2.06	.4803	.0478	2.56	.4948	.0151
1.57	.4418	.1163	2.07	.4808	.0468	2.57	.4949	.0147
1.58	.4429	.1145	2.08	.4812	.0459	2.58	.4951	.0143
1.59	.4441	.1127	2.09	.4817	.0449	2.59	.4952	.0139
1.60	.4452	.1109	2.10	.4821	.0440	2.60	.4953	.0136
1.61	.4463	.1092	2.11	.4826	.0431	2.61	.4955	.0132
1.62	.4474	.1074	2.12	.4830	.0422	2.62	.4956	.0129
1.63	.4484	.1057	2.13	.4834	.0413	2.63	.4957	.0126
1.64	.4495	.1040	2.14	.4838	.0404	2.64	.4959	.0122
1.65	.4505	.1023	2.15	.4842	.0395	2.65	.4960	.0119
1.66	.4515	.1006	2.16	.4846	.0387	2.66	.4961	.0116
1.67	.4525	.0989	2.17	.4850	.0379	2.67	.4962	.0113
1.68	.4535	.0973	2.18	.4854	.0371	2.68	.4963	.0110
1.69	.4545	.0957	2.19	.4857	.0363	2.69	.4964	.0107
1.70	.4554	.0940	2.20	.4861	.0355	2.70	.4965	.0104
1.71	.4564	.0925	2.21	.4864	.0347	2.71	.4966	.0101
1.72	.4573	.0909	2.22	.4868	.0339	2.72	.4967	.0099
1.73	.4582	.0893	2.23	.4871	.0332	2.73	.4968	.0096
1.74	.4591	.0878	2.24	.4875	.0325	2.74	.4969	.0093
1.75	.4599	.0863	2.25	.4878	.0317	2.75	.4970	.0091
1.76	.4608	.0848	2.26	.4881	.0310	2.76	.4971	.0088
1.77	.4616	.0833	2.27	.4884	.0303	2.77	.4972	.0086
1.78	.4625	.0818	2.28	.4887	.0297	2.78	.4973	.0084
1.79	.4633	.0804	2.29	.4890	.0290	2.79	.4974	.0081
1.80	.4641	.0790	2.30	.4893	.0283	2.80	.4974	.0079
1.81	.4649	.0775	2.31	.4896	.0277	2.81	.4975	.0077
1.82	.4656	.0761	2.32	.4898	.0270	2.82	.4976	.0075
1.83	.4664	.0748	2.33	.4901	.0264	2.83	.4977	.0073
1.84	.4671	.0734	2.34	.4904	.0258	2.84	.4977	.0071
1.85	.4678	.0721	2.35	.4906	.0252	2.85	.4978	.0069
1.86	.4686	.0707	2.36	.4909	.0246	2.86	.4979	.0067
1.87	.4693	.0694	2.37	.4911	.0241	2.87	.4979	.0065
1.88	.4699	.0681	2.38	.4913	.0235	2.88	.4980	.0063
1.89	.4706	.0669	2.39	.4916	.0229	2.89	.4981	.0061
1.90	.4713	.0656	2.40	.4918	.0224	2.90	.4981	.0060
1.91	.4719	.0644	2.41	.4920	.0219	2.91	.4982	.0058
1.92	.4726	.0632	2.42	.4922	.0213	2.92	.4982	.0056
1.93	.4732	.0620	2.43	.4925	.0208	2.93	.4983	.0055
1.94	.4738	.0608	2.44	.4927	.0203	2.94	.4984	.0053
1.95	.4744	.0596	2.45	.4929	.0198	2.95	.4984	.0051
1.96	.4750	.0584	2.46	.4931	.0194	2.96	.4985	.0050
1.97	.4756	.0573	2.47	.4932	.0189	2.97	.4985	.0048
1.98	.4761	.0562	2.48	.4934	.0184	2.98	.4986	.0047
1.99	.4767	.0551	2.49	.4936	.0180	2.99	.4986	.0046
2.00	.4772	.0540	2.50	.4938	.0175	3.00	.4987	.0044

附錄表 B　亂數表

第 1 行	第 2 行	第 3 行	第 4 行	第 5 行	第 6 行	第 7 行	第 8 行
3831	7167	1540	1532	6617	1845	3162	0210
6019	4242	1818	4978	8200	7326	5442	7766
6653	7210	0718	2183	0737	4603	2094	1964
8861	5020	6590	5990	3425	9208	5973	9614
9221	6305	6091	8875	6693	8017	8953	5477
2809	9700	8832	0248	3593	4686	9645	3899
1207	0100	3553	8260	7332	7402	9152	5419
6012	3752	2074	7321	5964	7095	2855	6123
0300	0773	5128	0694	3572	5517	3689	7220
1382	2179	5685	9705	9919	1739	0356	7173
0678	7668	4425	6205	4158	6769	7253	8106
8966	0561	9341	8986	8866	2168	7951	9721
6293	3420	9752	9956	7191	1127	7783	2596
9097	7558	1814	0782	0310	7310	5951	8147
3362	3045	6361	4024	1875	4124	7396	3985
5594	1248	2685	1039	0129	5047	6267	0440
6495	8204	9251	1947	9485	3027	9946	7792
9378	0804	7233	2355	1278	8667	5810	8869
2932	4490	0680	8024	4378	9543	4594	8392
2868	7746	1213	0396	9902	4953	2261	8117
3047	6737	5434	9719	8026	9283	6952	1883
3673	2265	5271	4542	2646	1744	2684	4956
0731	8278	9597	0745	9682	8007	7836	2771
2666	3174	0706	6224	4595	2273	0802	9402
5879	3349	9239	2808	8626	8569	6660	9683
7228	8029	3633	6194	9030	1279	2611	3805
4367	2881	3996	8336	7933	6385	5902	1664
1014	9964	1346	4850	1524	1919	7355	4737
6316	4356	7927	6709	1375	0375	8855	3632
2302	6392	5023	8515	1197	9182	4952	1897
7439	5567	1156	9241	0438	0607	1962	0717
1930	7128	6098	6033	5132	5350	1216	0518
4598	6415	1523	4012	8179	9934	8863	8375
2835	5888	8616	7542	5875	2859	6805	4079
4377	5153	9930	0902	8208	6501	9593	1397
3725	7202	6551	7458	4740	8234	4914	0878

第1行	第2行	第3行	第4行	第5行	第6行	第7行	第8行
7868	7546	5714	9450	6603	3709	7328	2835
2168	2879	8000	8755	5496	3532	5173	4289
1366	5878	6631	3799	2607	0769	8119	7064
7840	6116	6088	5362	7583	6246	9297	9178
1208	7567	2984	1555	5633	2676	8668	9281
5492	1044	2380	1283	4244	2667	5864	5325
1049	9457	3807	8877	6857	6915	6852	2399
7834	8324	6028	6356	2771	1686	1840	3035
5907	6128	9673	4251	0986	3668	1215	2385
3405	6830	2171	9447	4347	6948	2083	0697
1785	4670	1154	2567	8965	3903	4669	4275
6180	3600	8393	5019	1457	2970	9582	1658
4614	8527	8738	5658	4017	0815	0851	7215
6465	6832	7586	3595	9421	9498	8576	4256
0573	7976	3362	1807	2929	0540	8721	3133
7672	3912	8047	0966	6692	4444	7690	8525
9182	1221	2215	0590	4784	5374	7429	5422
2118	5264	7144	8413	4137	6178	8670	4120
0478	5077	0991	3657	9242	5710	2758	0574
3386	1570	5143	4332	2599	4330	4999	8978
2053	4196	1585	4340	1955	6312	7903	8253
0483	3044	4609	4046	4614	4566	7906	0892
3825	9228	2706	8574	0959	6456	7232	5838
3426	9307	7283	9370	5441	9659	6478	1734
8365	9252	5198	2453	7514	5498	7105	0549
7915	3351	8381	2137	9695	0358	5163	1556
7521	7744	2379	2325	3585	9370	4879	6545
1262	0960	5816	3485	8498	5860	5188	3178
9110	8181	0097	3823	6955	1123	6794	5076
9979	5039	0025	8060	2668	0157	5578	0243
2312	2169	5977	8067	2782	7690	4146	6110
3960	1408	3399	4940	3088	7546	1170	6054
5227	6451	4868	0977	5735	0359	7805	8250
2599	3800	9245	6545	6181	7300	2348	4378
9583	3746	4175	0143	3279	0809	7367	2923
8740	4326	1105	0498	3910	2074	3623	9890
6541	2753	2423	4282	2195	1471	0852	6604
1237	2419	4572	3829	1274	9378	2393	4028
7397	4135	8132	3143	3638	0515	1133	9975

附錄表 C　χ^2 分配機率表

以 df=20 為例

$\Pr(\chi^2 > 23.8277) = 0.25$

$\Pr(\chi^2 > 31.4104) = 0.05$

$\Pr(\chi^2 > 37.5662) = 0.01$

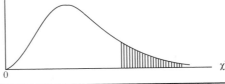

Pr .df	0.250	0.100	0.050	0.025	0.010	0.005	0.001
1	1.32330	2.70554	3.84146	5.02389	6.63490	7.87944	10.828
2	2.77259	4.60517	5.99146	7.37776	9.21034	10.5966	13.816
3	4.10834	6.25139	7.81473	9.34840	11.3449	12.8382	16.266
4	5.38527	7.77944	9.48773	11.1433	13.2767	14.8603	18.467
5	6.62568	9.23636	11.0705	12.8325	15.0863	16.7496	20.515
6	7.84080	10.6446	12.5916	14.4494	16.8119	18.5476	22.458
7	9.03715	12.0170	14.0671	16.0128	18.4753	20.2777	24.322
8	10.2189	13.3616	15.5073	17.5345	20.0902	21.9550	26.125
9	11.3888	14.6837	16.9190	19.0228	21.6660	23.5894	27.877
10	12.5489	15.9872	18.3070	20.4832	23.2093	25.1882	29.588
11	13.7007	17.2750	19.6751	21.9200	24.7250	26.7568	31.264
12	14.8454	18.5493	21.0261	23.3367	26.2170	28.2995	32.909
13	15.9839	19.8119	22.3620	24.7356	27.6882	29.8195	34.528
14	17.1169	21.0641	23.6848	26.1189	29.1412	31.3194	36.123
15	18.2451	22.3071	24.9958	27.4884	30.5779	32.8013	37.697
16	19.3689	23.5418	26.2962	28.8454	31.9999	34.2672	39.252
17	20.4887	24.7690	27.5871	30.1910	33.4087	35.7185	40.790
18	21.6049	25.9894	28.8693	31.5264	34.8053	37.1565	42.312
19	22.7178	27.2036	30.1435	32.8523	36.1909	38.5823	43.820

若 df>30，可採常態近似法，Z=$\sqrt{2\chi^2} - \sqrt{2df-1}$，再查標準常態分配表。

Pr .df	0.250	0.100	0.050	0.025	0.010	0.005	0.001
20	23.8277	28.4120	31.4104	34.1696	37.5662	39.9968	45.315
21	24.9348	29.6151	32.6706	35.4789	38.9322	41.4011	46.797
22	26.0393	30.8133	33.9244	36.7807	40.2894	42.7957	48.268
23	27.1413	32.0069	35.1725	38.0756	41.6384	44.1813	49.728
24	28.2412	33.1962	36.4150	39.3641	42.9798	45.5585	51.179
25	29.3389	34.3816	37.6525	40.6465	44.3141	46.9279	52.618
26	30.4346	35.5632	38.8851	41.9232	45.6417	48.2899	54.052
27	31.5284	36.7412	40.1133	43.1945	46.9629	49.6449	55.476
28	32.6205	37.9159	41.3371	44.4608	48.2782	50.9934	56.892
29	33.7109	39.0875	42.5570	45.7223	49.5879	52.3356	58.301
30	34.7997	40.2560	43.7730	46.9792	50.8922	53.6720	59.703
40	45.6160	51.8051	55.7585	59.3417	63.6907	66.7660	73.402
50	56.3336	63.1671	67.5048	71.4202	76.1539	79.4900	86.661
60	66.9815	74.3970	79.0819	83.2977	88.3794	91.9517	99.607
70	77.5767	85.5270	90.5312	95.0232	100.425	104.215	112.317
80	88.1303	96.5782	101.879	106.629	112.329	116.321	124.839
90	98.6499	107.565	113.145	118.136	124.116	128.299	137.208
100	109.141	118.498	124.342	129.561	135.807	140.169	149.449
Z_+	+0.6745	+1.2816	+1.6449	+1.9600	+2.3263	+2.5758	+3.0902

附錄表 D　F 分配表

分子的 df (df$_1$)

df$_2$		1	2	3	4	5	6	7	8	9	10	11	12	14	16	20	24	30	40	50	75	100	200	500	∞
1	$F_{.05}$	161	200	216	225	230	234	237	239	241	242	243	244	245	246	248	249	250	251	252	253	253	254	254	254
	$F_{.01}$	4,052	4,999	5,403	5,625	5,764	5,859	5,928	5,981	6,022	6,056	6,082	6,106	6,142	6,169	6,208	6,234	6,261	6,286	6,302	6,323	6,334	6,352	6,361	6,366
2	$F_{.05}$	18.51	19.00	19.16	19.25	19.30	19.33	19.36	19.37	19.38	19.39	19.40	19.41	19.42	19.43	19.44	19.45	19.46	19.47	19.47	19.48	19.49	19.49	19.50	19.50
	$F_{.01}$	98.49	99.00	99.17	99.25	99.30	99.33	99.36	99.37	99.39	99.40	99.41	99.42	99.43	99.44	99.45	99.46	99.47	99.48	99.48	99.49	99.49	99.49	99.50	99.50
3	$F_{.05}$	10.13	9.55	9.28	9.12	9.01	8.94	8.88	8.84	8.81	8.78	8.76	8.74	8.71	8.69	8.66	8.64	8.62	8.60	8.58	8.57	8.56	8.54	8.54	8.53
	$F_{.01}$	34.12	30.82	29.46	28.71	28.24	27.91	27.67	27.49	27.34	27.23	27.13	27.05	26.92	26.83	26.69	26.60	26.50	26.41	26.35	26.27	26.23	26.18	26.14	26.12
4	$F_{.05}$	7.71	6.94	6.59	6.39	6.26	6.16	6.09	6.04	6.00	5.96	5.93	5.91	5.87	5.84	5.80	5.77	5.74	5.71	5.70	5.68	5.66	5.65	5.64	5.63
	$F_{.01}$	21.20	18.00	16.69	15.98	15.52	15.21	14.98	14.80	14.66	14.54	14.45	14.37	14.24	14.15	14.02	13.93	13.83	13.74	13.69	13.61	13.57	13.52	13.48	13.46
5	$F_{.05}$	6.61	5.79	5.41	5.19	5.05	4.95	4.88	4.82	4.78	4.74	4.70	4.68	4.64	4.60	4.56	4.53	4.50	4.46	4.44	4.42	4.40	4.38	4.37	4.36
	$F_{.01}$	16.26	13.27	12.06	11.39	10.97	10.67	10.45	10.29	10.15	10.05	9.96	9.89	9.77	9.68	9.55	9.47	9.38	9.29	9.24	9.17	9.13	9.07	9.04	9.02
6	$F_{.05}$	5.99	5.14	4.76	4.53	4.39	4.28	4.21	4.15	4.10	4.06	4.03	4.00	3.96	3.92	3.87	3.84	3.81	3.77	3.75	3.72	3.71	3.69	3.68	3.67
	$F_{.01}$	13.74	10.92	9.78	9.15	8.75	8.47	8.26	8.10	7.98	7.87	7.79	7.72	7.60	7.52	7.39	7.31	7.23	7.14	7.09	7.02	6.99	6.94	6.90	6.88
7	$F_{.05}$	5.59	4.74	4.35	4.12	3.97	3.87	3.79	3.73	3.68	3.63	3.60	3.57	3.52	3.49	3.44	3.41	3.38	3.34	3.32	3.29	3.28	3.25	3.24	3.23
	$F_{.01}$	12.25	9.55	8.45	7.85	7.46	7.19	7.00	6.84	6.71	6.62	6.54	6.47	6.35	6.27	6.15	6.07	5.98	5.90	5.85	5.78	5.75	5.70	5.67	5.65
8	$F_{.05}$	5.32	4.46	4.07	3.84	3.69	3.58	3.50	3.44	3.39	3.34	3.31	3.28	3.23	3.20	3.15	3.12	3.08	3.05	3.03	3.00	2.98	2.96	2.94	2.93
	$F_{.01}$	11.26	8.65	7.59	7.01	6.63	6.37	6.19	6.03	5.91	5.82	5.74	5.67	5.56	5.48	5.36	5.28	5.20	5.11	5.06	5.00	4.96	4.91	4.88	4.86
9	$F_{.05}$	5.12	4.26	3.86	3.63	3.48	3.37	3.29	3.23	3.18	3.13	3.10	3.07	3.02	2.98	2.93	2.90	2.86	2.82	2.80	2.77	2.76	2.73	2.72	2.71
	$F_{.01}$	10.56	8.02	6.99	6.42	6.06	5.80	5.62	5.47	5.35	5.26	5.18	5.11	5.00	4.92	4.80	4.73	4.64	4.56	4.51	4.45	4.41	4.36	4.33	4.31
10	$F_{.05}$	4.96	4.10	3.71	3.48	3.33	3.22	3.14	3.07	3.02	2.97	2.94	2.91	2.86	2.82	2.77	2.74	2.70	2.67	2.64	2.61	2.59	2.56	2.55	2.54
	$F_{.01}$	10.04	7.56	6.55	5.99	5.64	5.39	5.21	5.06	4.95	4.85	4.78	4.71	4.60	4.52	4.41	4.33	4.25	4.17	4.12	4.05	4.01	3.96	3.93	3.91
11	$F_{.05}$	4.84	3.98	3.59	3.36	3.20	3.09	3.01	2.95	2.90	2.86	2.82	2.79	2.74	2.70	2.65	2.61	2.57	2.53	2.50	2.47	2.45	2.42	2.41	2.40
	$F_{.01}$	9.65	7.20	6.22	5.67	5.32	5.07	4.88	4.74	4.63	4.54	4.46	4.40	4.29	4.21	4.10	4.02	3.94	3.86	3.80	3.74	3.70	3.66	3.62	3.60
12	$F_{.05}$	4.75	3.89	3.49	3.26	3.11	3.00	2.92	2.85	2.80	2.76	2.72	2.69	2.64	2.60	2.54	2.50	2.46	2.42	2.40	2.36	2.35	2.32	2.31	2.30
	$F_{.01}$	9.33	6.93	5.95	5.41	5.06	4.82	4.65	4.50	4.39	4.30	4.22	4.16	4.05	3.98	3.86	3.78	3.70	3.61	3.56	3.49	3.46	3.41	3.38	3.36
13	$F_{.05}$	4.67	3.80	3.41	3.18	3.02	2.92	2.84	2.77	2.72	2.67	2.63	2.60	2.55	2.51	2.46	2.42	2.38	2.34	2.32	2.28	2.26	2.24	2.22	2.21
	$F_{.01}$	9.07	6.70	5.74	5.20	4.86	4.62	4.44	4.30	4.19	4.10	4.02	3.96	3.85	3.78	3.67	3.59	3.51	3.42	3.37	3.30	3.27	3.21	3.18	3.16

分母的 df (df$_2$)

上行為 $F_{.05}$ 關鍵值，下行黑粗體為 $F_{.01}$ 關鍵值。

分子的 df (df₁)

分母的 df (df₂)

df₂	1	2	3	4	5	6	7	8	9	10	11	12	14	16	20	24	30	40	50	75	100	200	500	∞
14	4.60 / 8.86	3.74 / 6.51	3.34 / 5.56	3.11 / 5.03	2.96 / 4.69	2.85 / 4.46	2.77 / 4.28	2.70 / 4.14	2.65 / 4.03	2.60 / 3.94	2.56 / 3.86	2.53 / 3.80	2.48 / 3.70	2.44 / 3.62	2.39 / 3.51	2.35 / 3.43	2.31 / 3.34	2.27 / 3.26	2.24 / 3.21	2.21 / 3.14	2.19 / 3.11	2.16 / 3.06	2.14 / 3.02	2.13 / 3.00
15	4.54 / 8.68	3.68 / 6.36	3.29 / 5.42	3.06 / 4.89	2.90 / 4.56	2.79 / 4.32	2.70 / 4.14	2.64 / 4.00	2.59 / 3.89	2.55 / 3.80	2.51 / 3.73	2.48 / 3.67	2.43 / 3.56	2.39 / 3.48	2.33 / 3.36	2.29 / 3.29	2.25 / 3.20	2.21 / 3.12	2.18 / 3.07	2.15 / 3.00	2.12 / 2.97	2.10 / 2.92	2.08 / 2.89	2.07 / 2.87
16	4.49 / 8.53	3.63 / 6.23	3.24 / 5.29	3.01 / 4.77	2.85 / 4.44	2.74 / 4.20	2.66 / 4.03	2.59 / 3.89	2.54 / 3.78	2.49 / 3.69	2.45 / 3.61	2.42 / 3.55	2.37 / 3.45	2.33 / 3.37	2.28 / 3.25	2.24 / 3.18	2.20 / 3.10	2.16 / 3.01	2.13 / 2.96	2.09 / 2.89	2.07 / 2.86	2.04 / 2.80	2.02 / 2.77	2.01 / 2.75
17	4.45 / 8.40	3.59 / 6.11	3.20 / 5.18	2.96 / 4.67	2.81 / 4.34	2.70 / 4.10	2.62 / 3.93	2.55 / 3.79	2.50 / 3.68	2.45 / 3.59	2.41 / 3.52	2.38 / 3.45	2.33 / 3.35	2.29 / 3.27	2.23 / 3.16	2.19 / 3.08	2.15 / 3.00	2.11 / 2.92	2.08 / 2.86	2.04 / 2.79	2.02 / 2.76	1.99 / 2.70	1.97 / 2.67	1.96 / 2.65
18	4.41 / 8.28	3.55 / 6.01	3.16 / 5.09	2.93 / 4.58	2.77 / 4.25	2.66 / 4.01	2.58 / 3.85	2.51 / 3.71	2.46 / 3.60	2.41 / 3.51	2.37 / 3.44	2.34 / 3.37	2.29 / 3.27	2.25 / 3.19	2.19 / 3.07	2.15 / 3.00	2.11 / 2.91	2.07 / 2.83	2.04 / 2.78	2.00 / 2.71	1.98 / 2.68	1.95 / 2.62	1.93 / 2.59	1.92 / 2.57
19	4.38 / 8.18	3.52 / 5.93	3.13 / 5.01	2.90 / 4.50	2.74 / 4.17	2.63 / 3.94	2.55 / 3.77	2.48 / 3.63	2.43 / 3.52	2.38 / 3.43	2.34 / 3.36	2.31 / 3.30	2.26 / 3.19	2.21 / 3.12	2.15 / 3.00	2.11 / 2.92	2.07 / 2.84	2.02 / 2.76	2.00 / 2.70	1.96 / 2.63	1.94 / 2.60	1.91 / 2.54	1.90 / 2.51	1.88 / 2.49
20	4.35 / 8.10	3.49 / 5.85	3.10 / 4.94	2.87 / 4.43	2.71 / 4.10	2.60 / 3.87	2.52 / 3.71	2.45 / 3.56	2.40 / 3.45	2.35 / 3.37	2.31 / 3.30	2.28 / 3.23	2.23 / 3.13	2.18 / 3.05	2.12 / 2.94	2.08 / 2.86	2.04 / 2.77	1.99 / 2.69	1.96 / 2.63	1.92 / 2.56	1.90 / 2.53	1.87 / 2.47	1.85 / 2.44	1.84 / 2.42
21	4.32 / 8.02	3.47 / 5.78	3.07 / 4.87	2.84 / 4.37	2.68 / 4.04	2.57 / 3.81	2.49 / 3.65	2.42 / 3.51	2.37 / 3.40	2.32 / 3.31	2.28 / 3.24	2.25 / 3.17	2.20 / 3.07	2.15 / 2.99	2.09 / 2.88	2.05 / 2.80	2.00 / 2.72	1.96 / 2.63	1.93 / 2.58	1.89 / 2.51	1.87 / 2.47	1.84 / 2.42	1.82 / 2.38	1.81 / 2.36
22	4.30 / 7.94	3.44 / 5.72	3.05 / 4.82	2.82 / 4.31	2.66 / 3.99	2.55 / 3.76	2.47 / 3.59	2.40 / 3.45	2.35 / 3.35	2.30 / 3.26	2.26 / 3.18	2.23 / 3.12	2.18 / 3.02	2.13 / 2.94	2.07 / 2.83	2.03 / 2.75	1.98 / 2.67	1.93 / 2.58	1.91 / 2.53	1.87 / 2.46	1.84 / 2.42	1.81 / 2.37	1.80 / 2.33	1.78 / 2.31
23	4.28 / 7.88	3.42 / 5.66	3.03 / 4.76	2.80 / 4.26	2.64 / 3.94	2.53 / 3.71	2.45 / 3.54	2.38 / 3.41	2.32 / 3.30	2.28 / 3.21	2.24 / 3.14	2.20 / 3.07	2.14 / 2.97	2.10 / 2.89	2.04 / 2.78	2.00 / 2.70	1.96 / 2.62	1.91 / 2.53	1.88 / 2.48	1.84 / 2.41	1.82 / 2.37	1.79 / 2.32	1.77 / 2.28	1.76 / 2.26
24	4.26 / 7.82	3.40 / 5.61	3.01 / 4.72	2.78 / 4.22	2.62 / 3.90	2.51 / 3.67	2.43 / 3.50	2.36 / 3.36	2.30 / 3.25	2.26 / 3.17	2.22 / 3.09	2.18 / 3.03	2.13 / 2.93	2.09 / 2.85	2.02 / 2.74	1.98 / 2.66	1.94 / 2.58	1.89 / 2.49	1.86 / 2.44	1.82 / 2.36	1.80 / 2.33	1.76 / 2.27	1.74 / 2.23	1.73 / 2.21
25	4.24 / 7.77	3.38 / 5.57	2.99 / 4.68	2.76 / 4.18	2.60 / 3.86	2.49 / 3.63	2.41 / 3.46	2.34 / 3.32	2.28 / 3.21	2.24 / 3.13	2.20 / 3.05	2.16 / 2.99	2.11 / 2.89	2.06 / 2.81	2.00 / 2.70	1.96 / 2.62	1.92 / 2.54	1.87 / 2.45	1.84 / 2.40	1.80 / 2.32	1.77 / 2.29	1.74 / 2.23	1.72 / 2.19	1.71 / 2.17
26	4.22 / 7.72	3.37 / 5.53	2.98 / 4.64	2.74 / 4.14	2.59 / 3.82	2.47 / 3.59	2.39 / 3.42	2.32 / 3.29	2.27 / 3.17	2.22 / 3.09	2.18 / 3.02	2.15 / 2.96	2.10 / 2.86	2.05 / 2.77	1.99 / 2.66	1.95 / 2.58	1.90 / 2.50	1.85 / 2.41	1.82 / 2.36	1.78 / 2.28	1.76 / 2.25	1.72 / 2.19	1.70 / 2.15	1.69 / 2.13

上行為F.05關鍵值，下行黑體粗體為F.01關鍵值。

分子的 df (df₁)

df₂	1	2	3	4	5	6	7	8	9	10	11	12	14	16	20	24	30	40	50	75	100	200	500	∞
27	4.21 **7.68**	3.35 **5.49**	2.96 **4.60**	2.73 **4.11**	2.57 **3.79**	2.46 **3.56**	2.37 **3.39**	2.30 **3.26**	2.25 **3.14**	2.20 **3.06**	2.16 **2.98**	2.13 **2.93**	2.08 **2.83**	2.03 **2.74**	1.97 **2.63**	1.93 **2.55**	1.88 **2.47**	1.84 **2.38**	1.80 **2.33**	1.76 **2.25**	1.74 **2.21**	1.71 **2.16**	1.68 **2.12**	1.67 **2.10**
28	4.20 **7.64**	3.34 **5.45**	2.95 **4.57**	2.71 **4.07**	2.56 **3.76**	2.44 **3.53**	2.36 **3.36**	2.29 **3.23**	2.24 **3.11**	2.19 **3.03**	2.15 **2.95**	2.12 **2.90**	2.06 **2.80**	2.02 **2.71**	1.96 **2.60**	1.91 **2.52**	1.87 **2.44**	1.81 **2.35**	1.78 **2.30**	1.75 **2.22**	1.72 **2.18**	1.69 **2.13**	1.67 **2.09**	1.65 **2.06**
29	4.18 **7.60**	3.33 **5.42**	2.93 **4.54**	2.70 **4.04**	2.54 **3.73**	2.43 **3.50**	2.35 **3.33**	2.28 **3.20**	2.22 **3.08**	2.18 **3.00**	2.14 **2.92**	2.10 **2.87**	2.05 **2.77**	2.00 **2.68**	1.94 **2.57**	1.90 **2.49**	1.85 **2.41**	1.80 **2.32**	1.77 **2.27**	1.73 **2.19**	1.71 **2.15**	1.68 **2.10**	1.65 **2.06**	1.64 **2.03**
30	4.17 **7.56**	3.32 **5.39**	2.92 **4.51**	2.69 **4.02**	2.53 **3.70**	2.42 **3.47**	2.34 **3.30**	2.27 **3.17**	2.21 **3.06**	2.16 **2.98**	2.12 **2.90**	2.09 **2.84**	2.04 **2.74**	1.99 **2.66**	1.93 **2.55**	1.89 **2.47**	1.84 **2.38**	1.79 **2.29**	1.76 **2.24**	1.72 **2.16**	1.69 **2.13**	1.66 **2.07**	1.64 **2.03**	1.62 **2.01**
32	4.15 **7.50**	3.30 **5.34**	2.90 **4.46**	2.67 **3.97**	2.51 **3.66**	2.40 **3.42**	2.32 **3.25**	2.25 **3.12**	2.19 **3.01**	2.14 **2.94**	2.10 **2.86**	2.07 **2.80**	2.02 **2.70**	1.97 **2.62**	1.91 **2.51**	1.86 **2.42**	1.82 **2.34**	1.76 **2.25**	1.74 **2.20**	1.69 **2.12**	1.67 **2.08**	1.64 **2.02**	1.61 **1.98**	1.59 **1.96**
34	4.13 **7.44**	3.28 **5.29**	2.88 **4.42**	2.65 **3.93**	2.49 **3.61**	2.38 **3.38**	2.30 **3.21**	2.23 **3.08**	2.17 **2.97**	2.12 **2.89**	2.08 **2.82**	2.05 **2.76**	2.00 **2.66**	1.95 **2.58**	1.89 **2.47**	1.84 **2.38**	1.80 **2.30**	1.74 **2.21**	1.71 **2.15**	1.67 **2.08**	1.64 **2.04**	1.61 **1.98**	1.59 **1.94**	1.57 **1.91**
36	4.11 **7.39**	3.26 **5.25**	2.86 **4.38**	2.63 **3.89**	2.48 **3.58**	2.36 **3.35**	2.28 **3.18**	2.21 **3.04**	2.15 **2.94**	2.10 **2.86**	2.06 **2.78**	2.03 **2.72**	1.98 **2.62**	1.93 **2.54**	1.87 **2.43**	1.82 **2.35**	1.78 **2.26**	1.72 **2.17**	1.69 **2.12**	1.65 **2.04**	1.62 **2.00**	1.59 **1.94**	1.56 **1.90**	1.55 **1.87**
38	4.10 **7.35**	3.25 **5.21**	2.85 **4.34**	2.62 **3.86**	2.46 **3.54**	2.35 **3.32**	2.26 **3.15**	2.19 **3.02**	2.14 **2.91**	2.09 **2.82**	2.05 **2.75**	2.02 **2.69**	1.96 **2.59**	1.92 **2.51**	1.85 **2.40**	1.80 **2.32**	1.76 **2.22**	1.71 **2.14**	1.67 **2.08**	1.63 **2.00**	1.60 **1.97**	1.57 **1.90**	1.54 **1.86**	1.53 **1.84**
40	4.08 **7.31**	3.23 **5.18**	2.84 **4.31**	2.61 **3.83**	2.45 **3.51**	2.34 **3.29**	2.25 **3.12**	2.18 **2.99**	2.12 **2.88**	2.07 **2.80**	2.04 **2.73**	2.00 **2.66**	1.95 **2.56**	1.90 **2.49**	1.84 **2.37**	1.79 **2.29**	1.74 **2.20**	1.69 **2.11**	1.66 **2.05**	1.61 **1.97**	1.59 **1.94**	1.55 **1.88**	1.53 **1.84**	1.51 **1.81**
42	4.07 **7.27**	3.22 **5.15**	2.83 **4.29**	2.59 **3.80**	2.44 **3.49**	2.32 **3.26**	2.24 **3.10**	2.17 **2.96**	2.11 **2.86**	2.06 **2.77**	2.02 **2.70**	1.99 **2.64**	1.94 **2.54**	1.89 **2.46**	1.82 **2.35**	1.78 **2.26**	1.73 **2.17**	1.68 **2.08**	1.64 **2.02**	1.60 **1.94**	1.57 **1.91**	1.54 **1.85**	1.51 **1.80**	1.49 **1.78**
44	4.06 **7.24**	3.21 **5.12**	2.82 **4.26**	2.58 **3.78**	2.43 **3.46**	2.31 **3.24**	2.23 **3.07**	2.16 **2.94**	2.10 **2.84**	2.05 **2.75**	2.01 **2.68**	1.98 **2.62**	1.92 **2.52**	1.88 **2.44**	1.81 **2.32**	1.76 **2.24**	1.72 **2.15**	1.66 **2.06**	1.63 **2.00**	1.58 **1.92**	1.56 **1.88**	1.52 **1.82**	1.50 **1.78**	1.48 **1.75**
46	4.05 **7.21**	3.20 **5.10**	2.81 **4.24**	2.57 **3.76**	2.42 **3.44**	2.30 **3.22**	2.22 **3.05**	2.14 **2.92**	2.09 **2.82**	2.04 **2.73**	2.00 **2.66**	1.97 **2.60**	1.91 **2.50**	1.87 **2.42**	1.80 **2.30**	1.75 **2.22**	1.71 **2.13**	1.65 **2.04**	1.62 **1.98**	1.57 **1.90**	1.54 **1.86**	1.51 **1.80**	1.48 **1.76**	1.46 **1.72**
48	4.04 **7.19**	3.19 **5.08**	2.80 **4.22**	2.56 **3.74**	2.41 **3.42**	2.30 **3.20**	2.21 **3.04**	2.14 **2.90**	2.08 **2.80**	2.03 **2.71**	1.99 **2.64**	1.96 **2.58**	1.90 **2.48**	1.86 **2.40**	1.79 **2.28**	1.74 **2.20**	1.70 **2.11**	1.64 **2.02**	1.61 **1.96**	1.56 **1.88**	1.53 **1.84**	1.50 **1.78**	1.47 **1.73**	1.45 **1.70**

分母的 df (df₂)

上行為 F.05 關鍵值，下行黑粗體為 F.01 關鍵值。

分子的 df (df_1)

df_2		1	2	3	4	5	6	7	8	9	10	11	12	14	16	20	24	30	40	50	75	100	200	500	∞
50	$F_{.05}$	4.03	3.18	2.79	2.56	2.40	2.29	2.20	2.13	2.07	2.02	1.98	1.95	1.90	1.85	1.78	1.74	1.69	1.63	1.60	1.55	1.52	1.48	1.46	1.44
	$F_{.01}$	7.17	5.06	4.20	3.72	3.41	3.18	3.02	2.88	2.78	2.70	2.62	2.56	2.46	2.39	2.26	2.18	2.10	2.00	1.94	1.86	1.82	1.76	1.71	1.68
55	$F_{.05}$	4.02	3.17	2.78	2.54	2.38	2.27	2.18	2.11	2.05	2.00	1.97	1.93	1.88	1.83	1.76	1.72	1.67	1.61	1.58	1.52	1.50	1.46	1.43	1.41
	$F_{.01}$	7.12	5.01	4.16	3.68	3.37	3.15	2.98	2.85	2.75	2.66	2.59	2.53	2.43	2.35	2.23	2.15	2.06	1.96	1.90	1.82	1.78	1.71	1.66	1.64
60	$F_{.05}$	4.00	3.15	2.76	2.52	2.37	2.25	2.17	2.10	2.04	1.99	1.95	1.92	1.86	1.81	1.75	1.70	1.65	1.59	1.56	1.50	1.48	1.44	1.41	1.39
	$F_{.01}$	7.08	4.98	4.13	3.65	3.34	3.12	2.95	2.82	2.72	2.63	2.56	2.50	2.40	2.32	2.20	2.12	2.03	1.93	1.87	1.79	1.74	1.68	1.63	1.60
65	$F_{.05}$	3.99	3.14	2.75	2.51	2.36	2.24	2.15	2.08	2.02	1.98	1.94	1.90	1.85	1.80	1.73	1.68	1.63	1.57	1.54	1.49	1.46	1.42	1.39	1.37
	$F_{.01}$	7.04	4.95	4.10	3.62	3.31	3.09	2.93	2.79	2.70	2.61	2.54	2.47	2.37	2.30	2.18	2.09	2.00	1.90	1.84	1.76	1.71	1.64	1.60	1.56
70	$F_{.05}$	3.98	3.13	2.74	2.50	2.35	2.23	2.14	2.07	2.01	1.97	1.93	1.89	1.84	1.79	1.72	1.67	1.62	1.56	1.53	1.47	1.45	1.40	1.37	1.35
	$F_{.01}$	7.01	4.92	4.06	3.60	3.29	3.07	2.91	2.77	2.67	2.59	2.51	2.45	2.35	2.28	2.15	2.07	1.98	1.88	1.82	1.74	1.69	1.62	1.56	1.53
80	$F_{.05}$	3.96	3.11	2.72	2.48	2.33	2.21	2.12	2.05	1.99	1.95	1.91	1.88	1.82	1.77	1.70	1.65	1.60	1.54	1.51	1.45	1.42	1.38	1.35	1.32
	$F_{.01}$	6.96	4.88	4.04	3.56	3.25	3.04	2.87	2.74	2.64	2.55	2.48	2.41	2.32	2.24	2.11	2.03	1.94	1.84	1.78	1.70	1.65	1.57	1.52	1.49
100	$F_{.05}$	3.94	3.09	2.70	2.46	2.30	2.19	2.10	2.03	1.97	1.92	1.88	1.85	1.79	1.75	1.68	1.63	1.57	1.51	1.48	1.42	1.39	1.34	1.30	1.28
	$F_{.01}$	6.90	4.82	3.98	3.51	3.20	2.99	2.82	2.69	2.59	2.51	2.43	2.36	2.26	2.19	2.06	1.98	1.89	1.79	1.73	1.64	1.59	1.51	1.46	1.43
125	$F_{.05}$	3.92	3.07	2.68	2.44	2.29	2.17	2.08	2.01	1.95	1.90	1.86	1.83	1.77	1.72	1.65	1.60	1.55	1.49	1.45	1.39	1.36	1.31	1.27	1.25
	$F_{.01}$	6.84	4.78	3.94	3.47	3.17	2.95	2.79	2.65	2.56	2.47	2.40	2.33	2.23	2.15	2.03	1.94	1.85	1.75	1.68	1.59	1.54	1.46	1.40	1.37
150	$F_{.05}$	3.91	3.06	2.67	2.43	2.27	2.16	2.07	2.00	1.94	1.89	1.85	1.82	1.76	1.71	1.64	1.59	1.54	1.47	1.44	1.37	1.34	1.29	1.25	1.22
	$F_{.01}$	6.81	4.75	3.91	3.44	3.14	2.92	2.76	2.62	2.53	2.44	2.37	2.30	2.20	2.12	2.00	1.91	1.83	1.72	1.66	1.56	1.51	1.43	1.37	1.33
200	$F_{.05}$	3.89	3.04	2.65	2.41	2.26	2.14	2.05	1.98	1.92	1.87	1.83	1.80	1.74	1.69	1.62	1.57	1.52	1.45	1.42	1.35	1.32	1.26	1.22	1.19
	$F_{.01}$	6.76	4.71	3.88	3.41	3.11	2.90	2.73	2.60	2.50	2.41	2.34	2.28	2.17	2.09	1.97	1.88	1.79	1.69	1.62	1.53	1.48	1.39	1.33	1.28
400	$F_{.05}$	3.86	3.02	2.62	2.39	2.23	2.12	2.03	1.96	1.90	1.85	1.81	1.78	1.72	1.67	1.60	1.54	1.49	1.42	1.38	1.32	1.28	1.22	1.16	1.13
	$F_{.01}$	6.70	4.66	3.83	3.36	3.06	2.85	2.69	2.55	2.46	2.37	2.29	2.23	2.12	2.04	1.92	1.84	1.74	1.64	1.57	1.47	1.42	1.32	1.24	1.19
1000	$F_{.05}$	3.85	3.00	2.61	2.38	2.22	2.10	2.02	1.95	1.89	1.84	1.80	1.76	1.70	1.65	1.58	1.53	1.47	1.41	1.36	1.30	1.26	1.19	1.13	1.08
	$F_{.01}$	6.66	4.62	3.80	3.34	3.04	2.82	2.66	2.53	2.43	2.34	2.26	2.20	2.09	2.01	1.89	1.81	1.71	1.61	1.54	1.44	1.38	1.28	1.19	1.11
∞	$F_{.05}$	3.84	2.99	2.60	2.37	2.21	2.09	2.01	1.94	1.88	1.83	1.79	1.75	1.69	1.64	1.57	1.52	1.46	1.40	1.35	1.28	1.24	1.17	1.11	1.00
	$F_{.01}$	6.64	4.60	3.78	3.32	3.02	2.80	2.64	2.51	2.41	2.32	2.24	2.18	2.07	1.99	1.87	1.79	1.69	1.59	1.52	1.41	1.36	1.25	1.15	1.00

上行為 $F_{.05}$ 關鍵值，下行黑體為 $F_{.01}$ 關鍵值。

分母的 df (df_2)

附錄表 E　t 分配表

	單尾檢定之顯著水準					
	.10	.05	.025	.01	.005	.0005
	雙尾檢定之顯著水準					
df	.20	.10	.05	.02	.01	.001
1	3.078	6.314	12.706	31.821	63.657	636.619
2	1.886	2.920	4.303	6.965	9.925	31.598
3	1.638	2.353	3.182	4.541	5.841	12.941
4	1.533	2.132	2.776	3.747	4.604	8.610
5	1.476	2.015	2.571	3.365	4.032	6.859
6	1.440	1.943	2.447	3.143	3.707	5.959
7	1.415	1.895	2.365	2.998	3.499	5.405
8	1.397	1.860	2.306	2.896	3.355	5.041
9	1.383	1.833	2.262	2.821	3.250	4.781
10	1.372	1.812	2.228	2.764	3.169	4.587
11	1.363	1.796	2.201	2.718	3.106	4.437
12	1.356	1.782	2.179	2.681	3.055	4.318
13	1.350	1.771	2.160	2.650	3.012	4.221
14	1.345	1.761	2.145	2.624	2.977	4.140
15	1.341	1.753	2.131	2.602	2.947	4.073
16	1.337	1.746	2.120	2.583	2.921	4.015
17	1.333	1.740	2.110	2.567	2.898	3.965
18	1.330	1.734	2.101	2.552	2.878	3.922
19	1.328	1.729	2.093	2.539	2.861	3.883
20	1.325	1.725	2.086	2.528	2.845	3.850

	單尾檢定之顯著水準					
	.10	.05	.025	.01	.005	.0005
	雙尾檢定之顯著水準					
df	.20	.10	.05	.02	.01	.001
21	1.323	1.721	2.080	2.518	2.831	3.819
22	1.321	1.717	2.074	2.508	2.819	3.792
23	1.319	1.714	2.069	2.500	2.807	3.767
24	1.318	1.711	2.064	2.492	2.797	3.745
25	1.316	1.708	2.060	2.485	2.787	3.725
26	1.315	1.706	2.056	2.479	2.779	3.707
27	1.314	1.703	2.052	2.473	2.771	3.690
28	1.313	1.701	2.048	2.467	2.763	3.674
29	1.311	1.699	2.045	2.462	2.756	3.659
30	1.310	1.697	2.042	2.457	2.750	3.646
40	1.303	1.684	2.021	2.423	2.704	3.551
60	1.296	1.671	2.000	2.390	2.660	3.460
120	1.289	1.658	1.980	2.358	2.617	3.373
∞	1.282	1.645	1.960	2.326	2.576	3.291

附錄表 F　r 值與 Z_r 值對照表 *

r	Z_r	r	Z_r	r	Z_r	r	Z_r	r	Z_r
.000	.000	.100	.100	.200	.203	.300	.310	.400	.424
.005	.005	.105	.105	.205	.208	.305	.315	.405	.430
.010	.010	.110	.110	.210	.213	.310	.321	.410	.436
.015	.015	.115	.116	.215	.218	.315	.326	.415	.442
.020	.020	.120	.121	.220	.224	.320	.332	.420	.448
.025	.025	.125	.126	.225	.229	.325	.337	.425	.454
.030	.030	.130	.131	.230	.234	.330	.343	.430	.460
.035	.035	.135	.136	.235	.239	.335	.348	.435	.466
.040	.040	.140	.141	.240	.245	.340	.354	.440	.472
.045	.045	.145	.146	.245	.250	.345	.360	.445	.478
.050	.050	.150	.151	.250	.255	.350	.365	.450	.485
.055	.055	.155	.156	.255	.261	.355	.371	.455	.491
.060	.060	.160	.161	.260	.266	.360	.377	.460	.497
.065	.065	.165	.167	.265	.271	.365	.383	.465	.504
.070	.070	.170	.172	.270	.277	.370	.388	.470	.510
.075	.075	.175	.177	.275	.282	.375	.394	.475	.517
.080	.080	.180	.182	.280	.288	.380	.400	.480	.523
.085	.085	.185	.187	.285	.293	.385	.406	.485	.530
.090	.090	.190	.192	.290	.299	.390	.412	.490	.536
.095	.095	.195	.198	.295	.304	.395	.418	.495	.543

r	Z_r	r	Z_r	r	Z_r	r	Z_r	r	Z_r
.500	.549	.600	.693	.700	.867	.800	1.099	.900	1.472
.505	.556	.605	.701	.705	.877	.805	1.113	.905	1.499
.510	.563	.610	.709	.710	.887	.810	1.127	.910	1.528
.515	.570	.615	.717	.715	.897	.815	1.142	.915	1.557
.520	.576	.620	.725	.720	.908	.820	1.157	.920	1.589
.525	.583	.625	.733	.725	.918	.825	1.172	.925	1.623
.530	.590	.630	.741	.730	.929	.830	1.188	.930	1.658
.535	.597	.635	.750	.735	.940	.835	1.204	.935	1.697
.540	.604	.640	.758	.740	.950	.840	1.221	.940	1.738
.545	.611	.645	.767	.745	.962	.845	1.238	.945	1.783
.550	.618	.650	.775	.750	.973	.850	1.256	.950	1.832
.555	.626	.655	.784	.755	.984	.855	1.274	.955	1.886
.560	.633	.660	.793	.760	.996	.860	1.293	.960	1.946
.565	.640	.665	.802	.765	1.008	.865	1.313	.965	2.014
.570	.648	.670	.811	.770	1.020	.870	1. 333	.970	2.092
.575	.655	.675	.820	.775	1.033	.875	1.354	.975	2.185
.580	.662	.680	.829	.780	1.045	.880	1.376	.980	2.298
.585	.670	.685	.838	.785	1.058	.885	1.398	.985	2.443
.590	.678	.690	.848	.790	1.071	.890	1.422	.990	2.647
.595	.685	.695	.858	.795	1.085	.895	1.447	.995	2.994

*ρ轉換為Z_ρ亦可用此表。

附錄表 G　q 分配的關鍵值

		K=組數								
df	α	2	3	4	5	6	7	8	9	10
1	.05	18.0	27.0	32.8	37.1	40.4	43.1	45.4	47.4	49.1
	.01	90.0	13.5	164	186	202	216	227	237	246
2	.05	6.09	8.3	9.8	10.9	11.7	12.4	13.0	13.5	14.0
	.01	14.0	19.0	22.3	24.7	26.6	28.2	29.5	30.7	31.7
3	.05	4.50	5.91	6.82	7.50	8.04	8.48	8.85	9.18	9.46
	.01	8.26	10.6	12.2	13.3	14.2	15.0	15.6	16.2	16.7
4	.05	3.93	5.04	5.76	6.29	6.71	7.05	7.35	7.60	7.83
	.01	6.51	8.12	9.17	9.96	10.6	11.1	11.5	11.9	12.3
5	.05	3.64	4.60	5.22	5.67	6.03	6.33	6.58	6.80	6.99
	.01	5.70	6.97	7.80	8.42	8.91	9.32	9.67	9.97	10.2
6	.05	3.46	4.34	4.90	5.31	5.63	5.89	6.12	6.32	6.49
	.01	5.24	6.33	7.03	7.56	7.97	8.32	8.61	8.87	9.10
7	.05	3.34	4.16	4.69	5.06	5.36	5.61	5.82	6.00	6.16
	.01	4.95	5.92	6.54	7.01	7.37	7.68	7.94	8.17	8.37
8	.05	3.26	4.04	4.53	4.89	5.17	5.40	5.60	5.77	5.92
	.01	4.74	5.63	6.20	6.63	6.96	7.24	7.47	7.68	7.78
9	.05	3.20	3.95	4.42	4.76	5.02	5.24	5.43	5.60	5.74
	.01	4.60	5.43	5.96	6.35	6.66	6.91	7.13	7.32	7.49
10	.05	3.15	3.88	4.33	4.65	4.91	5.12	5.30	5.46	5.60
	.01	4.48	5.27	5.77	6.14	6.43	6.67	6.87	7.05	7.21

		K=組數								
df	α	2	3	4	5	6	7	8	9	10
11	.05	3.11	3.82	4.26	4.57	4.82	5.03	5.20	5.35	5.49
	.01	4.39	5.14	5.62	5.97	6.25	6.48	6.67	6.84	6.99
12	.05	3.08	3.77	4.20	4.51	4.75	4.95	5.12	5.27	5.40
	.01	4.32	5.04	5.50	5.84	6.10	6.32	6.51	6.67	6.81
13	.05	3.06	3.73	4.15	4.45	4.69	4.88	5.05	5.19	5.32
	.01	4.26	4.96	5.40	5.73	5.98	6.19	6.37	6.53	6.67
14	.05	3.03	3.70	4.11	4.41	4.64	4.83	4.99	5.13	5.25
	.01	4.21	4.89	5.32	5.63	5.88	6.08	6.26	6.41	6.54
16	.05	3.00	3.65	4.05	4.33	4.56	4.74	4.90	5.03	5.15
	.01	4.13	4.78	5.19	5.49	5.72	5.92	6.08	6.22	6.35
18	.05	2.97	3.61	4.00	4.28	4.49	4.67	4.82	4.96	5.07
	.01	4.07	4.70	5.09	5.38	5.60	5.79	5.94	6.08	6.20
20	.05	2.95	3.58	3.96	4.23	4.45	4.62	4.77	4.90	5.01
	.01	4.02	4.64	5.02	5.29	5.51	5.69	5.84	5.97	6.09
24	.05	2.92	3.53	3.90	4.17	4.37	4.54	4.68	4.81	4.92
	.01	3.96	4.54	4.91	5.17	5.37	5.54	5.69	5.81	5.92
30	.05	2.89	3.49	3.84	4.10	4.30	4.46	4.60	4.72	4.83
	.01	3.89	4.45	4.80	5.05	5.24	5.40	5.54	5.56	5.76
40	.05	2.86	3.44	3.79	4.04	4.23	4.39	4.52	4.63	4.74
	.01	3.82	4.37	4.70	4.93	5.11	5.27	5.39	5.50	5.60
60	.05	2.83	3.40	3.74	3.98	4.16	4.31	4.44	4.55	4.65
	.01	3.76	4.28	4.60	4.82	4.99	5.13	5.25	5.36	5.45
120	.05	2.80	3.36	3.69	3.92	4.10	4.24	4.36	4.48	4.56
	.01	3.70	4.20	4.50	4.71	4.87	5.01	5.12	5.21	5.30
∞	.05	2.77	3.31	3.63	3.86	4.03	4.17	4.29	4.39	4.47
	.01	3.64	4.12	4.40	4.60	4.76	4.88	4.99	5.08	5.16

附錄表 H　Dunnett 多重比較的分配

df	α	雙尾檢定 K=組數（包括控制組）								
		2	3	4	5	6	7	8	9	10
5	.05	2.57	3.03	3.29	3.48	3.62	3.73	3.82	3.90	3.97
	.01	4.03	4.63	4.98	5.22	5.41	5.56	5.69	5.80	5.89
6	.05	2.45	2.86	3.10	3.26	3.39	3.49	3.57	3.64	3.71
	.01	3.71	4.21	4.51	4.71	4.87	5.00	5.10	5.20	5.28
7	.05	2.36	2.75	2.97	3.12	3.24	3.33	3.41	3.47	3.53
	.01	3.50	3.95	4.21	4.39	4.53	4.64	4.74	4.82	4.89
8	.05	2.31	2.67	2.88	3.02	3.13	3.22	3.29	3.35	3.41
	.01	3.36	3.77	4.00	4.17	4.29	4.40	4.48	4.56	4.62
9	.05	2.26	2.61	2.81	2.95	3.05	3.14	3.20	3.26	3.32
	.01	3.25	3.63	3.85	4.01	4.12	4.22	4.30	4.37	4.43
10	.05	2.23	2.57	2.76	2.89	2.99	3.07	3.14	3.19	3.24
	.01	3.17	3.53	3.74	3.88	3.99	4.08	4.16	4.22	4.28
11	.05	2.20	2.53	2.72	2.84	2.94	3.02	3.08	3.14	3.19
	.01	3.11	3.45	3.65	3.79	3.89	3.98	4.05	4.11	4.16
12	.05	2.18	2.50	2.68	2.81	2.90	2.98	3.04	3.09	3.14
	.01	3.05	3.39	3.58	3.71	3.81	3.89	3.96	4.02	4.07
13	.05	2.16	2.48	2.65	2.78	2.87	2.94	3.00	3.06	3.10
	.01	3.01	3.33	3.52	3.65	3.74	3.82	3.89	3.94	3.99
14	.05	2.14	2.46	2.63	2.75	2.84	2.91	2.97	3.02	3.07
	.01	2.98	3.29	3.47	3.59	3.69	3.76	3.83	3.88	3.93
15	.05	2.13	2.44	2.61	2.73	2.82	2.89	2.95	3.00	3.04
	.01	2.95	3.25	3.43	3.55	3.64	3.71	3.78	3.83	3.88
16	.05	2.12	2.42	2.59	2.71	2.80	2.87	2.92	2.97	3.02
	.01	2.92	3.22	3.39	3.51	3.60	3.67	3.73	3.78	3.83

df	α	雙尾檢定 K=組數（包括控制組）								
		2	3	4	5	6	7	8	9	10
17	.05	2.11	2.41	2.58	2.69	2.78	2.85	2.90	2.95	3.00
	.01	2.90	3.19	3.36	3.47	3.56	3.63	3.69	3.74	3.79
18	.05	2.10	2.40	2.56	2.68	2.76	2.83	2.89	2.94	2.98
	.01	2.88	3.17	3.33	3.44	3.53	3.60	3.66	3.71	3.75
19	.05	2.09	2.39	2.55	2.66	2.75	2.81	2.87	2.92	2.96
	.01	2.86	3.15	3.31	3.42	3.50	3.57	3.63	3.68	3.72
20	.05	2.09	2.38	2.54	2.65	2.73	2.80	2.86	2.90	2.95
	.01	2.85	3.13	3.29	3.40	3.48	3.55	3.60	3.65	3.69
24	.05	2.06	2.35	2.51	2.61	2.70	2.76	2.81	2.86	2.90
	.01	2.80	3.07	3.22	3.32	3.40	3.47	3.52	3.57	3.61
30	.05	2.04	2.32	2.47	2.58	2.66	2.72	2.77	2.82	2.86
	.01	2.75	3.01	3.15	3.25	3.33	3.39	3.44	3.49	3.52
40	.05	2.02	2.29	2.44	2.54	2.62	2.68	2.73	2.77	2.81
	.01	2.70	2.95	3.09	3.19	3.26	3.32	3.37	3.41	3.44
60	.05	2.00	2.27	2.41	2.51	2.58	2.64	2.69	2.73	2.77
	.01	2.66	2.90	3.03	3.12	3.19	3.25	3.29	3.33	3.37
120	.05	1.98	2.24	2.38	2.47	2.55	2.60	2.65	2.69	2.73
	.01	2.62	2.85	2.97	3.06	3.12	3.18	3.22	3.26	3.29
∞	.05	1.96	2.21	2.35	2.44	2.51	2.57	2.61	2.65	2.69
	.01	2.58	2.79	2.92	3.00	3.06	3.11	3.15	3.19	3.22

附錄表 1　正交多項係數

組數	POLYNOMIAL	COEFFICIENTS							$\Sigma(c_i)^2$
3	Linear	-1	0	1					2
	Quadratic	1	-2	1					6
4	Linear	-3	-1	1	3				20
	Quadratic	1	-1	-1	1				4
	Cubic	-1	3	-3	1				20
5	Linear	-2	-1	0	1	2			10
	Quadratic	2	-1	-2	-1	2			14
	Cubic	-1	2	0	-2	1			10
	Quartic	1	-4	6	-4	1			70
6	Linear	-5	-3	-1	1	3	5		70
	Quadratic	5	-1	-4	-4	-1	5		84
	Cubic	-5	7	4	-4	-7	5		180
	Quartic	1	-3	2	2	-3	1		28
	Quintic	-1	5	-10	10	-5	1		252
7	Linear	-3	-2	-1	0	1	2	3	28
	Quadratic	5	0	-3	-4	-3	0	5	84
	Cubic	-1	1	1	0	-1	-1	1	6
	Quartic	3	-7	1	6	1	-7	3	154
	Quintic	-1	4	-5	0	5	-4	1	84

組數	POLYNOMIAL	COEFFICIENTS										$\Sigma(c_i)^2$
8	Linear	-7	-5	-3	-1	1	3	5	7			168
	Quadratic	7	1	-3	-5	-5	-3	1	7			168
	Cubic	-7	5	7	3	-3	-7	-5	7			264
	Quartic	7	-13	-3	9	9	-3	-13	7			616
	Quintic	-7	23	-17	-15	15	17	-23	7			2,184
9	Linear	-4	-3	-2	-1	0	1	2	3	4		60
	Quadratic	28	7	-8	-17	-20	-17	-8	7	28		2,772
	Cubic	-14	7	13	9	0	-9	-13	-7	14		990
	Quartic	14	-21	-11	9	18	9	-11	-21	14		2,002
	Quintic	-4	11	-4	-9	0	9	4	-11	4		468
10	Linear	-9	-7	-5	-3	-1	1	3	5	7	9	330
	Quadratic	6	2	-1	-3	-4	-4	-3	-1	2	6	132
	Cubic	-42	14	35	31	12	-12	-31	-35	-14	42	8,580
	Quartic	18	-22	-17	3	18	18	3	-17	-22	18	2,860
	Quintic	-6	14	-1	-11	-6	6	11	1	-14	6	780

附錄表 J　曼－惠二氏 U 檢定的關鍵值

n_1	α	$n_2=2$	3	4	5	6	7	8	9	10	11	12	13	14	15	16	17	18	19	20
2	.001	0	0	0	0	0	0	0	0	0	0	0	0	0	0	0	0	0	0	0
	.005	0	0	0	0	0	0	0	0	0	0	0	0	0	0	0	0	0	1	1
	.01	0	0	0	0	0	0	0	0	0	0	0	1	1	1	1	1	1	2	2
	.025	0	0	0	0	0	1	1	1	1	1	2	2	2	2	2	3	3	3	3
	.05	0	0	0	1	1	1	2	2	2	2	3	3	4	4	4	4	5	5	5
	.10	0	1	1	2	2	2	3	3	4	4	5	5	5	6	6	7	7	8	8
3	.001	0	0	0	0	0	0	0	0	0	0	0	0	0	0	0	1	1	1	1
	.005	0	0	0	0	0	0	0	1	1	1	2	2	2	3	3	3	3	4	4
	.01	0	0	0	0	1	1	1	2	2	2	3	3	3	4	4	5	5	5	6
	.025	0	0	0	1	2	2	3	3	4	4	5	5	6	6	7	7	8	8	9
	.05	0	1	1	2	3	3	4	5	5	6	6	7	8	8	9	10	10	11	12
	.10	1	2	2	3	4	5	6	6	7	8	9	10	11	11	12	13	14	15	16
4	.001	0	0	0	0	0	0	0	0	1	1	1	2	2	2	3	3	4	4	4
	.005	0	0	0	0	1	1	2	2	3	3	4	4	5	6	6	7	7	8	9
	.01	0	0	0	1	2	2	3	4	4	5	6	6	7	7	8	9	10	10	11
	.025	0	0	1	2	3	4	5	5	6	7	8	9	10	11	12	12	13	14	15
	.05	0	1	2	3	4	5	6	7	8	9	10	11	12	13	15	16	17	18	19
	.10	1	2	4	5	6	7	8	10	11	12	13	14	16	17	18	19	21	22	23

n₁	α	n₂=2	3	4	5	6	7	8	9	10	11	12	13	14	15	16	17	18	19	20
5	.001	0	0	0	0	0	0	1	2	2	3	3	4	4	5	6	6	7	8	8
	.005	0	0	0	1	2	2	3	4	5	6	7	8	8	9	10	11	12	13	14
	.01	0	0	1	2	3	4	5	6	7	8	9	10	11	12	13	14	15	16	17
	.025	0	1	2	3	4	6	7	8	9	10	12	13	14	15	16	18	19	20	21
	.05	1	2	3	5	6	7	9	10	12	13	14	16	17	19	20	21	23	24	26
	.10	2	3	5	6	8	9	11	13	14	16	18	19	21	23	24	26	28	29	31
6	.001	0	0	0	0	0	0	2	3	4	5	5	6	7	8	9	10	11	12	13
	.005	0	0	1	2	3	4	5	6	7	8	10	11	12	13	14	16	17	18	19
	.01	0	0	2	3	4	5	7	8	9	10	12	13	14	16	17	19	20	21	23
	.025	0	2	3	4	6	7	9	11	12	14	15	17	18	20	22	23	25	26	28
	.05	1	3	4	6	8	9	11	13	15	17	18	20	22	24	26	27	29	31	33
	.10	2	4	6	8	10	12	14	16	18	20	22	24	26	28	30	32	35	37	39
7	.001	0	0	0	0	1	2	3	4	6	7	8	9	10	11	12	14	15	16	17
	.005	0	0	1	2	4	5	7	8	10	11	13	14	16	17	19	20	22	23	25
	.01	0	1	2	4	5	7	8	10	12	13	15	17	18	20	22	24	25	27	29
	.025	0	2	4	6	7	9	11	13	15	17	19	21	23	25	27	29	31	33	35
	.05	1	3	5	7	9	12	14	16	18	20	22	25	27	29	31	34	36	38	40
	.10	2	5	7	9	12	14	17	19	22	24	27	29	32	34	37	39	42	44	47
8	.001	0	0	0	1	2	3	5	6	7	9	10	12	13	15	16	18	19	21	22
	.005	0	0	2	3	5	7	8	10	12	14	16	18	19	21	23	25	27	29	31
	.01	0	1	3	5	7	8	10	12	14	16	18	21	23	25	27	29	31	33	35
	.025	1	3	5	7	9	11	14	16	18	20	23	25	27	30	32	35	37	39	42
	.05	2	4	6	9	11	14	16	19	21	24	27	29	32	34	37	40	42	45	48
	.10	3	6	8	11	14	17	20	23	25	28	31	34	37	40	43	46	49	52	55

n_1	α	$n_2=2$	3	4	5	6	7	8	9	10	11	12	13	14	15	16	17	18	19	20
9	.001	0	0	0	2	3	4	6	8	9	11	13	15	16	18	20	22	24	26	27
	.005	0	1	2	4	6	8	10	12	14	17	19	21	23	25	28	30	32	34	37
	.01	0	2	4	6	8	10	12	15	17	19	22	24	27	29	32	34	37	39	41
	.025	1	3	5	8	11	13	16	18	21	24	27	29	32	35	38	40	43	46	49
	.05	2	5	7	10	13	16	19	22	25	28	31	34	37	40	43	46	49	52	55
	.10	3	6	10	13	16	19	23	26	29	32	36	39	42	46	49	53	56	59	63
10	.001	0	0	1	2	4	6	7	9	11	13	15	18	20	22	24	26	28	30	33
	.005	0	1	3	5	7	10	12	14	17	19	22	25	27	30	32	35	38	40	43
	.01	0	2	4	7	9	12	14	17	20	23	25	28	31	34	37	39	42	45	48
	.025	1	4	6	9	12	15	18	21	24	27	30	34	37	40	43	46	49	53	56
	.05	2	5	8	12	15	18	21	25	28	32	35	38	42	45	49	52	56	59	63
	.10	4	7	11	14	18	22	25	29	33	37	40	44	48	52	55	59	63	67	71
11	.001	0	0	1	3	5	7	9	11	13	16	18	21	23	25	28	30	33	35	38
	.005	0	1	3	6	8	11	14	17	19	22	25	28	31	34	37	40	43	46	49
	.01	0	2	5	8	10	13	16	19	23	26	29	32	35	38	42	45	48	51	54
	.025	1	4	7	10	14	17	20	24	27	31	34	38	41	45	48	52	56	59	63
	.05	2	6	9	13	17	20	24	28	32	35	39	43	47	51	55	58	62	66	70
	.10	4	8	12	16	20	24	28	32	37	41	45	49	53	58	62	66	70	74	79
12	.001	0	0	1	3	5	8	10	13	15	18	21	24	26	29	32	35	38	41	43
	.005	0	2	4	7	10	13	16	19	22	25	28	32	35	38	42	45	48	52	55
	.01	0	3	6	9	12	15	18	22	25	29	32	36	39	43	47	50	54	57	61
	.025	2	5	8	12	15	19	23	27	30	34	38	42	46	50	54	58	62	66	70
	.05	3	6	10	14	18	22	27	31	35	39	43	48	52	56	61	65	69	73	78
	.10	5	9	13	18	22	27	31	36	40	45	50	54	59	64	68	73	78	82	87

n₁	α	n₂=2	3	4	5	6	7	8	9	10	11	12	13	14	15	16	17	18	19	20
13	.001	0	0	2	4	6	9	12	15	18	21	24	27	30	33	36	39	43	46	49
	.005	0	2	4	8	11	14	18	21	25	28	32	35	39	43	46	50	54	58	61
	.01	1	3	6	10	13	17	21	24	28	32	36	40	44	48	52	56	60	64	68
	.025	2	5	9	13	17	21	25	29	34	38	42	46	51	55	60	64	68	73	77
	.05	3	7	11	16	20	25	29	34	38	43	48	52	57	62	66	71	76	81	85
	.10	5	10	14	19	24	29	34	39	44	49	54	59	64	69	75	80	85	90	95
14	.001	0	0	2	4	7	10	13	16	20	23	26	30	33	37	40	44	47	51	55
	.005	0	2	5	8	12	16	19	23	27	31	35	39	43	47	51	55	59	64	68
	.01	1	3	7	11	14	18	23	27	31	35	39	44	48	52	57	61	66	70	74
	.025	2	6	10	14	18	23	27	32	37	41	46	51	56	60	65	70	75	79	84
	.05	4	8	12	17	22	27	32	37	42	47	52	57	62	67	72	78	83	88	93
	.10	5	11	16	21	26	32	37	42	48	53	59	64	70	75	81	86	92	98	103
15	.001	0	0	2	5	8	11	15	18	22	25	29	33	37	41	44	48	52	56	60
	.005	0	3	6	9	13	17	21	25	30	34	38	43	47	52	56	61	65	70	74
	.01	1	4	8	12	16	20	25	29	34	38	43	48	52	57	62	67	71	76	81
	.025	2	6	11	15	20	25	30	35	40	45	50	55	60	65	71	76	81	86	91
	.05	4	8	13	19	24	29	35	40	45	51	57	62	67	73	78	84	89	95	101
	.10	6	11	17	23	28	34	40	46	52	58	64	69	75	81	87	93	99	105	111
16	.001	0	0	3	6	9	12	16	20	24	28	32	36	40	44	49	53	57	61	66
	.005	0	3	6	10	14	19	23	28	32	37	42	46	51	56	61	66	71	75	80
	.01	2	4	8	13	17	22	27	32	37	42	47	52	57	62	67	72	77	83	88
	.025	2	7	12	16	22	27	32	38	43	48	54	60	65	71	76	82	87	93	99
	.05	4	9	15	20	26	31	37	43	49	55	61	66	72	78	84	90	96	102	108
	.10	6	12	18	24	30	37	43	49	55	62	68	75	81	87	94	100	107	113	120

附錄表 K　魏克遜配對組符號等級檢定 T 的關鍵值

N	單尾檢定顯著水準		
	.025	.01	.005
	雙尾檢定顯著水準		
	.05	.02	.01
6	1	—	—
7	2	0	—
8	4	2	0
9	6	3	2
10	8	5	3
11	11	7	5
12	14	10	7
13	17	13	10
14	21	16	13
15	25	20	16
16	30	24	19
17	35	28	23
18	40	33	28
19	46	38	32
20	52	43	37
21	59	49	43
22	66	56	49
23	73	62	55
24	81	69	61
25	90	77	68

附錄表 L　弗里曼二因子等級變異數分析 χ_r^2 之機率

k=3

p 指 p（$\chi_r^2 \geq$ 對應之 χ_r^2），即大於或等於 p 對應之 χ_r^2 的機率

n=2		n=3		n=4		n=5	
χ_r^2	p	χ_r^2	p	χ_r^2	p	χ_r^2	p
0	1.000	0.000	1.000	0.0	1.000	0.0	1.000
1	0.833	0.667	0.944	0.5	0.931	0.4	0.954
3	0.500	2.000	0.528	1.5	0.653	1.2	0.691
4	0.167	2.667	0.361	2.0	0.431	1.6	0.522
		4.667	0.194	3.5	0.273	2.8	0.367
		6.000	0.028	4.5	0.125	3.6	0.182
				6.0	0.069	4.8	0.124
				6.5	0.042	5.2	0.093
				8.0	0.0046	6.4	0.039
						7.6	0.024
						8.4	0.0085
						10.0	0.00077

n=6		n=7		n=8		n=9	
χ_r^2	p	χ_r^2	p	χ_r^2	p	χ_r^2	p
0.00	1.000	0.000	1.000	0.00	1.000	0.000	1.000
0.33	0.956	0.286	0.964	0.25	0.967	0.222	0.971
1.00	0.740	0.857	0.768	0.75	0.794	0.667	0.814
1.33	0.570	1.143	0.620	1.00	0.654	0.889	0.865
2.33	0.430	2.000	0.486	1.75	0.531	1.556	0.569
3.00	0.252	2.571	0.305	2.25	0.355	2.000	0.398
4.00	0.184	3.429	0.237	3.00	0.285	2.667	0.328
4.33	0.142	3.714	0.192	3.25	0.236	2.889	0.278
5.33	0.072	4.571	0.112	4.00	0.149	3.556	0.187
6.33	0.052	5.429	0.085	4.75	0.120	4.222	0.154
7.00	0.029	6.000	0.052	5.25	0.079	4.667	0.107
8.33	0.012	7.143	0.027	6.25	0.047	5.556	0.069
9.00	0.0081	7.714	0.021	6.75	0.038	6.000	0.057
9.33	0.0055	8.000	0.016	7.00	0.030	6.222	0.048
10.33	0.0017	8.857	0.0084	7.75	0.018	6.889	0.031
12.00	0.00013	10.286	0.0036	9.00	0.0099	8.000	0.019
		10.571	0.0027	9.25	0.0080	8.222	0.016
		11.143	0.0012	9.75	0.0048	8.667	0.010
		12.286	0.00032	10.75	0.0024	9.556	0.0060
		14.000	0.000021	12.00	0.0011	10.667	0.0035
				12.25	0.00086	10.889	0.0029
				13.00	0.00026	11.556	0.0013
				14.25	0.000061	12.667	0.00066
				16.00	0.0000036	13.556	0.00035
						14.000	0.00020
						14.222	0.000097
						14.889	0.000054
						16.222	0.000011
						18.000	0.0000006

$$k=4$$

p 指 p（$\chi_r^2 \geq$ 對應之 χ_r^2），即大於或等於 p 對應之 χ_r^2 的機率

n=2		n=3		n=4			
χ_r^2	p	χ_r^2	p	χ_r^2	p	χ_r^2	p
0.0	1.000	0.2	1.000	0.0	1.000	5.7	0.141
0.6	0.958	0.6	0.958	0.3	0.992	6.0	0.105
1.2	0.834	1.0	0.910	0.6	0.928	6.3	0.094
1.8	0.792	1.8	0.727	0.9	0.900	6.6	0.077
2.4	0.625	2.2	0.608	1.2	0.800	6.9	0.068
3.0	0.542	2.6	0.524	1.5	0.754	7.2	0.054
3.6	0.458	3.4	0.446	1.8	0.677	7.5	0.052
4.2	0.375	3.8	0.342	2.1	0.649	7.8	0.036
4.8	0.208	4.2	0.300	2.4	0.524	8.1	0.033
5.4	0.167	5.0	0.207	2.7	0.508	8.4	0.019
6.0	0.042	5.4	0.175	3.0	0.432	8.7	0.014
		5.8	0.148	3.3	0.389	9.3	0.012
		6.6	0.075	3.6	0.355	9.6	0.0069
		7.0	0.054	3.9	0.324	9.9	0.0062
		7.4	0.033	4.5	0.242	10.2	0.0027
		8.2	0.017	4.8	0.200	10.8	0.0016
		9.0	0.0017	5.1	0.190	11.1	0.00094
				5.4	0.158	12.0	0.000072

附錄表 M　斯皮爾曼等級相關係數（r_s）的關鍵值

N	單尾檢定顯著水準	
	.05	.01
4	1.000	
5	.900	1.000
6	.829	.943
7	.714	.893
8	.643	.833
9	.600	.783
10	.564	.746
12	.506	.712
14	.456	.645
16	.425	.601
18	.399	.564
20	.377	.534
22	.359	.508
24	.343	.485
26	.329	.465
28	.317	.448
30	.306	.432

附錄表 N　肯德爾和諧係數（W）的關鍵值

N＝3

k	α	.05	.01
8		.376	.522
9		.333	.469
10		.300	.425
12		.250	.359
14		.214	.311
15		.200	.291
16		.187	.274
18		.166	.245
20		.150	.221

k	α	N＝4		N＝5		N＝6		N＝7	
		.05	.01	.05	.01	.05	.01	.05	.01
3		—	—	.716	.840	.660	.780	.624	.737
4		.619	.768	.552	.683	.512	.629	.484	.592
5		.501	.644	.449	.571	.417	.524	.395	.491
6		.421	.553	.378	.489	.351	.448	.333	.419
8		.318	.429	.287	.379	.267	.347	.253	.324
10		.256	.351	.231	.309	.215	.282	.204	.263
15		.171	.240	.155	.211	.145	.193	.137	.179
20		.129	.182	.117	.160	.109	.146	.103	.136

附錄表 O　F_{max} 的關鍵值

n−1	k=組數										
	2	3	4	5	6	7	8	9	10	11	12
4	9.60	15.5	20.6	25.2	29.5	33.6	37.5	41.4	44.6	48.0	51.4
	23.2	**37.**	**49.**	**59.**	**69.**	**79.**	**89.**	**97.**	**106.**	**113.**	**120.**
5	7.15	10.8	13.7	16.3	18.7	20.8	22.9	24.7	26.5	28.2	29.9
	14.9	**22.**	**28.**	**33.**	**38.**	**42.**	**46.**	**50.**	**54.**	**57.**	**60.**
6	5.82	8.38	10.4	12.1	13.7	15.0	16.3	17.5	18.6	19.7	20.7
	11.1	**15.5**	**19.1**	**22.**	**25.**	**27.**	**30.**	**32.**	**34.**	**36.**	**37.**
7	4.99	6.94	8.44	9.70	10.8	11.8	12.7	13.5	14.3	15.1	15.8
	8.89	**12.1**	**14.5**	**16.5**	**18.4**	**20.**	**22.**	**23.**	**24.**	**26.**	**27.**
8	4.43	6.00	7.18	8.12	9.03	9.78	10.5	11.1	11.7	12.2	12.7
	7.50	**9.9**	**11.7**	**13.2**	**14.5**	**15.8**	**16.9**	**17.9**	**18.9**	**19.8**	**21.**
9	4.03	5.34	6.31	7.11	7.80	8.41	8.95	9.45	9.91	10.3	10.7
	6.54	**8.5**	**9.9**	**11.1**	**12.1**	**13.1**	**13.9**	**14.7**	**15.3**	**16.0**	**16.6**
10	3.72	4.85	5.67	6.34	6.92	7.42	7.87	8.28	8.66	9.01	9.34
	5.85	**7.4**	**8.6**	**9.6**	**10.4**	**11.1**	**11.8**	**12.4**	**12.9**	**13.4**	**13.9**
12	3.28	4.16	4.79	5.30	5.72	6.09	6.42	6.72	7.00	7.25	7.48
	4.91	**6.1**	**6.9**	**7.6**	**8.2**	**8.7**	**9.1**	**9.5**	**9.9**	**10.2**	**10.6**
15	2.86	3.54	4.01	4.37	4.68	4.95	5.19	5.40	5.59	5.77	5.93
	4.07	**4.9**	**5.5**	**6.0**	**6.4**	**6.7**	**7.1**	**7.3**	**7.5**	**7.8**	**8.0**
20	2.46	2.95	3.29	3.54	3.76	3.94	4.10	4.24	4.37	4.49	4.59
	3.32	**3.8**	**4.3**	**4.6**	**4.9**	**5.1**	**5.3**	**5.5**	**5.6**	**5.8**	**5.9**
30	2.07	2.40	2.61	2.78	2.91	3.02	3.12	3.21	3.29	3.36	3.39
	2.63	**3.0**	**3.3**	**3.4**	**3.6**	**3.7**	**3.8**	**3.9**	**4.0**	**4.1**	**4.2**
60	1.67	1.85	1.96	2.04	2.11	2.17	2.22	2.26	2.30	2.33	2.36
	1.96	**2.2**	**2.3**	**2.4**	**2.4**	**2.5**	**2.5**	**2.6**	**2.6**	**2.7**	**2.7**

上行為 $\alpha=.05$ 關鍵值，下行黑粗體為 $\alpha=.01$ 關鍵值。

習題解答

【習題一】

3.(1) $X_3 = 15$ ，$X_5 = 16$

(2) $\Sigma X = 69$ ，$(\Sigma X)^2 = 69^2 = 4761$ ，$\Sigma X^2 = 967$

(3) $\Sigma X / N = 69/5 = 13.8$

(4)（算術）平均數

【習題二】

1.

分　　數	組中點	畫記	次數（f）	累積次數	累積百分比%
95～99	97	丅	2	40	100.00
90～94	92	丅	2	38	95.00
85～89	87	正	4	36	90.00
80～84	82	正一	6	32	80.00
75～79	77	正	5	26	65.00
70～74	72	正	4	21	52.00
65～69	67	正	5	17	42.50
60～64	62	丅	2	12	30.00
55～59	57	丅	2	10	25.00
50～54	52	正	4	8	20.00
45～49	47	一	1	4	10.00
40～44	42	丅	2	3	7.50
35～39	37	一	1	1	2.50

【習題三】

1. (1) M = 43.17，Med = 42.5，M_0 = 40

(2) M = 81.64，Med = 83，M_0 = 78 和 86

2. (1) M = 85，Med = 87

(2) M = 80.25，Med = 82

3. M = 58.65，Med = 57.84，M_0 = 56.31

【習題四】

1. (1) S^2 = 9.69

(2) S = 3.11

2. S = 7.68

3. (1) M = 55，S = 8

(2) M = 120，S = 16

(3) M = 115，S = 16

【習題五】

1. 98.2，64.02

2. P_{90} = 33.93，P_{70} = 27.37，P_{30} = 17.67

3. $T_{張生}$ = 52，$T_{李生}$ = 53.3

【習題六】

1. (1) .3413　(2) .4750　(3) .8844　(4) .0049　(5) .0495

2. (1) .0228　(2) .4972　(3) .0228

3. 甲組　g_1 = .955；乙組 g_1 = 0

【習題七】

1. (1) $r = .75$　(2) $\hat{Y} = 81.36 + .533X$　(3) 174.1

2. (1) $\hat{Y} = 16.56 + .234X$　(2) $S_{Y \cdot X} = 3.3$

3. $r = .714$

【習題八】

1. (1) 5%　(2) 5%　(3) 16.8119

2. $Z = \sqrt{2 \times 68} - \sqrt{2(50) - 1} = 1.71$，查附錄表 A，大於 1.71 之 Z 值的機率約為 4.4%。故 $df = 50$，χ^2 值大於 68 的機率，約為 4.4%。

3. $F = \dfrac{n_1 df_2}{n_2 df_1} \cdot \dfrac{S_1^2}{S_2^2} = \dfrac{16 \times 20}{21 \times 15} \cdot 2 = 2.03$，查附錄表 D，$F_{.05(15,20)} = 2.23$，由於 $2.03 < 2.23$，因此其機率大於 5%。

4. (1) 5%　(2) 85%　(3) 2.528

【習題九】

1. $2.8 \pm 2\dfrac{1.1}{\sqrt{64}}$，$2.525 \sim 3.075$。

2. $.45 \pm 2.58\sqrt{\dfrac{(.45)(.55)}{200}}$，$.36 \sim .54$。

3. 查附錄表 F，$r = .30$，$Z_r = .31$，$.31 \pm 1.96\dfrac{1}{\sqrt{103 - 3}}$，$.114 \sim .506$。$Z_r = .114$，$r \simeq .115$；$Z_r = .506$，$r \simeq .465$，故 ρ 之 95% 信賴範圍為 $.115 \sim .465$。

【習題十】

1. $Z = \dfrac{33,000 - 30,000}{8,000/\sqrt{100}} = 3.75 > 1.645$，因此較高。

2. $t = \dfrac{33.5-31.8}{\sqrt{\dfrac{(39)(7.2)^2+(37)(6.4)^2}{(40+38-2)}(\dfrac{1}{40}+\dfrac{1}{38})}}$

　　$= 1.1$

兩尾檢定，$t_{.05(76)} \simeq 2$，$1.1 < 2$，差異未達顯著水準。

3. $Z = \dfrac{.45-.35}{\sqrt{(\dfrac{160}{400})(\dfrac{240}{400})(\dfrac{1}{200}+\dfrac{1}{200})}} = 2.04$

單尾檢定，$\alpha = .01$，Z 之關鍵值為 2.33，$2.04 < 2.33$，因此未達 .01 顯著水準。但 $\alpha = .05$，Z 之關鍵值為 1.645，$2.04 > 1.645$，達到 .05 顯著水準。

4. $t = 3.08$，達到非常顯著，因此智力與學業成績之相關較高。

【習題十一】

1.

分　　數	f_o	f_e	$f_o - f_e$	$(f_o - f_e)^2$	$\dfrac{(f_o - f_e)^2}{f_e}$
95～99	2	3.03	-1.12	1.25	.14
90～94	6	6.09			
85～89	16	13.99	2.01	4.04	.29
80～84	29	26.20	2.80	7.84	.30
75～79	39	40.24	-1.24	1.54	.04
70～74	46	50.67	-4.67	21.81	.43
65～69	55	52.24	2.76	7.62	.15
60～64	41	44.16	-3.16	9.99	.23
55～59	32	30.59	1.41	1.99	.07
50～54	20	17.37	2.63	6.92	.40
45～49	7	8.07	-1.41	1.99	.16
40～44	4	4.34			

$\overline{X} = 68.75$，$S = 11.11$

$\chi^2 = 2.21 < \chi^2_{.05(7)} = 14.07$，故保留常態之假設。

2. $\chi^2 = 18.02 > \chi^2_{.01(4)} = 13.28$，因此推翻常態之假設

3. $\chi^2 = \dfrac{(40-42)^2}{42} + \dfrac{(70-48)^2}{48} + \dfrac{(10-30)^2}{30} + \dfrac{(30-28)^2}{28} + \dfrac{(10-32)^2}{32} + \dfrac{(40-20)^2}{20} = 58.78$

$\chi^2 = 58.78 > \chi^2_{.01(2)} = 9.21$，表示男女生滿意程度並不相同。

$V = \sqrt{\dfrac{58.78}{200(2-1)}} = .54$

【習題十二】

1. $F_{.05(2,17)} = 3.59$。

2. $F_{.01(3,27)} = 4.60$。

3. $F = 14.7388$，差異達到顯著。

4. $F = 2.12$，差異未達顯著（$p > .05$）。

【習題十三】

1. $F_r = 1.225$（$p > .05$）；$F_c = .229$（$p > .05$）；$F_{rc} = .314$（$p > .05$）。

2. $F_r < 1$（$p > .05$）；$F_c = 8.67^{**}$（$p < .01$）；$F_{rc} < 1$（$p > .05$）。

3. $F_a = 4.44$（$p > .05$）；$F_b = 37.63^{**}$（$p < .01$）；$F_{ab} = 24.13^{**}$（$p < .01$）。

4. $F_a = 26.80^{**}$（$p < .01$）；$F_b = 44.65^{**}$（$p < .01$）；$F_{ab} = 2.58$（$p > .05$）。

5. $F_a = 48.977^{**}$（$p < .01$）；$F_b = 18.752^{**}$（$p < .01$）；$F_c = 33.958^{**}$（$p < .01$）；
   $F_{ab} = 2.24$（$p > .05$）；$F_{ac} = 17.726^{**}$（$p < .01$）；$F_{bc} = .877$（$p > .05$）；
   $F_{abc} = .980$（$p > .05$）。

6.

Source	df	F	p	η^2
		受試者間		
A	1	4.44	.08	.43
誤差	6	（22.54）		
		受試者內		
B	2	37.63**	.00	.56
B×A	2	24.13**	.00	.36
誤差	12	（1.33）		

**p<.01.

【習題十四】

1. (1) (a) F = 7.53** （p＜.01）。

(2)

變異來源	SS	df	MS	F
組間	31.37	5	6.27	7.53**
直線	16.07	1	16.07	19.29**
二次	13.04	1	13.04	15.65**
三次	.11	1	.11	.13
四次	1.83	1	1.83	2.19
五次	.32	1	.32	.38
組內（誤差）	20	24	.83	
全體	51.37	29		

2. F_1 = 8.816** （p＜.01）；F_2 = 4.82* （p＜.05）；F_3 = 49.73** （p＜.01）。

【習題十五】

1.(1) $b_w = .57$

(2) $\overline{Y}'_1 = 13.13$

$\overline{Y}'_2 = 9.43$

$\overline{Y}'_3 = 19.46$

(3) $F = 18.1^{**}$ $(p < .01)$

2. $F = 8.135^{**}$ $(p < .01)$

3.

變異來源	SS'	df	MS'	F
城鄉間(a)	179.91	1	179.91	8.13*
教學方法間(b)	615.63	2	307.82	13.91**
交互作用（a×b）	142.04	2	71.02	3.21
誤差	376.20	17	22.13	

【習題十六】

1.(1) .446 （p > .05，雙尾檢定）。

(2) .572* （p < .05）。

2.(1) $r_{12} = .6735$；$r_{13} = .5320$；$r_{23} = .1447$

(2) $\hat{Z}_1 = .6093Z_2 + .4438Z_3$

(3) $R^2_{1.23} = .6464$

(4) .1928** （p < .01）

(5) .3634** （p < .01）

3.(1) $\hat{X}_1 = -95.8020 + 1.2021X_2 + .7817X_4 + 1.2839X_5$

(2) $\hat{Z}_1 = .3997Z_2 + .5143Z_4 + .4462Z_5$

(3) $R^2 = .9049$

【習題十七】

1. $\phi = .17$ （$\chi^2 = 1.003$，$p > .05$）

2. $r_{pb} = .3872$ （$p > .05$，雙尾檢定）。

3. (1) $r_s = .8788**$ （$p < .01$）。

   (2) $W = .9021**$ （$p < .01$）。

4. $\eta^2 = 967$，$F = 115.88**$ （$p < .01$），有曲線相關。

【習題十八】

1. $U = 1$ （$p < .05$，雙尾），有顯著差異。

2. $T = 7$ （$p < .05$，雙尾），有顯著差異。

3. $H = 6.76$ （$p < .05$），有顯著差異。

4. $\chi_r^2 = 2.17$ （$p > .05$），無顯著差異。

參考書目

林冠群、林惠賢（2013）：單一受試者研究分析中應用 C 統計量之適切性探討。**測驗學刊，60**（3），569-598。

林家興、王麗文（2000）：**心理治療實務**。臺北市：心理出版社。

黃芳銘（2006）：**結構方程模式**。臺北市：五南圖書公司。

葉偉文譯（2001）：**統計**改變**了世界**。臺北市：天下遠見出版社。

簡茂發（2002）：**心理測驗與統計方法**。臺北市：心理出版社。

American Psychological Association (2019). *Publication manual* (7th ed.). Washington, DC: American Psychological Association.

Cangur, S. & Ercan, I (2015). Comparison of model fit indices used in structural equation modeling under multivariate normality. *Journal of Modern Applied Statistical Methods, 14* (1), 152-167.

Fields, A. (2013). *Discovering statistics using IBM SPS* (4th ed.). London: Sage Publications.

Glass, G. V. & Hopkins, K. D. (2008). *Statistical methods in education and psychology*. Allyn & Bacon, Boston.

Hair, J. F., Black, W. C., Babin, B. J., & Anderson, R. E. (2010). *Multivariate data analysis* (7th ed.). Upper Saddle River, NJ: Prentice Hall.

Howell, D. C. (2012). *Statistical methods for psychology* (8th ed.). Boston: Duxbury Press.

Huitema, B. E. (2011). *The analysis of covariance and alternatives: Statistical methods for experiments, quasi-experiments, and single-case studies* (2nd ed.). New York: John Wiley & Sons, Inc.

Kyriazos, T. A. (2018). Applied psychometrics: Sample pize and sample power considerations in factor analysis (EFA, CFA) and SEM in general. *Psychology, 9,* 2207-2230.

Lomax, R. G. & Hahs-Vaughn, D. L. (2012). *An introduction to statistical concepts for education and behavioral science* (3rd ed.). Mahwah, New Jersey: Lawrence Erlbaum Associates, Inc., Publishers.

Maxwell, S. E. & Delaney, H. D. (2004). *Design experiments and analyzing data: A model comparison perspective* (2nd ed.). Mahwah, New Jersey: Lawrence Erlbaum Associates, Inc., Publishers.

Salkine, N. J. (2019). *Statistics for people who(think they) hate statistics* (7th ed.). Thousand Oaks, Ca. : Sage Publications, Inc.

Vallejo, G. & Ato, M. (2012). Robust tests for multivariate factorial designs under heteroscedasticity. *Behav Res, 44*, 471-489.

Williams, T. (2010). A confirmatory factor analysis of the Stanford-Binet Intelligence Scales, Fifth Edition, with a high-achieving sample. *Psychology in the Schools, 47*(10), 1071-1083.

英漢名詞索引

國家圖書館出版品預行編目資料

教育及心理統計學／朱經明著. -- 三版.
-- 臺北市：五南圖書出版股份有限公司,
2022.03
　　面；　公分
　　ISBN 978-626-317-652-2（平裝）

1.CST:教育統計　2.CST:心理統計學

520.28　　　　　　　　　　111002218

1IRZ

教育及心理統計學

作　　者 ― 朱經明

發 行 人 ― 楊榮川

總 經 理 ― 楊士清

總 編 輯 ― 楊秀麗

副總編輯 ― 黃文瓊

責任編輯 ― 李敏華

封面設計 ― 姚孝慈

出 版 者 ― 五南圖書出版股份有限公司

地　　址：106臺北市大安區和平東路二段339號4樓

電　　話：(02)2705-5066　傳　　真：(02)2706-6100

網　　址：https://www.wunan.com.tw

電子郵件：wunan@wunan.com.tw

劃撥帳號：01068953

戶　　名：五南圖書出版股份有限公司

法律顧問　林勝安律師

出版日期　2007年 5 月初版一刷（共四刷）
　　　　　2009年 9 月二版一刷（共八刷）
　　　　　2022年 3 月三版一刷
　　　　　2024年 5 月三版二刷

定　　價　新臺幣580元

經典永恆・名著常在

五十週年的獻禮——經典名著文庫

五南，五十年了，半個世紀，人生旅程的一大半，走過來了。
思索著，邁向百年的未來歷程，能為知識界、文化學術界作些什麼？
在速食文化的生態下，有什麼值得讓人雋永品味的？

歷代經典・當今名著，經過時間的洗禮，千錘百鍊，流傳至今，光芒耀人；
不僅使我們能領悟前人的智慧，同時也增深加廣我們思考的深度與視野。
我們決心投入巨資，有計畫的系統梳選，成立「經典名著文庫」，
希望收入古今中外思想性的、充滿睿智與獨見的經典、名著。
這是一項理想性的、永續性的巨大出版工程。
不在意讀者的眾寡，只考慮它的學術價值，力求完整展現先哲思想的軌跡；
為知識界開啟一片智慧之窗，營造一座百花綻放的世界文明公園，
任君遨遊、取菁吸蜜、嘉惠學子！